Jean TARDIEU
ou la présence absente

Laurent FLIEDER

Jean TARDIEU

ou

la présence absente

LIBRAIRIE NIZET
PARIS
1993

Paroles de Bienvenue

J'ai eu le plaisir de rencontrer pour la première fois , il y a une dizaine d'années, l'auteur du présent livre, Laurent Flieder, lorsqu'il terminait une thèse de doctorat concernant quatre poètes de ma génération qui ont eu le souci de placer au centre de leur création le langage, ses problèmes et ses possibilités. Son travail portait curieusement pour titre un calembour amusant "Par l'émoi des mots" (Parlez-moi...).

Un tel goût pour la cocasserie, allié au sérieux de la recherche, m'avait plu par un côté frondeur qui, d'emblée, se rapprochait de mes propres tendances, toujours partagées entre la gaieté et la tristesse, entre la bonne humeur et la méditation pessimiste.

Je retrouve aujourd'hui, dans le livre qu'il me consacre, ses qualités fondamentales.

Elles sont, si j'ose dire, portées à un haut degré de chaleur, par l'amitié qu'il me voue (ainsi qu'à mes proches) et que je partage allégrement.

Bon vent! Et un salut pour notre ancêtre à tous : Vaugelas

Jean Tardieu décembre 1992

à Jacqueline et Roger Perriard

Remerciements

Ce travail a bénéficié, en particulier le premier chapitre, des aides précieuses et amicales de Jean Bazaine, Georges Borgeaud, Pierre Dumayet, André Frénaud et Lucien Scheler. Qu'ils en soient ici remerciés. Merci encore à Frédérique Martin-Scherrer et Jean Flieder, pour leur courageuse relecture, à la vaillante Marie-Laure Tardieu, conservatrice émérite des estampes, à Pol Bury, auteur de la lumineuse illustration de couverture. Enfin, nombre de connaissances biographiques m'ont été offertes par Jacques Heurgon, dont l'inestimable collaboration enrichit ces pages.

Merci enfin à Jean Tardieu, sans qui etc ...

Prologue

Portrait du poète en tortue.

*Tortue (n.c.fém.)- Animal amphibie à quatre pattes
courtes, au corps enfermé dans une carapace sous
laquelle la tête peut rentrer. La tortue territ: elle
sort de la mer pour pondre ses oeufs sur la terre.
"Leur démarche est très lente, mesurée, lourde, le
corps s'élevant à peu près à un pied du sol (..) La
tête a une ressemblance frappante avec celle du
serpent" E.Poe, trad. Baudelaire*

*Tortue (anal.): formation des soldats romains qui
lèvent leurs boucliers au-dessus de leur tête pour
s'abriter des jets des assiégés.*
*Homonyme: tortu : qui présente l'aspect d'une
chose tordue, qui est courbe ou contournée au lieu
d'être droite.*

Il y a quelque chose de troublant chez la tortue.

À la fois solide, fermée, dure, incassable même, et faite de chair à la
fois tendue et fripée; tendue vers le monde et en même temps plongée en
elle; à la fois préhistorique et diablement attirée par ce qui l'entoure, la tortue est discrète, humble, toujours aux aguets, à l'écoute. Mais l'a-t-on

jamais vue agressive? Sournoise? Un peu maladroite, lente sans doute. Mais désagréable? Prétentieuse? Revêche? Non, à la bien observer, la tortue est un animal sociable. Même si la plupart de son temps, elle le consacre à elle-même, dans la solitude aérée, le confortable ermitage de son enveloppe de corne. Cette fascinante carapace la protège des agressions, la met à l'abri des coups, des ennuis, de bien des malheurs. Mais combien cette protection lui pèse! Combien elle rend douloureuse la progression, et pénible la chaleur.. Dure et pleine, faite de différents morceaux si bien soudés qu'ils forment un toit sans faille, pas même aux ouvertures, rendues étanches par de malléables soufflets de peau. Cette coque la protège.

Si les thèses physiognomonistes un jour se vérifiaient, ou si l'on parvenait à établir comment l'évolution accorde à tout animal, à un moment de son existence, une incarnation humaine (hypothèse fantaisiste, dont on reparlera), il suffirait de se pencher sur le cas Jean Tardieu pour constater qu'il fut un jour, qu'il a été - ou qu'il aurait pu être une tortue. Observez son regard, plissé et cerné d'écailles, sa lourde démarche qui s'aide d'un meuble ou d'une rampe, sa timidité ou sa cyclothymie : il est plus souvent "en dedans" qu'avec vous, et quand il est au dehors, on sent bien qu'il préférerait rentrer. Cette façon de garder la tête dans les épaules, d'être bougon, rageur, indisponible, de choisir son moment, sa compagnie. Oui, le Jean Tardieu que je connais, en 1993, est d'une belle espèce de tortue. La carapace et le regard. Un regard rond et vif, attentif et prudent, enjoué et méfiant. Qui vous guette et sitôt communique à l'intérieur, ce très secret, très préservé, ce mystérieux intérieur, toutes les informations capables de le nourrir.

L'image pourtant rebute. L'animal effraie un peu. Sans doute son côté monstrueux d'avant nous, cet air d'en savoir plus qu'il n'en faut, et de le cacher sous l'étanche coupole. Pourtant, je ne suis pas certain que la comparaison soit injurieuse. La tortue est remarquable de longévité. Plus encore. Discrète, propre, très autonome, vraiment pas dérangeante, la tortue est formidablement sympathique. Elle se moque des parures et des artifices. Se montre, quand elle le veut, au parfait naturel. Et je suis sûr qu'elle entend tout, qu'elle en tient compte, et en réfère à la colossale et occulte machinerie de son corps, si camouflé, et dont la tête n'est qu'un minuscule appendice d'exploration.

C'est un animal endomorphe : il prend, capte, engrange, et à l'abri, en silence, il traite, utilise, transforme la nourriture, les sensations. Pour en faire quoi ? C'est là le second mystère. Car nul ne sait où va la tortue. Nul n'a jamais suivi une tortue pendant une journée entière (et encore, qu'est-ce qu'une journée?). Mais bien sûr, si la tortue écrivait, si, en plus des mouvements de son corps - ou à leur place- elle alignait des mots, remplissait des pages, produisait des livres, alors le mystère s'éclaircirait, et l'on pourrait mieux se faire une idée de ce qui se trame sous la carapace.

Mais il y a plus, dans ce parallèle élogieux (n'en doutez pas).

Cette essentielle et curviligne protubérance qui signale la formidable importance de la vie intérieure. A l'image des poètes décharnés par le spleen, aux intellectuels desséchés d'inquiétude et autres stéréotypes de la verticalité cérébrale, Tardieu oppose la robuste, la pleine, la joviale rotondité d'une angoisse pleinement épanouie. Il affiche sur son corps et souvent son humeur, la profusion et l'ampleur des questions qui le traversent et s'agitent en lui. L'abondance de ces maux ne lui nuisent pas: voyez combien il produit, à quel rythme et pendant combien d'années encore, si le dieu des tortues daigne encore veiller sur lui.

Qu'on ne se trompe pas à cet apparence de paradoxe: la bonhomie de la silhouette n'est pas signe d'indifférence ni d'égoïste contentement. Bien au contraire, c'est la forme d'une consomption bien organisée, d'une salubre et durable agitation intérieure des plus virulentes, voire des plus taraudantes. Seul s'y tromperait celui qui n'a pas eu la patience d'attendre, pour les observer, les soubresauts et les râles de la tortue lorsque, soigneusement informée en elle-même, elle semble s'adonner à une profitable digestion, alors qu'elle agite douloureusement quelque question essentielle touchant à la métaphysique ou à la prosodie classique .

Le livre qui commence ici s'adresse prioritairement à ceux qui en ont fait l'expérience, ou bien se proposent avec nous de la mener, sur cet exemplaire singulier de tortue, anthropomorphe j'en conviens.

PREMIÈRE PARTIE

PARCOURS BIOGRAPHIQUE

Chapitre premier :

"Le plus tranquille et le plus effacé
des occupés..."

1903-1914 : Paris, Parents, Paradis....

Vue d'aujourd'hui, l'enfance du poète ressemble à l'une de ces longues périodes de béatitude tranquille où les fonctions biologiques et intellectuelles se rôdent mollement, se mettent en place, à l'abri inattaquable d'un cocon maternel et profondément bourgeois.

Etés passés dans de frais jardins familiaux, hivers à se promener au bois "dans son landau comme les personnages de Proust", et fins d'après-midi passés à soupirer de langueur devant les charmantes petites élèves de la maman professeur de harpe : voici quelques-uns des clichés par lesquels on serait tenté d'évoquer l'enfance. Insouciance, confort parisien et exclusive affection d'une mère toute en tendresse, sous l'oeil d'un père fort occupé à ses commandes de vastes oeuvres picturales. Ici, point de "drame du coucher", de déchirement quotidien du tissu affectif, qui devrait déclencher ou alimenter l'oeuvre ultérieure. Mais la douceur d'un "bain" artistique permanent, sans souci pécuniaire ni affres créatif, où l'art et la vie font si bon ménage qu'ils semblent devoir aller ensemble de toute évidence. Si bien que la vocation n'aura jamais à s'affirmer en rupture ou refus des

habitudes héritées, mais au contraire surgira précocement , bien que lentement, et comme cultivée par ce climat familial.

   Si le lieu de naissance a quelque chose de rural, un petit village du
Jura entre Nantua et Bellegarde, ce n'est pas que l'ascendance directe fut de
souche paysanne, mais simplement que la future mère s'était vue conseiller
de quitter la ville quelques temps pour mettre au monde son enfant dans des
conditions idéales. Elle alla donc rejoindre un sien cousin, médecin de campagne, à son domicile de Saint Germain de Joux où, le 1er novembre 1903,
jour de son vingt-neuvième anniversaire, elle mit au monde ce Jean qui
devait rester son unique enfant. Il faut dire que Câline, Caroline Luigini de
son état-civil, était de santé fragile, tuberculeuse, ce qui ne l'empêchera pas,
vaille que vaille, d'aller jusqu'à 94 ans.
   Cette harpiste douée, élève de Saint-Saëns, était issue d'une lignée de
musiciens italiens originaire de Modène, arrivée à Lyon par la grâce des
conquêtes napoléoniennes : son arrière-grand-père, Ferdinand, son grand-
père Joseph et son père Alexandre ont tous trois joué, été joués ou ont
même, pour ce dernier, dirigé l'orchestre au Grand-Théâtre de Lyon, et
composé des ballets représentés sur cette scène. Le plus réputé des trois,
Alexandre, le grand-père du poète, fut même un chef remarqué, dans son
temps, par sa ténacité à défendre Wagner, en dirigeant la *Walkyrie* dès 1894.
Mais compositeur lui-même (auteur d'une centaine d'oeuvres, notamment
d'opéras-comiques), son titre de gloire demeure un " Ballet égyptien" qu'il
donna en 1879 au cours d'une représentation de l'*Aïda* de Verdi, et qui eut
dans des versions simplifiées une brillante destinée comme pièce familiale
ou de concert. Son fils peintre, Ferdinand, eut comme camarade à l'école
des Beaux-Arts de Paris un certain Victor Tardieu, lui aussi lyonnais d'origine, dont il épousa en 1901 la jeune soeur Caroline. Celle-ci fut donc très
tôt initiée par son père, qui en fit une remarquable harpiste, et l'employa
dans l'orchestre qu'il dirigeait. Mariée, puis mère et finalement, en 1905,
devenue parisienne pour suivre un époux sollicité par de nombreuses commandes officielles, elle ne cessa de subvenir aux charges du ménage en donnant des cours, au conservatoire ou dans son domicile du 3 rue Chaptal où
s'était installée la famille, dans un duplex qui permettait au père de disposer
d'un atelier au sixième étage, pendant que l'appartement familial et les
leçons de musique occupaient le cinquième.
   Une toile de Victor, accrochée aujourd'hui dans la demeure parisienne
de son fils, restitue l'ambiance de ce lieu et de cette époque. Elle représente

le salon de musique. Là, Caroline est à la harpe, plutôt figée dans une pos-
ture légèrement académique. L'instrumentiste y exerce son art - ou peut-être
son métier si c'est une leçon qu'elle donne ... Dans ce salon, en tout cas, on
sait quelles grandes figures sont venues en visite: Gabriel Fauré, dont la
muse était l'intime de Caroline, Saint-Saëns, Germaine Taillefer ou bien le
violoniste Jacques Thibaud (du trio Casals/Cortot/ Thibaud) qui s'y fit déco-
rer des mains de Léon Bérard. Lieu de passage de quelques-unes des som-
mités du monde musical, la demeure familiale est alors accordée au talent
de Caroline et à la reconnaissance qu'il lui vaut.

A travers son art, c'est aussi la carrière artistique, la réussite, l'ambition peut être, qui se sont la première fois révélées au petit Jean. Lui ne
figure d'ailleurs pas sur la toile : c'est un spectacle qu'il contemple, plutôt
qu'il n'y participe. Spectacle chargé de valeurs affectives pourtant, que le
vieux poète retrouve tous les jours et qui font peut-être revivre ces après-
midi où l'écolier, censé faire ses devoirs durant les leçons de harpe,
détaillait les grâces des petites élèves, et y trouvait l'objet de ses tout premiers émois amoureux.

Une autre toile révèle encore les complices influences de la mère, mais
cette fois sous le seul jour de la tendresse estivale. C'est une scène de jardin, peinte à la douce manière post-impressioniste d'un Renoir qui sait
égayer la toile de touches de couleurs vives, et fait vivre ses personnages
par l'amplitude et la clarté de leurs costumes, la variété des coiffures et
l'exhubérance d'une végétation pourtant domestique. Près d'une table
regorgeant de fruits d'été, une Caroline en habit clair et volumineuse coiffe
d'été, installée dans un fauteuil de jardin en rotin vert, le soulier blanc calé
sur un repose pieds, son livre abandonné sur les genoux. Patiemment, avec
indulgence et attention, elle écoute la lecture que lui fait son petit garçon,
assis à côté d'elle. On devine l'application avec laquelle, à son tour, il se
plaît à lui faire partager une découverte surprenante. Deux livres ouverts
unissent dans une même affectueuse activité les deux personnages. Lui a le
même chapeau de paille aux larges bords relevés sur l'arrière que dans un
autre tableau contemporain de ce même jardin, la même marinière et la
même sagesse attentive, comme si ce moment extraordinairement privilégié
de la paisible avant-guerre avait été soigneusement, et plutôt deux fois
qu'une, éternisé par un père peintre qui , par la suite, n'en aura en effet plus
souvent l'occasion : c'est le paradis d'Orliénas, dans la campagne lyon-

naise, où la famille passe ses vacances d'été dans un enchantement qui, par la suite, nourrira une abondante nostalgie. C'est le lieu de la complicité, de l'insouciance estivale et de l'amour sans partage entre mère et fils, dans lequel plus tard, à l'occasion d'une évocation de Caroline, il voudra voir "un paradis qui, dans ma mémoire, ne cesse d'être en même temps perdu et retrouvé"[1].

Caroline-réussite artistique, Caroline-premières joies des premières petites filles, Caroline- jardin d'Eden.... autant de valeurs symboles, revivifiées dans le souvenir de la mère.

Toutefois, et comme pour souligner une sorte d'incompatibilité entre les arts où s'exerçaient leurs talents, l'image par laquelle on est amené ensuite à connaître le tempérament du père tranche brutalement avec cette douceur mélancolique et musicienne. Au point que les deux parents n'étaient pas à l'abri de conflits nombreux qui marquèrent leur fils unique. Il se souviendra d'avoir été "affecté par une atmosphère de scènes de ménages perpétuelles, qui me rejetaient dans ma solitude d'enfant unique, souvent replié sur moi-même"[2].

C'est que le peintre Victor Tardieu, aux yeux de son fils représente une rigueur, une rigidité et une autorité créatrice qui contrastent sensiblement avec la douceur des toiles ci-dessus évoquées. "Il aimait les arts, surtout la poésie. Il était grand, robuste dynamique, d'humeur tantôt sombre, tantôt joyeuses. Ses colères, assez fréquentes, me faisaient peur. Mais sa tendresse et son indulgence pour son fils étaient infinies"[3] se souvient son fils, quatre-vingts ans plus tard, alors qu'en une sorte de tardive et réciproque tendresse, il multiplie les efforts et les expositions pour faire reconnaître le talent et l'oeuvre de son père. Evoquant ailleurs le même appartement parisien, mais le regard cette fois levé vers l'atelier paternel qui le surplombait, Jean se souvient : " Cet atelier, c'était l'Olympe, d'où Jupiter, selon son caprice, lançait la foudre ou les rayons." Cet homme né en 1870, robuste, impressionnant, le monocle surplombant la barbe carrée à la manière du respecté Jaurès, était lui même d'origine lyonnaise, fils d'un négociant en soieries qui encouragea ses dons pour la peinture en lui faisant achever ses études

1 - In *On vient chercher M. Jean*, p. 34.

2 - " Ma mère Câline", par M.Bisiaux, *L'Herne*, p. 41.

3 - Carton de l'exposition Victor Tardieu, galerie Marie-Jane Garoche, 1985.

aux Beaux-Arts de Paris. L'enseignement fort académique qu'il y reçut à l'atelier de Maignan et Bonnat se greffant sur une forte sensibilité aux idées socialistes et aux problèmes du monde ouvrier lui fit choisir la voie d'une peinture orientée vers les grandes fresques sociales, le lyrisme du travail et de l'effort sur les chantiers ou les docks des grands ports. Ce lecteur de Zola passa ainsi une partie de sa jeunesse à courir l'Europe pour y trouver matière à des toiles de grandes dimensions, dont les titres : " Travail"(1902), " Les facchini de Gênes" (1906), "Le port de Liverpool"(1906) suffisent à dénoter les intentions et à éclairer le thème dominant : la peine des hommes dans les brumes maussades ou les pluies grisâtres des grands chantiers industriels. Cette esthétique robuste et explicite lui valut de recevoir un certain nombre de commandes pour la décoration de monuments ou de salles des fêtes républicaines, à Dunkerque, Les Lilas, Montrouge, ... aujourd'hui presque tous détruits.

Mais à côté de cette production officielle qui devait fournir l'essentiel des revenus familiaux, l'existence d'une oeuvre privée, estivale ou amicale, sur des supports de moins grande dimension, témoigne de sa faculté à échapper à la pompe de l'académisme pour une peinture plus fraîche et intime où se reconnaît une manière plus proche de l'impressionnisme ou même du fauvisme. Dans cette frange "familiale" de l'oeuvre, se trouvent bien évidemment les deux toiles décrites précédemment, mais aussi les espoirs nourris par son fils de toucher la sensibilité du public d'aujourd'hui en faisant reconnaître son père pour un "Petit maître, valeur de demain".[1]

Dorloté dans l'amour d'une mère abusive, et dressé par l'autorité d'un père Olympien, ainsi s'écoulent jusqu'en 1914 les "années de prospérité" d'un petit bourgeois fortuné.

De cette double et complémentaire éducation, outre le climat affectif salutaire, on reconnaîtra deux leçons d'importance majeure dans la formation d'une sensibilité qui animera le futur poète.

---

1 - C'est le titre de l'ouvrage de Gérard Schurr - Editions de la Gazette, 1969, qui, le premier, lui consacre une étude.

La tentation est grande en effet, et aucun commentateur n'y échappe, d'expliquer le choix des "armes" littéraires pour aborder de façon positive et distincte les défis de l'affirmation de soi et pour permettre l'évacuation des divinités tutélaires, la musique maternelle et la paternelle peinture. On y cédera d'autant plus facilement que l'intéressé n'en fait aucun mystère, et souligne au contraire volontiers qu'il a cherché à assumer sa double hérédité artistique dans une voie qui lui soit propre : *"Pour ma part* je n'avais ni le don de peindre les miracles du visible, ni d'inventer des sortilèges auditifs, mais j'étais fasciné par le langage poétique..."[1] ce qui facilitera d'autant le choix car, dit-il encore, comme s'il s'était agi d'une contrainte, "avec une mère musicienne et un père peintre, l'un et l'autre très talentueux dans leur domaine, *il me restait* la voie de l'écriture.."[2] ou encore: " de cette époque lointaine, j'ai conçu une sorte de *jalousie passionnée* à l'égard des secrets de la peinture et des prestiges de la musique qui me semblaient appartenir en propre à mes parents. Ces deux sortilèges m'étaient à la fois familiers et étrangers : je dus en chercher un autre qui fut mien. Restait, en effet, le langage, troisième porte sur le miracle, troisième recours contre la monotonie."[3]

De fait, depuis l'enfant livré à ces voix incitatrices et paradoxales jusqu'au poète qui essaie de les transmettre, il n'y a ni délai ni rupture.

Le premier a toujours laissé au second la place de s'installer. Et là encore, la personnalité et les goûts complémentaires des deux parents sont à prendre en compte puisqu'ils ont déterminé le choix, marquant, des premières lectures:

"Mon père aimait passionnément Baudelaire et Verlaine, mais aussi certains poèmes de Victor Hugo. Il me les lisait le soir (...) Quant à ma mère, sa préférence allait à la Fontaine(...) Le soir, avant d'ouvrir les fenêtres sur la fraîcheur du jardin, elle me lisait une ou deux fables".[4]

Pris entre ces deux autres feux, le lyrisme grave et philosophique des Baudelaire, Hugo ou Montaigne goûtés par le père, et la fraîche et didactique saveur des fables lues au coucher par la mère, comment éviter de voir

1 - *Margeries*, p. 9.

2 - Entretien avec Sylvia Cornet Blas, in *Le Matin*, 29-20 mars 1986.

3 - Victor Tardieu, Galerie Jonas, 1977.

4 - *Margeries*, p.16.

les tendances opposées du futur poète ainsi expliquées, au détour de ces quelques confidences d'octogénaire, par une enfance que d'aucuns verraient comme un véritable conditionnement !

D'autant plus que cet âge d'or si souvent remémoré est encore celui des premiers "écrits", et en particulier de la savoureuse " fable" " La mouche et l'océan", si souvent présentée, avant d'être publiée dans *Margeries,* comme la directe et immédiate émanation de cette double influence.

En revanche, c'est à Victor seul que sont liés les premiers et tenaces souvenirs de sorties au théâtre : à l'âge de 9 ans, il emmène son fils voir *Le malade Imaginaire* à la Comédie française. Et tout à coup la gravité du père disparaît aux yeux du fils, tous deux se retrouvant unis et complices dans un éclat de rire tonitruant. De ce jour, peut-être, on peut dater le premier et principal vice que se reconnaîtra Jean, lorsqu'il avoue s'être livré, malgré l'interdiction parentale, au plaisir nocturne et solitaire de la lecture, rallumant la lumière après l'heure du coucher pour se précipiter sur le Molière en quatre volumes qu'il s'était fait offrir à la suite de cette représentation. "Je sens encore le contact du livre au bout de mes pieds nus, quand, recru de sommeil, je cachais un des volumes dans mon lit . On le retrouvait le lendemain matin, en faisant ma chambre. On me grondait, mais bien entendu je recommençais..."[1] Scène désuète, touchante, et rendue aujourd'hui presque irréelle par la considérable évolution des habitudes familiales... qui nous rappellent à l'image d'Epinal d'une d'une " Belle époque" irrémédiablement disparue avec l'automne 1914.

Outre cette naturelle " formation littéraire", le rôle des parents, et singulièrement de la mère, doit encore être évoqué pour le tribut que l'oeuvre à venir leur verse et dont la nature se révèle à travers quelques anecdotes rapportées sur le tard.

On en retiendra trois en particulier, dont le souvenir se présente à chaque fois dans l'oeuvre comme autant de cicatrices poignantes, traces de lointaines plaies douloureusement et pas toujours efficacement refermées par l'écriture.

Le premier dans le temps - mais aussi un des plus récemment révélés[2] de ces souvenirs tient en une anecdote située vers l'âge de 7 ans. Dans l'appartement parisien, Victor est absent. Seul avec Caroline, Jean descend des livres par l'escalier qui relie l'atelier paternel du sixième à l'apparte-

1 - *On vient chercher Monsieur Jean*, p. 28.
2 - *Ibid* p. 20-21.

ment du cinquième. Au coup de sonnette annonçant le retour du père, il chute dans l'escalier. Fièvre, maux de tête. L'enfant, à demi-comateux, se met à réciter les rudiments de la conjugaison du verbe être, qu'on vient de lui apprendre : " Je suis, tu es, je suis, tu es." Et la mère, effrayée par l'accident et l'état de son fils , de comprendre : " je suis tu-é, je sui tu-é, je suis tu-é".

Est-ce forcer l'analyse que de voir dans cette mémorable méprise (passée "dans la tradition familiale", nous précise-t-on) le premier déchiffrage, la première interprétation d'un énoncé et, partant, la première conscience de la faille qui peut s'instaurer entre les mots prononcés et les mots entendus. Pour la première fois, "on" a entendu autre chose que ce qui était prononcé, "on" s'est fait piéger par les mots . Et malgré l'apparence ludique de ce primitif "malentendu", à travers aussi sa dimension tragique, le risque s'est dévoilé de n'être pas compris ou pire, d'être compris au delà de ce que l'on souhaitait. Au delà dans le sens d'une plus grande inquiétude.

Caroline devient alors, en sus des certitudes affectives qui lui sont attachées, la première "lectrice" d'un énoncé de Jean, involontaire mais affublé cependant d'un valeur poétique, par la grâce de ce moment de méprise et d'angoisse qui a suffi à faire éclater la vision simpliste, utilitaire et univoque du langage.[1]

Il y a plus : dans ce même moment est apparu que les mots trompeurs peuvent être les plus simples, "les plus usés" dira-t-il beaucoup plus tard. Et même les énoncés les plus vides (une conjugaison !) leur donnent prise : ces mots "déjà prêts de passer dans le camp des signes algébriques" se révèlent pourvoyeurs d'angoisse et de mort et ce pour un enfant qui vient juste de les apprendre, qui en est à un stade primaire de maîtrise de la langue.

Sans pousser plus loin la glose de ce qui n'est peut-être qu'insignifiante anecdote (encore que...), on signalera juste que l'étude de l'oeuvre poétique nous mènera, dans un prochain chapitre, à relever le goût de Tardieu pour le jeu sur les catégories et les formes grammaticales, notamment les conjugaisons....et notamment celle du verbe être...

---

1 - On pourrait s'amuser à relier cet épisode aux nombreux souvenirs qu'ont les poètes d'une enfance marquée par les méprises linguistiques, et notamment les confusions allographiques ou paronymiques comme celle- ci. Voir Aragon in *Je n'ai jamais appris à écrire* avec ce joli " mot démangeaisons que, jusqu'à douze ans j'ai écrit démange - des ongles" ou Leiris et son " à Billancourt" transformé en " habillé en cour "(in *Biffures*).

Anecdote encore, et remarquablement complémentaire de la précédente pour fixer sur le personnage de la mère les prémices des dérèglements langagiers à venir, celle qui ouvre le "portrait de ma mère" dressé en 1986 :

> *Il y avait le salon, le couloir et la cuisine. C'était rue Chaptal. Nous n'avions pas de domestiques. Ma mère, qui donnait ses leçons de harpe au salon, faisait sans cesse des allers et retours à la cuisine pour y surveiller la cuisson de ses plats. Un jour, pensant à sa poêle en péril, au lieu de dire "la bémol" ou "do dièse" à une élève qui ne trouvait pas une note, elle lui a crié: " Côtelette! Côtelette!". Ce qui pourrait être à l'origine de ma pièce* Un Mot pour un autre[1].

Le dernier épisode, à peu près contemporain, conforte l'interprétation des deux premiers et fait plus nettement apparaître la conscience d'une métamorphose du langage et la dissolution du sens. Cette fois, l'anecdote fait l'objet d'un récit détaillé, mais pas explicitement autobiographique, bien qu'il ouvre - on n'y verra aucun hasard - le volume intitulé *La première personne du singulier :*

> *" A l'âge de 7 ou 8 ans, je n'étais pas admis à entrer dans le salon quand ma mère recevait....Beaucoup de récits commencent de cette façon."*

Quelque distance que mette la seconde phrase par rapport au cliché qu'elle dépiste dans la première, le texte qui débute alors possède néanmoins toutes les caractéristiques de la "scène primitive" comme l'a montré M.C. Schapira[2] , qui la résume ainsi :

Relégué au premier étage, l'enfant découvre un tube acoustique qui relie sa chambre au salon. Une première fois il siffle dans le tube, dont il ne connaît pas le fonctionnement, et se fait gronder pour s'être de la sorte introduit violemment et de façon incompréhensible dans la conversation des adultes. Le lendemain, plus avisé, il débouche le tuyau côté salon ce qui lui permet, le soir, d'entendre - et non de comprendre - ce qui s'y dit. Il perçoit

---

1 - In M. Bisiaux et C. Jajolet, *Ma mère. Soixante écrivains parlent de leur mère.*
P. Horay, 1986, p. 273.

2 - M.C. Schapira, "Fou rire/fou dire", in *Lire Tardieu*, p. 114-115.

une suite d'intonations, de "bruits incongrus", " d'étranges rumeurs" coupées parfois du "glapissement" de sa mère qui l'induit à reconstituer une
scène drôlatique et fortement théatralisée où le curé marche sur les mains,
où les invités mettent le feu aux rideaux, et qui se termine dans des "lamen-
tations funèbres coupées de glapissements haineux". Le texte se termine
ainsi :

> " *Le soir, délivré de ma prison, j'ai vu mon père et ma mère avec leur*
> *visage de tous les jours. Les hypocrites.* "

Ce jour là, il fut l'unique "spectateur" d'une imaginaire réunion mon-
daine où l'on peut reconnaître l'ancêtre d'*Un mot pour un autre* ou de
L'archipel sans nom. Entre le "prisonnier" et le monde qui l'exclut, seul
résonne le "bruissement des paroles", en un murmure indéchiffrable et
déstructuré dans lequel se dissimule l'inavouable secret détenu contre leur
fils par le père et la mère, contre l'enfant par la ligue hypocrite des adultes.

Avec beaucoup plus d'acuité que dans l'épisode précédent, la duplicité
des mots agresse l'enfant et le met au défi d'explorer les rumeurs indis-
tinctes, dont il sait maintenant qu'elles ont un sens, qu'il lui est refusé, et
que s'y trouve la réponse à quelques-unes des énigmes primordiales de
l'existence.

1914-1921: Fils sans père

Le serein équilibre de la famille Tardieu fut, en effet, définitivement
compromis par les sinistres événements de l'époque. Pacifiste, mais
patriote; concerné mais trop âgé pour être appelé au front, Victor, "comme
Apollinaire" dira son fils, s'engage et est versé dans des unités annexes. Il
en rapportera des petites peintures témoignant des bombardements, des paysages dévastés, des hôpitaux de campagne... et surtout un découragement, un abattement qui ne devaient plus le quitter. Pendant ces quatre
années, Caroline laissée seule avec son fils dans l'appartement de la rue
Chaptal, doit multiplier les leçons de harpe pour fournir la nécessaire sub-
sistance. Plus de domestiques, plus de facilités, plus d'insouciance.
Quelques moments de répit cependant, tels les retours en permission du
soldat qui en profite pour entraîner à nouveau son fils au théâtre. Mais plus
profondément, cette cassure va marquer le début de l'éloignement définitif
de Victor. Démobilisé en 1919, il reprend ses grandes compositions ("Les

âges de la vie", pour le plafond de la salle des fêtes de Montreuil), et reçoit en 1920 un " Prix de l'Indochine" qui lui vaut une bourse pour un séjour de six mois au Vietnam. Il s'embarque l'année suivante pour Hanoi, où il passera deux ans à composer une toile de 77 m² pour le grand amphithéâtre de la Faculté de Médecine. Apprécié de tous, et lui même séduit par la chaleur des Indochinois qu'il fréquente, il acceptera, tel un défi, de mettre sur pied puis de diriger une Ecole des Beaux Arts et d'Architecture d' Hanoi, dans laquelle il voit un moyen de mettre sa générosité et son savoir-faire au service de jeunes étudiants alors totalement démunis de moyens de formation. Cette tâche harassante jointe à un climat difficilement supportable, à un moral sans doute fort ébranlé par les quatre années de guerre, l'épuisera progressivement et, malade, il y mourra en 1937 sans être revenu en France, et n'ayant retrouvé les siens qu' à l'occasion du service militaire que Jean, accompagné par sa mère, viendra effectuer à Hanoi en 1927-28.

Aussi la précoce mise entre parenthèse du père, pratiquement soustrait à l'enfant dès l'âge de 11 ans, ne manque t-elle pas de façonner quelques tendances psychologiques plus tard perçues puis analysées.

Que, présent, il se fût montré occupé, distant ou encore trop épris du principe d'indépendance pour vouloir servir de modèle, ou bien qu'absent, il ne laissât en guise de repère qu'un manque à combler, il ressort aux yeux de son fils unique que la sécurité et l'apaisant rempart des certitudes établies par l'autorité paternelle s'est tôt dérobée.

Ce vide, rétrospectivement, il en tire lui-même le bénéfice, y trouvant la nécessité de "se faire une idée du monde à sa façon, librement (...) J'étais vraiment abandonné à moi-même, et obligé de me poser des questions à tout moment et de faire mon nid dans ce monde énigmatique".[1] Dans l'article qu'il consacre à cette absence de rapport père/fils, Daniel Leuwers s'essaye à déchiffrer les faits et tendances grâce auxquels Jean a pu combler ce manque propre à "un fils, déçu par un père qui le déserte" : adoption de figures de substitution (Hans Hartung, et même ... Marie-Laure), obsession de la fuite, crainte de la dissolution, désir de postérité pour son oeuvre mais aussi pour celle de son père, apparaissent à cette lumière comme autant des dimensions engendrées par la nécessité d'assumer cette difficile ascendance.

---

1 - Cité par Daniel Leuwers in "Tardieu père et fils", *Lire Tardieu* pp. 197-201.

Il est vrai, pour en revenir au parcours biographique, que les débuts de cette période où le jeune Jean est soustrait au regard de son père, correspond pour lui à une sorte d'émancipation. Il quitte le cours privé Hattemer pour entre en sixième au Petit lycée Condorcet, où se déroulera toute sa scolarité ultérieure. C'est là qu'il noue quelques-unes de ces amitiés fidèles et cultivées toutes sa vie durant. En particulier celle celle d'Albert-Marie Schmidt, futur spécialiste réputé de la littérature au XVI° siècle, professeur à la Sorbonne, et de Jacques Heurgon, qui deviendra archéologue spécialiste de l'antiquité, membre de l'Institut. S'il n'y est pas un élève remarqué, car il s'y montre "toujours à la poursuite d'un rêve intérieur" comme le confie ce dernier, s'il est le plus souvent précédé dans les palmarès scolaires par des "têtes de classe" qui ont pour nom Daniel Lagache ou Roger Schwob, sans doute est-ce pour trop souvent laisser libre champ à un tempérament "à la fois attentif et distrait", tout à fait approprié à son goût croissant pour la lecture. Ce "vice" se confirme en effet, qui lui sert par exemple de guide dans une très subjective topographie du 9 ème arrondissement de Paris, où elle fait figure avec d'autres "plaisirs interdits" plus communs et plus propres (si l'on ose dire) à ce quartier, d'exercices très personnels.[1]

Cette passion de la lecture nourrit à son tour les premiers jaillissements de l'oeuvre littéraire, sous forme de textes imités avec sérieux et application, ou de pastiches à visée plus franchement ludique. Ainsi, dans l'appartement qu'il occupe désormais seul avec sa mère, les camarades de lycée sont parfois conviés à de petites représentations théâtrales où Jean fait jouer aux marionnettes rapportées de Lyon des petites scènes parodiques et amusantes de sa composition. De cette époque -1919- date par exemple l'Inspecteur ou le magister malgré lui, comédie en un acte et en vers" où une classe d'école sert de cadre, sur un vague canevas d'intrigue de boulevard, à quelques échanges de répliques amusantes et à un exercice de style absurde, la " dictée de mots composés"[2]. Quelques années plus tard, avec son camarade de lycée Albert-Marie Schmidt -précocement disposé, semble-t-il, aux jeux formels qui le mèneront à l'OuLiPo- il partira encore du dictionnaire pour inventer "Kartagot la Rousse", autre fantaisie où s'élabore sous la

---

1 - Voir , dans le n° spécial de *La Sape*, le texte:" Comment un jeune parisien découvrit à la fois la vie, Paris et les livres", paru dans *Toute l'édition* du 23 juin 1934.

2 - *Margeries,* p. 97.

forme d'un drame parodique, une hilarante composition de citations latines puisées dans les pages roses.

Mais plus "sérieusement", datent de cette époque un certain nombre de petits poèmes en vers qui manifestent en même temps qu'un farouche désir " d'être poète", une rigidité formelle directement imitée des romantiques alors étudiés au lycée[1] . C'est d'ailleurs le lycée qui lui fournit l'occasion d'être pour la première fois publié, dans la revue qu'y ont fondée Lanza del Vasto et Albert-Marie Schmidt. Jean y fait paraître un petit "conte oriental"[2] écrit à dix huit ans où la recherche de l'idéal féminin, principe encore probablement hérité de lectures des romantiques, trahit en même temps les préoccupations amoureuses de l'adolescent.

Au moment où se confirme la vocation littéraire du jeune Jean, va se dérouler un épisode crucial de son évolution, une "crise" souvent évoquée par la suite, qui aura pour conséquence une rupture définitive avec une vision jusque là simple et sans accrocs de sa propre personnalité.

Rappelons les faits : fatigué et presque surmené par le travail scolaire à l'approche du "bachot", encore sous la déception d'une idylle amoureuse interdite et interrompue par l'intervention directe de ses parents, l'esprit enfin troublé par la découverte en classe de philo, de la psychologie et des maladies de la personnalité, Jean est pris d'un malaise, un matin à l'heure du rasage, à la vision de son propre visage se reflétant dans le miroir : " j'ai eu peur de ma propre image. J'ai eu l'impression qu'elle s'enfuyait de moi au lieu de se rapprocher, et que je prenais par rapport à moi-même une vue éloignante. Je me suis mis à me sentir étranger à moi même (...) et j'ai senti que je perdais mon moi." Les psychiatres connaissent ce symptôme de dépersonnalisation, qui s'inscrit souvent dans une pathologie de la schizophrénie. Mais sans atteindre une telle gravité, cet événement douloureux dans l'adolescence de Tardieu a eu des prolongements immédiats et surtout des répercussions à plus long terme.

D'abord, ce fut l'obligation médicale de surseoir à tous les efforts intellectuels, de passer la deuxième partie de son " bachot" à la session de septembre, et d'aller en attendant se reposer chez sa marraine voisine (ce qui lui offre d'ailleurs l'occasion, en guise de diversion de s'exercer talentueu-

1- On en retrouve un certain nombre dans *Margeries*.

2 - *Margeries*, p. 73.

sement au modelage de la terre glaise - premier et sans doute seul contact de créateur avec la matière brute et le volume).

Mais surtout, ce fut là un choc psychique violent, qui modifia de manière définitive sa vision du monde et de l'existence, en la rendant soudain problématique. Il parle souvent de cet épisode comme d'une expérience traumatique qui, en mettant en cause la notion qu'il avait jusque là de son identité, lui aurait révélé une faille, une gigantesque lacune dans le tissu de la réalité. C'est une première perception de la duplicité du monde et de la présence, à coté ou en marge du monde sensible, d'un insaisissable et indéchiffrable continent d'obscurité : "A l'âge réputé heureux de l'adolescence, je me suis approché de quelque chose de plus effrayant que l'inconnu ou que la mort : c'était l'indiscernable"[1].

On en trouve bien sûr la trace dans de nombreux textes de cette époque, qui témoignent également d'un recours presque exclusif aux formes poétiques versifiées et à la prosodie traditionnelles :

Monde : images et bruits-, ton tumulte divers
N'est plus le seul spectacle, et, pour l'âme éblouie,

Parfois le magicien, le regard et l'ouïe
Vont opposant au monde un second univers[2]

Cette sensation de fissure du moi, expérience aux limites de la folie, a probablement trouvé dans l'écriture un moyen de dépassement, ou en tout cas d'épanchement salvateur, comme en témoigne cet autre texte de l'époque, au titre significatif : " Démence juvénile"

J'ai tant de poison dans l'âme
Que je vais enfin pouvoir parler.

Ma raison penche et proclame
Sa fierté d'être en danger.

Et sans doute cette crise est elle encore directement à l'origine de ces vers par où il commencera quelques années plus tard à se faire connaître dans les milieux littéraires, et qui seront les premiers à être imprimés dans une revue d'audience nationale :

1 - *Pages d'écritures*, p. 27.
2 - *Margeries*, p. 42.

L'étranger

à Jacques Heurgon

De moi à moi quelle est cette distance? On crie;
Réveil! J'ai le souvenir d'un combat.

Quelqu'un parlait, agissait, lourd de vie
Et de comprendre. Et je ne comprends pas:

Etait-ce moi qui me parlais rêvant?
Est-ce bien moi maintenant qui m'éveille?

Suis-je le même? Ou bien double?- L'instant
M'a divisé. Je veille et je sommeille.....[1]

Avec cette crise, c'est un pan entier de la réalité qui est apparu. Dans la duplicité, dans la virtualité du reflet de son visage dans un miroir, Tardieu a découvert l'écart qui subsiste malgré tous les efforts faits par les hommes pour l'annuler, entre une chose et la représentation que l'on peut en avoir, en tant qu'homme, que vivant. C'est l'imperfection des moyens de saisie du réel qui lui est apparue, entraînant dans un "vertige", l'intuition de cet "indiscernable", de cet "innommé" ou "innommable"qu'il traquera toute sa vie durant, de cet "autre", de ce "double" dans lequel il est convenu de distinguer -on en reparlera- l'une des dominantes de son oeuvre.

Quant à l'outil privilégié de cette perception impossible, quant au responsable de cette duplicité, de cet éloignement où nous sommes tenus du réel, c'est bien évidemment le langage. Pour le sujet, le péril n'est pas véritablement le mutisme, l'aphasie ou tout autre refuge hors-langage du moi menacé. Il se traduit à l'inverse par un débordement, une perte de contact avec l'univers foisonnant des mots écrits, ce que les neuropsychiatres nomment "alexie" c'est-à-dire incapacité à comprendre la lecture : "Quand je

---

1- La version donnée ici diffère de celle publiée dans *Accents*. Il s'agit de la reproduction du manuscrit donné à J. Heurgon, qui nous a paru plus proche des termes employés lors de la première rédaction.

faisais mon Droit, je soulignais les livres, je soulignais, et au bas de la page, je m'apercevais que j'avais tout souligné : je perdais totalement le fil de ce que je lisais. "[1]

Des textes à peu près contemporains (suffisamment nombreux et significatifs pour constituer dans *Margeries* une section spécifique : "Le langage en question") nous apprennent, de plus, que ce trouble de la personnalité a provoqué une atteinte de la perception du réel, dans lequel objets et mots se confondent, les mots prenant une consistance, devenant eux-mêmes des objets, qui plus est des objets embarrassants, des obstacles à l'expression. Enfin, suprême complexité, le mot pris pour exemple est le mot "langage" lui-même, ce qui ajoute à la confusion, puisqu'au dérèglement de la pensée par signes s'ajoute un métadiscours:

En 1924[2] la "Musique de scène pour une thèse" découvre le mauvais jeu des mots, leur malformation, leur inaptitude à lier un tissu sonore à une signification.

> *Je m'apprête à écrire un poème. Sur quel sujet ? Sur le langage.*
> *Cette bizarre étude, cette entreprise audacieuse demande cependant que je m'exprime en un langage. Et voici où paraîtra ce phénomène, la découverte :*
> *le langage scrutera le langage. Or pour indiquer cette simple idée :"mon langage scrutera le langage", il est bien évident que j'ai utilisé...quoi ? Mais oui :le langage !*
> *De sorte que nous obtenons ce résultat :*
> *mon langage regarde que le langage regarde le langage....*

et l'abyme infini de la logoscopie de s'enfuir aussitôt dans la décomposition du mot, son évanouissement, puis sa réapparition, sous forme solide, en "fauteuil langage", et autre "superbe langage de la Havane" dont la fumée, fort symbolique, vient au bon moment nous rappeler qu'il s'agit, avant tout, d'un " écran-langage" (titre de ce passage).

---

1 - In "L'artisan et la langue", entretien avec J. Tardieu,L. Flieder, *Europe*, n° 688-689, août-sept.1986, où les détails de cette crise sont plus précisément rapportés.

2 - L'année même où Ponge avec " Du logoscope" et autres " fables logiques", (repris in *Méthodes,* ed. Poésies/ Gallimard p. 168-174) est en proie à une fascination très comparable pour la matérialité des signes linguistiques.

Cette fracture, quelque soient les répercussions qu'on est en mesure de lui trouver dans l'oeuvre ultérieure, marque en tout cas un bouleversement profond, et clôt à jamais sur une note d'amère inquiétude l'inconsciente tranquillité de la période enfantine, si bien que celle-ci finit par se dissoudre dans les brumes tenaces d'une angoisse existentielle qui ne cessera plus d'être présente, fût elle souvent niée ou camouflée par une propension marquée -mais inconstante- pour la jovialité et l'humour.[1]

1921-1927 : Pontigny ou les premiers lecteurs.

Les amitiés nouées à Condorcet n'en ont pas pâti pour autant, car elles ont joué peu de temps après un rôle décisif dans la véritable entrée de Tardieu dans le monde des Lettres. Jacques Heurgon arrivé en Khâgne avait en

---

1- On peut d'ailleurs remarquer combien l'épisode de la rupture, de la "fissure" qui , à l'occasion d'un examen scolaire ou universitaire, interrompt brutalement le cours de l'adolescence et s'accompagne d'un refus de l'ordre parental s'est reproduite chez les jeunes poètes des années vingt. Elle se pose comme un événement déclencheur, accélérateur ou bien rectificateur, qui rend nécessaire sinon directement l'écriture, du moins l'adoption d'une nouvelle attitude face au réel et l'affirmation d'un "être" personnel autonome, souvent construit sur l'antinomie du modèle jusque là suivi. On en trouve la trace, et c'est remarquable, parmi les maigres indications biographiques laissées par Michaux, mentionnant à peu près à la même époque un "état de rupture" signalé par l'abandon des études et le départ pour l'étranger : "1919 : Prépare le P.C.B. Ne se présente pas à l'examen. Abandonne la médecine" (in R.Bertelé, *Henri Michaux*, Seghers, pp. 9-16) et , plus significativement : " Un jour, à vingt ans, lui vint une brusque illumination. Il se rendit compte , enfin, de son anti-vie, et qu'il fallait essayer l'autre bout. Aller trouver la terre à domicile et prendre son départ du modeste. Il partit. " ("Difficultés", cité par B.Ouvry-Vial, *Henri Michaux*, La Manufacture, p. 47).
    Une coïncidence fait de la même année 1919 une date-rupture pour Francis Ponge également. Il se trouve alors pour la seconde fois consécutive incapable d'ouvrir la bouche face à un jury d'examen. Déjà recalé, pour cause de mutisme, à l'oral de sa licence de philosophie, cette année là c'est l'Ecole Normale Supérieure qui se ferme à lui pour la même raison. Mais ici, la faille biographique se double de conséquences immédiates au plan de l'écriture : si l'on en croit un "proême" daté de 1944, celle-ci est aussitôt perçue comme outil thérapeutique, unique moyen de reconquérir la parole perdue: " Après une certaine crise que j'ai traversée, il me fallait (parce que je ne suis pas homme à me laisser abattre) retrouver la parole, fonder mon dictionnaire. J'ai choisi alors le parti pris des choses." La crise adolescente apparaît ici directement à l'origine non seulement de la décision d'écrire, mais encore, avec l'apparition de la célèbre formule, d'écrire l'oeuvre propre qui sera la sienne, suivant le regard propre qu'il portera sur la réalité.

effet pour professeur de Lettres (et futur beau-père) le grand humaniste et
pédagogue Paul Desjardins, fondateur de l'Union pour la Vérité et de la
Ligue Internationale pour le Droit des peuples . Ce candidat malheureux au
Collège de France connaissait tout ce que Paris et l'Europe comportaient
d'hommes et de femmes éclairés. Il avait pris l'habitude de les réunir dans
l'abbaye cistercienne de Pontigny, en Bourgogne, qu'il avait acquise en
1906. Ces fameuses "décades" (ancêtres directes des actuels colloques de
Cerisy-la-Salle) inaugurées en 1910 furent, après guerre, organisées autour
des trois axes suivants : arts et lettres, politique et morale, philosophie et
pédagogie. Chacune s'étendait sur une partie du mois d'aôut et rassemblait
un impressionnant aréopage de célébrités et de compétences. C'est là que
Jean, accompagné d' A.M. Schmidt, fut entraîné par Heurgon dès la reprise
des décades en 1922. C'est à cette occasion aussi qu'il se fit les relations qui
devaient lui permettre par la suite aussi bien de trouver un emploi que d'être
lu, remarqué et publié par les hommes de lettres les plus influents de
l'heure. La *Nrf* (qui, rappelons le, est à l'origine des éditions Gallimard) y
était particulièrement bien représentée: ses fondateurs Jean Schlumberger et
André Gide, son directeur Jacques Rivière, et ses auteurs phares: Valéry,
Martin du Gard, Maurois, Mauriac étaient tous des habitués de l'abbaye, où
l'on croisait encore Marc Allégret, Charles du Bos, Jacques de Lacretelle,
les critiques Edmond Jaloux et E.R. Curtius, le philosophe russe Léon
Chestov, etc[1] ...

     Nos trois étudiants, probables cadets de l'assemblée, y trouvent comme
l'on s'en doute, l'occasion de rencontres aussi brillantes qu'inespérées, dans
cette atmosphère libre, informelle et estivale où ils côtoient pendant plusieurs jours des maîtres qu'ils n'auraient pu rêver de rencontrer dans de si
favorables circonstances. Ce qui suffit, chaque année à l'approche du mois
d'août, à leur causer quelques tensions et angoisses où se mêlent l'espoir de
rencontres prometteuses et la crainte de ne pas savoir les entretenir ou s'en
faire apprécier. Ce climat d'excitation fébrile est ainsi rappelé dans les
toutes premières lettres que s'échangent les jeunes amis:

     1 - Sur Pontigny, on lira les témoignages et documents réunis dans *Paul Desjardins et
les décades de Pontigny*, par Anne Heurgon-Desjardins, PUF 1964, mais aussi la préface aux
Oeuvres complètes de Roger Martin du Gard- coll. la Pléïade, ainsi que sa correspondance;
Le *Bloc-notes* de Mauriac; les Journaux de Gide, de Du Bos, d'A. Fabre-Luce.

mercredi 2 août (1922)

"je suis toujours de plus en plus végétal et contemplatif.. et voici qu'à l'horizon point et se rapproche avec rapidité l'intimidante retraite de Pontigny. "

(autre lettre, sans date)

"Je vais déjeuner sous les voûtes; jusqu'à demain je suis placé entre Mauriac et une demoiselle que je ne connais pas; ne trouvant rien à dire hier à Mauriac, j'ai fini par lui demander ce qu'il pensait de ses propres oeuvres. Il m'a répondu qu'il les trouvait très belles et l'entretien en est resté là. De quoi vais-je lui parler tout-à- l'heure, bon Dieu !"

mais cette excitation n'apaise heureusement pas la dose de gaieté et de fantaisie avec laquelle les étudiants vivent ces moments exceptionnels:

Pontigny, 4 septembre, (probablement 1926)

Inondant de mes lettres tout le village de Pontigny, et variant mon style et mes sujets suivant la personne à qui j'écris -je me prends pour un nouveau Voltaire- ma frénésie épistolaire est si violente, si envahissante que j'ai eu, un instant, l'intention d'écrire même à des Pontiniaciens que je ne connais pas, d'envoyer à Monsieur Mauriac une vue en couleur du désert de l'Amour, à Monsieur de Lacretelle un portrait de Madame Dieulafoy etc...etc...J'ai écrit en huit jours un long poème que je prends la peine et le temps de recopier pour toi et qui est le suivant:

<u>*Paysage lacustre*</u>

Les pêcheurs sont à la ligne.
Ces deux vers le sont aussi.

à partir du six septembre je serai à Busseau, par Villiers sous Gretz (Seine et Marne)

Amitiés ton Jean Tardieu

Quant aux retours, ils ne sont pas moins troublés par l'intense émotion de ces rencontres, qui semblent illuminer l'année toute entière et rendre douloureuse la perspective de devoir attendre la prochaine session:

samedi 11 septembre 1926

> *...Pour moi, je suis revenu de Pontigny dans la plus effroyable confusion d'esprit que j'aie jamais connue. Ce chaos généralement (sic) portait cette fois-ci la couleur d'un chagrin auquel, bien que je l'aie ressenti déjà quatre fois, je n'arrive pas à m'habituer : le chagrin des départs de Pontigny, chagrin chaque fois aussi vif, aussi neuf que la joie de l'arrivée. Ce chagrin, après huit jours, n'est pas encore dissipé, mais la confusion se tempère : comme toi j'attends impatiemment."*

"(sans date)

> *...J'ai vécu après mon retour à Paris quelques semaines assez intenses pendant lesquelles je me suis vraiment ressaisi et suis revenu aux préoccupations qui sont, quoi que je fasse, au fond de ma nature et que j'avais cru oublier depuis. Je me suis retrouvé et suis encore, dans un état de vie intérieure productive que je n'avais pas éprouvée depuis bien longtemps. Mille et mille projets et, ce qui importe plus encore, cette sorte de sensibilité de l'esprit aux chocs extérieurs qui fournit une réponse aux plus légères paroles de l'air...."*

A quoi ressemble, en ces années 1922 - 26, l'étudiant ainsi stimulé par sa découverte du milieu littéraire? A un jeune homme distrait, guère plus épris des études de Lettres que de celles de Droit, qu'il abandonne toutes deux après avoir passé quelques certificats. Pourtant, ce jeune homme poli n'a rien du noceur. S'il est conscient de n'avoir pas devant lui l'avenir brillant de ses camarades qui rivalisent de succès universitaires, du moins sait-il avec humour et décontraction en attribuer la cause à un naturel indolent, indécis.... et au regard déjà légérement décalé qu'il porte sur son environnement. Tel est du moins l'autoportrait qu'il dresse, à dix-neuf ans, dans l'une des toutes premières lettres conservées qu'il adresse à Jacques Heurgon:

> *Mon cher ami, mon cher Jacques*
>
> *n'aie pas peur : je ne t'écrirai pas une longue lettre; elle sera courte et bien sentie, une belle "lettre de jeune homme sage en vacances", afin que sans doute lassé par tes examens, tu n'aies point à me répondre, proportionnellement, par volumes. Cependant sache que je diagnostique un tantinet ton*

*état actuel: la littérature te dégoûte; la lecture tu la supportes à peine;
quant à l'écriture, elle te rompt les bras dès les premières lectures. Est-ce
vrai?(est-ce vrai? est la première question à laquelle je te prie de répondre;
la seconde, la plus importante, sera):*

Quel est le résultat de ton examen?

Es-tu licencié?

As tu pris toutes licences?

As-tu la licence poétique?

*Je ne blague pas; c'est très sérieux. Je suis pressé de savoir quel a été le
couronnement de tes efforts, ainsi que celui de ceux de Schmidt, s'il te
plaît?*

*Quoi qu'il en soit, te reposes-tu? et fais moi le schéma rapide de ton anato-
mie psychologique. Moi, j'habite une vaste chambre décorée de Trocadéros
jaunes et verts. Cette chambre est le dernier étage de l'école de Saint-Germain de Joux; en face de moi l'église dort ou cuit, piaille de moineaux ou
psalmodie de cantiques; le Dimanche matin, si je travaille, en lunettes et
sombre pyjama, je me prends pour le docteur Faust lorsque la voix des
fidèles vient me tirer du Droit romain.*

La montagne est (attention! mot imprévu:) belle

l'air est	_____	*pur*
Les routes sont	_____	*larges*
La rivière est	_____	*murmurante*

*Mais tout cela n'empêche pas que je souffre, car
L'hésitation est à ma gauche, la contradiction à ma droite, l'orgueil dans
mon dos me fouette avec une plume de paon et brandit un sabre de bois;
enfin, devant moi, la Paresse, grasse commère me barre la route à chaque
pas, ... s'il est vrai que je marche, dans ce monde bien relatif...Réponds
vite aux questions posées.
Une rugueuse poignée de mains, gage de ma rustique et fidèle affection
ton vieux Jean Tardieu
Si tu sais du nouveau au sujet de Pontigny, quelques détails, tu serais
aimable de me les dire. Voici mon adresse ici*

M. Jean Tardieu.

à St Germain de Joux - Ain

P.S.. urgent:

*Je rouvre cette lettre pour te dire que j'ai pour voisine de table, à l'hôtel où
je déjeune, une vieille femme qui vante la " promiscuité des bains de mer"
dont on jouit à Paris, ainsi que les vins " fortement alcooliques". Son mari,
avisant un petit barbet noir qui passait non loin s'écria : " Tiens! Le chien*

de Monsieur le curé; tu veux du sussucre"..Et je me demandais, immobile,
ouvrant l'oeil à demi sous mes voiles, pourquoi cet homme n'avait pas dit :
" Tiens! Monsieur le chien du curé" ..
Telles sont les hautes préoccupations de mon esprit.
C'est tout ce que j'avais à te dire!

Peu frivole, secret même, distant et intérieur, il a l'esprit rempli d'une
discrète ambition littéraire dans laquelle seule il trouve réconfort, mais qu'il
n'a ni l'aplomb ni la confiance suffisants pour la prendre totalement au
sérieux. Un second autoportrait, daté du 6 août 1923 nous présente ainsi le
personnage solitaire et reclus du jeune poète mal adapté aux plaisirs de son
âge, et qui trouve dans la lecture la seule activité qui lui convienne vraiment:

"... te parlerai-je de moi, maintenant? Vais-je t'infliger la tristesse
d'apprendre que, tandis qu'à Paris tu vivais dans une saine et austère
angoisse, je me laissais entraîner, par un mien cousin, à des débauches? Ce
mien cousin est un jeune médecin qui oublie le soir, en cycle-car, aux côtés
d'une jolie femme, les opérations et les auscultations du matin; il est avant
tout homme d'action et cherchait à me dépuceler de ce qu'il nomme avec
mépris ma "rêverie"- pour lui la société se divise en deux camps, celui des
rêveurs et celui des vivants-. On a donc, en ce but, maintes fois logé ma
rêverie sous les fesses de la jolie femme, au fond du cycle-car, et en route
pour Lyon ou Bourg, ou ailleurs, où l'on me faisait boire jusqu'à totale
ivresse, après quoi l'on jetait dans mes bras une énorme lyonnaise qui me
jugeait pauvre et ennuyeux, se moquait de moi, et me plantait là sans
espoir. J'ai gagné à ce jeu quelques indigestions et quelques maux de tête et
aussi d'authentiques remords d'ivrogne avec lecture forcenée de la Bible et
larmes de crocodile en songeant à mes projets littéraires délaissés. Mais à
présent, c'en est fait de ces plaisirs peu champêtres; quelques amis de Paris
sont venus passer le mois d'août à Saint-Germain; je laisse le cycle-car
bondir sans moi et m'en vais me promener avec Jeannette Z.... que tu
connais. Je savoure le silence à deux des lectures sous l'ombre d'un arbre,
au fond d'un vallon perdu et je deviens idyllique ainsi que dirait Schmidt.
Quelles sont ces lectures? elles sont nombreuses autant que possible, mais
il y a des piliers importants, tels Le Rouge et le Noir- j'essaie de faire pas-
ser en mes veines un peu ce ce sang violent qui fit vivre Julien Sorel- et les
Évangiles- autre transsubstantiation. J'ai lu Plain-chant et me suis réjoui
de ce dernier saut du danseur de corde Cocteau qui remet à la mode la poé-
sie sentimentale...."

A n'en pas douter, la seule vocation littéraire anime ses espoirs et remplit ses pensées. Chaque année, à l'approche du mois d'août, il corrige et peaufine ses poèmes, pensant les soumettre à quelque illustre lecteur qui l'encouragerait et, qui sait, lui offrirait l'occasion de les faire connaître. Et de fait, c'est bien ce qui lui arrivera lorsque, à partir de 1926, il fait à Pontigny la connaissance de Roger Martin du Gard, de sa fille Christiane- avec qui il échange une correspondance nourrie, sous l'oeil amusé et bienveillant du père, lequel ne tarde pas à devenir son "parrain" littéraire. Le futur prix Nobel est séduit, en effet, par la discrétion, l'allure rêveuse et sincère du jeune étudiant, "un coeur exquis, une naïveté incroyablement vraie, une touchante modestie, un tas de qualités charmantes et personnelles" grâce auxquelles il n'hésite pas à le recommander au terrible, à l'inabordable, au sévère directeur de la *Nrf,* Jean Paulhan, en des termes élogieux:

> *Il s'appelle Jean Tardieu. Je l'ai rencontré à Pontigny. Je le trouve plus attachant que la plupart des gens à lunettes qui fréquentent la charmille de Desjardins. C'est un enfant encore: vibrant et d'une simplicité transparente, qui a du charme. Il est authentiquement poète, je veux dire que sa vie quotidienne est un poème ininterrompu, et cela n'est pas si courant, n'est-il pas vrai[1].*

Cette intercession n'est pas vaine, puisque l'année suivante, André Gide lui-même se voit soumettre quelques textes du jeune poète.... et les met aussitôt dans sa poche avec l'intention de les faire paraître dans le numéro de septembre ! De ce jour, l'impulsion est donnée et l'étudiant, revitalisé, peut croire bien engagé son avenir de poète. Des trois textes "élus"[2] le plus remarqué est "Couple en marche", un ensemble de huit distiques en décasyllabes rigides et rimés, à la ponctuation vigoureuse, dans lesquels on reconnaît sans peine l'influence de Valéry : régularité, fermeté, une certaine sécheresse formelle qui aux yeux de Martin du Gard (lequel s'avoue cependant " fort jobard en ces matières") trahissent autant le talent que

---

1 - In Roger Martin du Gard, *Correspondance générale*, tome IV, Gallimard 1987, p. 192 et 79.

2 - Etranger, Couple en marche, Poursuite, seront repris dans les deux premières plaquettes publiées. Mais jamais par la suite ils ne reparaîtront . (On les retrouvera dans le n° spécial de la revue *La Sape*).

"le manque de "trouble", des rides légères à la surface d'un étang trop clair. Un peu la faute des circonstances, un peu la faute de l'âge. Il y a une sorte de pureté qui éclate, qui éblouit; et puis il y a une pureté qui n'est guère que l'absence de tout le reste... Eh bien la vôtre, mon cher ami, est entre ces deux là. C'est par moment la charmante pureté de la jeunesse, grisée de poésie; et, par moment aussi, c'est un peu ... d'indigence de matière. Cela ne m'inquiète guère. La vie se chargera de combler ces vides, et bientôt."(op.cit., p. 76)

On est aujourd'hui avantageusement placé pour savoir que rien ne viendra confirmer cette dernière assertion, le rien lui-même étant, et cela se précisera, le coeur même de la démarche poétique ici inaugurée. Mais sans doute faut-il voir dans ce premier jugement, aussi sévère que bien intentionné, un effet induit par le caractère du poète auquel il s'adresse ; sa distraction, sa modestie parfois taciturne, ses vers un peu trop aiguisés et formels lui valent à Pontigny le surnom d' " Ombre folle", pris dans les derniers vers de son poème " Etranger":

Je ne serais jamais que l'ombre folle
D'un inconnu qui garde ses secrets

Mais en même temps, il se montre d'une étonnante fraîcheur et d'un naïveté désarmante : à l'un des poèmes, soumis à Gide, il donne ainsi pour titre : "Pédale", sans aucunement connaître, avant que les railleries de ses camarades le lui révèlent, le double sens du mot. Et il entretient avec Christiane Martin du Gard de grandes réflexions métaphysico-religieuses qui lui valent, du père, cette spirituelle mais dissuasive réprimande :

C'est pour elle un excellent exercice de français. Pour vous, c'est beaucoup de temps perdu; mais les poètes...! Et pour tous deux c'est...un échange chaleureux et vain d'arguments assenés dans le vide! Laissez-moi faire le quadragénaire! A mon âge, mon jeune ami, on commence à comprendre que les raisonnements d'ordre moral, sentimental, pseudo- logique, avec lesquels on croit pouvoir vaincre, ou bien étayer une conviction de forme religieuse, n'ont aucune espèce de prise. (...) Je ne réponds rien à cette obsession vraiment stupide de mort à date fixe. Hélas, c'est bien assez d'avoir devant soi la mort certaine, sans se torturer en lui fixant un délai, et un délai aussi proche! Hydrothérapie, gant de crin, soucis d'argent, cherchez un bon remède et appliquez - vous - le. Mais écrivez moi bien que vous êtes guéri et que vous ne jouez plus à: "Hou! fais moi peur!" (op. cit. p. 104).

Ces préoccupations, jointes à un naturel maladivement indécis, peuvent expliquer comment, à l'âge de 24 ans, Tardieu connaît simultanément quelques opportunités précieuses, et autant de déceptions corrélatives.

D'abord, il inaugure une longue série d'échecs - ou plus exactement de refus- dans le domaine des examens. Cette première fois, c'est en manquant le concours d'officier de réserve qui lui aurait assuré de passer dans les meilleures conditions sa période militaire. Au même moment, tourne court son aventure amoureuse avec Emilie Noulet, autre adepte de Paul Valéry - dont elle deviendra une spécialiste universitaire- et avec qui un mariage avait pourtant été prévu. Enfin, l'attachement naissant des responsables de la *Nrf* les amène à lui proposer de tenir dans la revue la chronique enviée de l'actualité poétique. Paulhan projette même de lui faire rédiger le compte-rendu du volume que Valéry fait alors paraître. Mais cela encore n'aboutit pas, car quelques jours plus tard, il est appelé sous les drapeaux. Ou, pour être exact, à bord du paquebot "Le Sphinx" qui appareille le vendredi 28 septembre 1927 à 4 heures de l'après-midi en direction de Yokohama, et l'emmène, lui et sa mère, pour un séjour de 18 mois à Hanoi où ils doivent retrouver Victor.

1927-1928 : Hanoi: La parenthèse indochinoise-

Ce séjour à Hanoi, venu inopportunément compromettre tant de favorables perspectives, sera malgré tout, et en dépit de ses désagréments, porteur d'heureuses conséquences tant dans la vie personnelle que dans l'oeuvre de l'écrivain.

En premier lieu, c'est là qu'il fait la connaissance de Marie-Laure Blot, une jeune enseignante d'Histoire naturelle venue suivre son père médecin installé en Indochine après la guerre. Ce sera la rencontre non seulement d'un couple à la longévité exceptionnelle, mais aussi de deux tempéraments remarquablement complémentaires. A l'inverse de Jean, elle poursuit avec succès des études scientifiques très poussées, en devenant successivement docteur en médecine, pharmacie et sciences, et qui lui valent dès son retour en France d'entamer une carrière prestigieuse au Muséum d'Histoire Naturelle où, atteignant les plus hauts degrés de la hiérarchie, elle devient une botaniste réputée (spécialiste de l'étude des fougères et de palynologie). Leur mariage, à l'été 1932, offre au poète toute la rigueur, la discrétion, le dévouement ... et les revenus réguliers nécessaires à l'épanouissement de son oeuvre littéraire, et de son caractère souvent fantasque.

D'Hanoi datent également les débuts de Jean dans deux genres littéraires très particuliers où il continuera de s'illustrer : la traduction et les écrits sur l'art.

Emportant dans ses bagages des romans de Conrad, des recueils de Cocteau ou les derniers numéros de revues littéraires, il y joint aussi une lecture "sérieuse" : le volumineux essai de Gundolf sur Goethe. Et il entreprend de traduire les pages que le critique allemand consacre à Hölderlin et à son poème "Archipelagus"[1] . Quelques temps plus tard, de retour en France, il traduira le poème lui même. On peut d'ailleurs se demander à la lecture de ces textes dans quelle mesure ils ont contribué à la formation poétique de leur traducteur. Car celui-ci s'attache en particulier aux passages contenant des propositions et des affirmations sur le rôle, le devoir, les moyens du poète, et on les retrouvera , ultérieurement, assez peu modifiées, dans tous les textes qui permettront de déceler un " art poétique" tardivin. La préface de Gundolf vise en effet à présenter le poème d'Hölderlin comme l'aboutissement d'une pulsion dionysiaque, un essai de révélation de l'Hellade en tant qu'incarnation d'une puissance divine idéale, et va jusqu'à évoquer la " croyance hellénique" du visionnaire allemand qu'il décrit chargé à l'égard de son peuple de délivrer prophétiquement un destin divin. Mais surtout, pour étayer cette interprétation quelque peu grandiloquente - d'un texte qui, à vrai dire, s'y prête volontiers- le critique pose la nécessaire soumission par la poésie du contenu du discours à sa forme :

" Discourir seulement sur les contenus, sur la pensée, sur la façon de considérer le monde nous est indifférent: cela seul compte qui développe une forme. (...) Nous avons le droit, lorsqu'il s'agit d'une oeuvre poétique- beaucoup plus que pour une oeuvre picturale ou même musicale- de considérer la structure idéelle elle-même comme un élément de la forme."

1- Cette traduction paraîtra dans *La revue d'Allemagne*, n° 59, 15 sept . 1932.

Le sens soumis à la forme, de même que, quelques lignes plus bas, le jeu des sonorités présenté comme aussi nécessaire que le contenu à la justesse d'une démarche poétique: ce sont des principes que Tardieu n'oubliera pas, lui qui évoquera quelques mois ou années plus tard sa lassitude devant " une poésie qui ne serait faite que de signification pure, donc désincarnée"(lettre à Heurgon). Sans nous avancer plus loin dans cette discussion , qui fera l'objet d'un chapitre spécifique, notons pour l'instant que ces propos de Gundolf orientent nettement le type de traduction que Tardieu applique au texte de Hölderlin[1] : il s'agira, dans cet exercice, par un "dressage" spécifique de la langue française - et surtout des habitudes d'une poésie syllabique et régu-lière- de trouver un équivalent en français de la prosodie quantitative et tonique par laquelle Hölderlin a essayé de rendre l'hexamètre grec. Ces essais lui fournissent l'occasion d'accompagner sa traduction du poème allemand d'un assez long commentaire où pour la première fois il précise par quelle approche spécifique il entend aborder le domaine de l'écriture poétique. Et l'influence de Gundolf s'y laisse aisément percevoir :

> *Il serait absurde, il serait inutile de vouloir faire passer dans la langue*
> *française un tel poème, où la musique joue le rôle d'un indispensable, d'un*
> *primordial élément, si l'on se bornait à traduire uniquement ce que l'on est*
> *convenu d'appeler le "sens", si l'on n'essayait pas de donner simultané-*
> *ment un équivalent français du rythme et de la mélodie, - si l'on ne cher-*
> *chait pas à traduire la musique du poème, de même que l'on en traduit le*
> *"sens". La musique des vers est déjà elle même près de la moitié de leur*
> *signification, en même temps que la signification entre pour plus de moitié*
> *dans l'enchantement musical que procurent les oeuvres des poètes.*
> *("De la traduction d'un rythme", Accents p.68)*

Au delà d'une simple prise de position- aujourd'hui largement répan-due- sur les objectifs du traducteur, c'est bien une poétique qui se met en place à partir de là, et dont les aboutissements dans l'oeuvre sont loin d'être négligeables.

- De même qu'il vient d'être question "d'équivalence" dans le domaine de la traduction entre les rôles respectifs du son et du sens, c'est encore lors

---

1 - Et plus tard à des poèmes de Goethe, qui finiront par être publiés en 1993 accompa-gnés d'une préface où se retrouve précisée cette démarche du traducteur-adaptateur (cf. *Élégie de Marienbad* et autres poèmes de Goethe, Poésie/Gallimard, 1993).

du séjour à Hanoi que Jean commence à entreprendre sa démarche en vue
d' inventer une écriture "équivalente" à l'art du peintre. Les retrouvailles
avec son père sont bien entendu une excellente opportunité pour réfléchir à
l'importance de ce "sens" que le peintre concentre sur sa toile. Et l'on peut
penser qu'elles lui ont fourni l'occasion de mieux estimer l'enjeu de la peinture dans la démarche créatrice de son père . Une passage de sa correspondance trahit ainsi, en même temps que le regret de voir son père mal apprécié par ses contemporains, l'acuité du regard et la précision des références
avec lesquelles il aborde son oeuvre :

> ...Au fond de la pièce grouillait tout ce peuple de la foule annamite peinte
> par mon père sur sa grande toile. A ce propos tu ne peux t'imaginer le
> regret que j'ai de penser que cette oeuvre va rester ici (c'est la décoration
> de l'amphithéâtre de l'Université). Qui donc la comprendra, la verra? La
> majorité des européens qui sont ici à demeure n'est composée que de
> médiocres, il faut bien le dire, de gens sans goût, sans culture. Quant aux
> annamites, voilà un art dont ils pourront respecter la puissance, mais qui
> est trop loin d'eux pour leur être profitable. C'est donc proprement "enter-
> rer" une oeuvre où mon père a mis l'essentiel de son talent, son oeuvre
> aussi la plus jeune et en même temps la plus sobre. Une oeuvre à laquelle il
> aura travaillé six ans. Certes ce n'est pas en ce moment qu'en France elle
> pourrait être goûtée - j'entends goûtée par des gens d'esprit jeune et hardi.
> Avec son ordonnance classique, assez Véronèse, un rien d'"apparat" dans
> la composition, elle serait aux yeux du public actuel précisément ce contre
> quoi l'on lutte. Mais précisément la préoccupation des recherches neuves,
> le bouillonnement des hardiesses et de l'espoir, avec les parti-pris et les
> injustices qu'il entraîne nécessairement, ferait que l'on condamnerait ce
> tableau à un point de vue et que l'on serait injuste pour les magnifiques
> fragments de "peinture pure" qui sont répandus en grand nombre sur cette
> toile. Peinture large, grasse, enveloppante, pleine de hardiesses de détail
> qui disparaissent dans un ensemble de 77m^2. Un certain enfant annamite,
> qui tient une orange au premier plan, exécuté en une journée, avec une
> fougue, une fraîcheur de tons, une simplicité d'indications exquises - un
> morceau aussi beau que du Cézanne-. Et tout un groupe dont l'harmonie un
> peu aigre a été soigneusement "concertée"-deux mandarins annamites, une
> femme allaitant son petit, une autre tenant son enfant sur sa hanche, faux
> désordre pareil à celui de "l'atelier" de Courbet. La couleur évolue dans
> des violets sombres étonnants, avec par-ci par-là des taches de soleil, et
> tout à coup un vert un peu acide - et cependant le tout fondu dans une
> atmosphère chaude, imprévue, savoureuse- mais tout cela restera inconnu.

Cela m'attriste beaucoup. Mon père s'en moque. Rien ne remplacera pour
lui la joie de peindre et de chercher. Il ne s'inquiète jamais de montrer sa
peinture. C'est presque un crève-coeur pour lui chaque fois que quelqu'un
la regarde. Il la voudrait pour lui tout seul. On lui commanderait une toile
de 100 m² destinée à être jetée à la mer le jour ou il l'aurait finie, il se met-
trait joyeusement au travail...."

Si l'on voit déjà poindre ici le sentiment d'injustice qu'il s'efforcera
beaucoup plus tard, à la fin de sa vie, de réparer en travaillant à la "réhabili-
tation" de l'oeuvre de son père, cette lettre témoigne aussi d'une facilité,
d'une propension joyeuse à évoquer, depuis une toile, le monde, la démarche
ou l'univers d'un artiste. Et ce regard déjà s'exerce, puisque la peinture chi-
noise qu'il découvre à ce moment, lui semble révéler mieux qu'un écrit
(mais à condition qu'il l'écrive), les secrets d'une ambiance ou d'un lieu :

"Mais qui, sinon les vieux peintres chinois qui avaient poussé si loin l'art
de traduire en langage pictural l'espace, son essence et ses degrés, saurait
dire les surprises insensibles et les secrètes magies d'une atmosphère per-
pétuellement mais inégalement saturée d'eau, de sorte qu'à chaque minute,
le moindre changement dans la marche, l'apparition ou la disparition des
rayons du soleil transforme, transfigure le visage de la campagne, éloigne
ou rapproche les plans, cache ou dévoile un arbre, ou voile à peine un toit
de pagode, pâlit le ciel ou le fait briller lourdement."

Et l'on est guère surpris de constater que le tout premier artiste, dans la
longue liste des peintres auquel Tardieu a consacré des textes soit, à Hanoi,
Wang-Weï[1].

Ce premier- et unique- exil du poète se présente donc sous des aspects
fort positifs. De même, la vie quotidienne à Hanoi n'a-t-elle rien qui puisse
inspirer le mécontentement. Certes, son premier contact avec les autorités
militaires est quelque peu décevant : il n'est pas jugé assez robuste pour
suivre une préparation d'élève-officier qui nécessite un séjour dans un camp
proche d'Hanoi mais l'exposerait à une grande rudesse climatique. Toutefois

---

1 - Relevons ici encore l'importance de la direction prise pour l'œuvre à venir, puisque
ce texte "d'initiation" restera totalement inédit jusqu'à sa publication dans *Le Miroir Ébloui*,
lui aussi en 1993.

cette déception est largement compensée par le poste de " secrétaire d'Etat-Major" qui lui est confié et lui permet d'échapper à la vie de caserne et de résider chez son père, rue de Reinach, dans une immense maison que la présence de Caroline achève de rendre familiale. " J'ai l'impression, confie-t-il en arrivant, le 14 novembre 27, de vivre la réalisation exacte de ce rêve que depuis 70 ans Baudelaire chuchote à l'oreille des parisiens: "Des meubles luisants/ Polis par les ans/ Décoreraient notre chambre". Ici, même atmosphère aérée blonde, lumineuse et précieuse que dans "L'Invita-tion au Voyage"." S'il est chargé d'un emploi de bureau fort peu intense, en volume comme en intérêt (il s'agit la plupart du temps de dactylographier des rapports), il a la chance d'être " en relation avec des officiers char-mants, tous plus ou moins épris de Gide, de Proust ou de Valéry" et sa bonne fortune, ou un heureux hasard favorable aux gens de lettres, lui vaut même d'être placé sous les ordres "d'un homme extrêmement intelligent, cultivé, fin, dont le frère cadet, Marcel Aymé, vient de publier un petit livre, *Aller Retour* à la *Nrf*".

Il goûte encore avec délices et étonnement le spectacle de la rue tonki-noise, dont il se plaît à rapporter les étonnements qu'elle lui valent:

> *Ces petites rues séduisent autant l'oreille que les yeux, par le tapage léger mais discordant, criard et gai qui s'y déchaîne. Tous les bruits sont à la limite du chant qui court sur quelques notes de notre gamme, c'est à dire sur trente ou quarante notes de ce que l'on hésite à appeler la gamme annamite. Enfin le plus délicieux dans tout cela: le bruit que font les socques de bois frappant le pavé. Ces socques recouvertes d'un verni brillant rouge ou jaune ou vert ont a peu près la forme que voici*
>
> *de sorte que le talon en touchant le sol donne une note de xylophone et que la planchette qu'il supporte forme table de résonance lorsque le pied dont la pointe seule est maintenue par un lien de cuir, quitte à chaque pas son appui. Je pense que cette musique des sabots doit être pour le peuple une coquetterie vou-lue, recherchée. (...) J'ai passé quelques temps un jour devant l'étalage d'un cordonnier annamite, à faire sonner successivement sur le trottoir les talons de quarante paires de socques. Fou-rires à l'intérieur de l'échoppe; père, mère, frères et soeurs, découvrant leurs dents de laque noire, s'esclaffaient gentiment de me voir ainsi occupé! ..."*

Toutefois, l'émerveillement ne se prolonge pas aussi longtemps que le séjour. Face à ce monde nouveau, inconnaissable par un éphémère militaire français contraint à une situation de colon, un certain sentiment d'étrangeté l'assaille:

"Ici, dans cette atmosphère attrayante mais factice, à côté de maints aspects qui vous enchantent et d'une multitude d'éléments qui excitent la curiosité, on trouve, lorsqu'on a comme moi l'esprit maussade, au fond de tout, le " trouble", l'informulé, on flaire de douteux secrets qui vous échappent, on perd pied et les vieilles valeurs familières ne sont plus la grille qui permet de tout lire, mais bien une cage qui vous isole..."

Partagé entre inquiétude et émerveillement, l'exilé s'adapte difficilement aux excès climatiques du Tonkin, qu'il voit peu à peu délabrer la santé de son père et fragiliser davantage encore celle de sa mère. La curiosité peu à peu s'estompe à mesure que s'accroît le mal du pays. La difficulté enfin de se retrouver dans une ambiance familiale dont il s'est déjà affranchi, provoque tour à tour des sensations extrêmes et opposées, de joie comme de malaise, qui marquent fortement une personnalité déjà encline aux plus violentes oscillations entre l'euphorie et le désespoir. Alors que le 23 décembre 1927, il confie:

....Nulle part ailleurs qu'ici je n'ai goûté des heures, des journées, des semaines entières de telle " joie de vivre". C'est dans cet état, presque continuel, que j'ai passé le premier mois de mon séjour ici, mon mois de liberté. Peut-être aussi d'ailleurs cette liberté absolue comptait elle beaucoup dans mon bonheur....

quelques mois plus tard, le ton a basculé dans le désespoir:

Ce soir ma fatigue et ma détresse morale sont incalculables. Quand donc connaîtrai-je de nouveau le sentiment de la joie? Depuis un an je ne l'ai pas une seule fois éprouvée: je vis d'une vie seconde, je ne consens pas à la vie que je mène, chaque minute est un problème difficile, un effort, une victoire à gagner sur cent mille ennemis. Tout ce qui est moi est retiré au fond de moi-même, tous les mécanismes sont arrêtés, suspendus, attendent de retrouver leur atmosphère habituelle pour se remettre à marcher. Il ne me reste que ce qu'il faut pour vivre ordinairement, me mouvoir, parler, agir à peu près convenablement, mais c'est comme si j'étais sourd aveugle et muet. Comment pourrais-je ainsi songer à la poésie? Bonne ou mauvaise qu'importe, pour que naisse en moi cette joie et cette chaleur, ce besoin d'agir à ma façon, il me faut la rencontre de multiples conditions favorables: bien être physique, liberté de l'esprit, excitation heureuse etc... aucune de ces conditions n'est remplie ici...

Si bien que le séjour inauguré dans l'allégresse s'achève dans le trouble et la détresse morale , et que l'on voit s'affirmer les tendances de celui qui, soixante ans plus tard, avouera

> *"je tiens aussi à cette alternance du pessimisme et de l'optimisme qui représente quelque chose de très profond en moi, car je me sens à la fois heureux et malheureux, anxieux et rieur. J'ai toujours connu la coexistence de ces deux notions opposées. Ca fait partie de ma vision du monde, où règne une perpétuelle contradiction."[1]*

Dans les causes de ce désespoir entre aussi pour une bonne part la lassitude éprouvée au contact du milieu colonial français. Pourtant, la liberté de ton, la gaieté dont il use pour le dépeindre ne sont pas si éloignées de l'humour parodique qu'il saura employer pour croquer dans son " Théâtre de Chambre" les salons bourgeois. La constance des habitudes et du protocole, la rigidité des principes qu'il dénoncera en jouant sur la vacuité des propos qui s'y échangent trouvent peut-être un modèle dans ces réceptions évoquées dans cette lettre à J. Heurgon du 14 décembre 1928 :

> *Je me borne pour mon " aggravation" personnelle, désintéressée, libre de tout parti pris, à ouvrir mes champs d'étonnements au plus grand nombre d'expériences possibles. A ce point de vue, rien ne me passionne plus que d'observer la vie de cette petite société française d'Hanoi qui représente à la fois le gouvernement, l'aristocratie, la bourgeoisie et le peuple. Tu me parles dans ta lettre à propos des"Faux-Monnayeurs" d'une "Cour de Parme idéale"où Gide et Stendhal se plaisent à vivre en imagination. Ce rapprochement si heureusement découvert m'a fait longtemps rêver et je ne me lasse pas d'en vérifier la justesse. (...) Détournant ta pensée de son sens et de son objet, j'y ai trouvé une allusion très exacte au petit monde européen qui m'entoure ici: une " Cour de Parme", cette capitale en miniature, ce jeu de poupées qui imitent en raccourci les rôles et les gestes d'une grande nation. Et bien que je les voie et que je les touche, je ne puis m'empêcher de les tenir pour les créations moitié comiques moitié tragiques d'une imagination de romancier : Madame la Directrice de ceci, Madame la Directrice de cela, toutes ces dames épouses des plus hauts fonctionnaires se reçoivent mutuellement chaque jour : toujours les mêmes au complet, le salon seul change, et encore fort peu: l'on est sûr d'y trouver*

1 - *Causeries devant la fenêtre*, p. 68-69.

les mêmes meubles de laque rouge, les mêmes Buddhas dorés soi-disant très anciens, les mêmes petits fours et les mêmes invités; la hiérarchie s'y observe: Madame la Colonelle n'a pas le même sourire pour Madame la Sous-directrice des travaux publics et pour Madame la Commandante. Quant à l'épouse du gouverneur, c'est un grand bouleversement dans les fauteuils, suivi d'un grand silence, lorsqu'elle arrive, affable mais gardant ses distances. Vers le coin du buffet, M. Untel fait agir M. X pour obtenir l'avancement de Y ou le sien propre; mais la difficulté consiste en ce que X, ami d'untel, déteste Y à cause de certains mauvais tours qui ont nui à Z au temps où B.. et M.. détenaient les faveurs du prince.. etc...

Mais où tout se complique, c'est que cette société qui se croit ou veut se croire indépendante et qui se referme hermétiquement à l'intérieur de ses propres dédales vit au milieu d'un peuple étrange, étranger, qui la comprend peut-être, silencieux, attentif, mystérieux, tandis que celle là, isolée par son propre bruit ne comprend rien à coup sûr de celui-ci. On se surveille du coin de l'oeil avec méfiance, mais on s'ignore profondément. A partir de là, le témoin impartial perd pied: il entre d'un seul coup dans le domaine de la fable et de la fantasmagorie. Ce n'est plus seulement une "Cour de Parme" racontée par un romancier qui cherche à atteindre une réalité de chair et de raison: le monde des songes s'ouvre et l'on évoque alors les romans fantastiques anglais et par exemple le dernier roman de notre amie Hope et dont le thème est bien, si je ne me trompe, celui d'une nation de bourgeois pleins de bon sens terre-à-terre, vivant à côté d'un peuple fée; n'y est t-il pas question de contrebande à la frontière, d'échanges mystérieux entre les deux voisins, et le roman ne promène-t-il pas le lecteur, à chaque chapitre, de l'un à l'autre côté de la frontière, comme je m'amuse à le faire ici?.

La ressemblance de ce petit milieu avec celui des pièces à venir se confirme dans une autre lettre, où cette fois, le ton badin cède la place à la colère et à l'emportement :

Mais encore, pourrais-je jouir à mon gré, à mon caprice, de mes promenades de découvertes dans les rues chinoises? J'ai peur d'y rencontrer ces coloniaux que je déteste. Iront-ils me gâter mon plaisir, eux qui ne transportent que les idées fausses, la banalité, les lieux communs, tout ce qui étouffe et tue l'esprit? J'y reviens parce que c'est un sujet que j'ai trop à coeur. Jamais je ne me consolerai de penser que mon père a vécu près de dix ans dans cette atmosphère de valeurs faussées, de l'insincérité, de l'oppression intellectuelle. Moi qui suis fort peu révolutionnaire de mon

*naturel, si je devais rester longtemps ici, je me ferais bolchéviste (sic),
anarchiste nihiliste, non par conviction mais pour éclater, protester,
secouer cette vie sournoise où tout le monde ment aux autres et à soi-même,
où les plus beaux mouvements, les sentiments et les idées les plus nobles
s'étiolent bientôt et vont croupir dans la stagnation générale. "*

1929-1945: Paris - Poète cherche situation

La décennie qui suit immédiatement le retour en France est sans doute
la plus confuse, la plus pénible et embrouillée dans l'existence du poète.
Marquée d'événements essentiels dans sa vie personnelle, c'est aussi celle
de débuts littéraires trop lents et difficultueux.

La question de la " situation sociale" à la suite d'études inabouties et
d'un éloignement forcé devient obsédante. Car dix huit mois d'absence ont
suffi à refermer les portes qui s'étaient entr'ouvertes : Paulhan ne parle plus
de collaboration à la *Nrf* ; d'ailleurs les chroniques poétiques sont confiées à
Gabriel Bounoure. En revanche, Martin du Gard est resté fidèle, et continue
à se faire l'avocat de son protégé. Mais il lui faut pour cela faire quelques
concessions où entre une évaluation désormais plus sévère de ses possibilités et de ses limites : n'a t-il pas ce mot terrible, lorsqu'il prie le susnommé
directeur de la *Nrf* de publier une autre note :

"..il me semble que certaines de ces pages ont mieux que du talent.
Mais le type est affligé d'une morbide modestie, qui le destine, en ces temps
impitoyables aux faibles, à n'être jamais qu'une épave. Je l'aime très fort et
m'en désole."[1]

Et cette modestie se double d'une indécision chronique, qui lui fait
multiplier les échecs dans les divers projets professionnels qu'il ébauche .
Ainsi, entre 1930 et 1932, envisage-t-il successivement d'être secrétaire de
séance au sénat - mais "comme un somnambule", il s'en va au beau milieu
des épreuves; professeur remplaçant au Lycée Français d'Athènes - mais
sitôt le poste obtenu, il se défile en refusant de quitter sa mère; employé aux

---

1 - Roger Martin du Gard, *Correspondance. générale*, t. V, Gallimard 1988, p.330.

écritures du ministère de L'Instruction Publique - mais il renonce à passer le concours....si bien qu'il en vient à répondre aux annonces :

> *J'attends ainsi la réponse d'un " écrivain étranger demande étudiant sachant rédiger pour correction d'ouvrages". Et j'ai trouvé cette annonce stupéfiante qui m'a fait rêver un moment : "Place très avantageuse pour étudiant présentant bien, s'exprimant bien, pour parler dix minutes au public avant numéro d'acrobate dans cirque ambulant à travers toute la France. 400 frs. par semaine." Seigneur! Seigneur! Que c'est dur d'être inutile au genre humain! Et si j'ai un fils, j'exigerai qu'il soit médecin et encore médecin spécialiste de la peste ou de quelque autre maladie horrible et ainsi peut-être j'aurais la conscience tranquille et il me sera beaucoup pardonné!!"*

Plus sérieusement, il pense à aller trouver un ami de son père, "secrétaire du *Petit Journal*, dit "le journal des concierges", à aller le soir "poser les disques de musique de scène dans un cinéma affilié au Studio 28", et enfin, à proposer des vers, sous le pseudonyme de Noël Périés, au " Prix du Nouveau Monde" dont le jury (Cocteau, Morand, Giraudoux) doit décerner 700 Frs. à un recueil inédit.

Ces démarches, ces interrogations et ces échecs multipliés ne favorisent guère le recueillement et la concentration poétiques : il annonce à son ami Heurgon, dans une lettre du 2 février 1930, son "Adieu à la Pohësie"...

> *" (j'ajoute au tréma l'h des sbires de Frédéric Guillaume) c'est que, anxieusement assoiffé de poésie, j'ai reconnu que le seul moyen pour moi d'en écrire actuellement était d'écrire que je n'en écris plus. Mais le résultat est terrible: je me crois lié par cette promesse d'abstention et je perds mon temps à me demander le plus naïvement du monde comment je pourrais diable faire et quelles ruses employer pour tourner cette interdiction! De recherche en recherche, à travers un temps aujourd'hui si chargé de maladies et de graves entreprises, je suis arrivé à esquisser toute une éthique à base de mort et à l'usage des gens qui voudraient bien mourir sans toutefois cesser de vivre. Donc je monte en chaire et je harangue toute une foule d'ouailles invisibles "Mourons donc une bonne fois, mes frères, frémissons à l'idée de notrrre cerrr-cueil (sic) et convaincus que cette pensée est avec le "je pense" notre évidente certitude, habituons-nous à voir toutes choses à l'envers, la racine conséquence de la fleur, le feu fils de la fumée, etc... en sorte que nous n'ayons plus d'autre loi ni d'autre désir que de naître". Mais ceci ne me mène pas bien loin, comme tu le vois, et je m'en veux d'ailleurs un peu d'avoir fait dévier notre conversation sur une plaisanterie, alors que je la voulais si sérieuse!....."*

Heureusement on le voit, le ton blagueur n'est jamais trop éloigné. Et les angoisses professionnelles n'oblitèrent pas totalement ces journées, qu'il passe en compagnie de Marie-Laure à envisager puis préparer leur mariage, le 30 juillet 1932. Il demande à Martin du Gard d'être son témoin, ce que le romancier accepte non sans l'avoir amicalement taxé au vu de son parcours estudiantin fantaisiste, d'être un "indésirable gendre"[1]. Et le couple s'installe rue Chaptal, dans l'ancien atelier de Victor, alors que Caroline continue d'occuper "son" cinquième étage.

Enfin, lorsque que Marie-Laure, achevant son dernier doctorat, entre au Muséum, Jean se tire également d'affaire grâce à la proposition que lui fait une amie de Pontigny, Tatiana, la fille de Léon Chestov. Chargée aux Messageries Hachette de la rubrique "Étranger" dans *Toute l'Edition*, un hebdomadaire professionnel, elle offre au poète de la seconder, en dépouillant et rendant compte des revues culturelles allemandes et italiennes. C'est le commencement d'une période de sept ans (1932-39) dont il gardera les pires souvenirs. 9 heures par jour, il est rue Réaumur, au siège de Hachette, où il découvre les déplaisirs de la vie de bureau, dans des locaux sinistres, entouré d'un personnel médiocre:

> *Mais récemment on a pensé sans doute que je prenais trop d'importance, que je pourrais avoir des exigences, alors de nouveau, c'est l'ennui, un travail médiocre par le volume et l'intérêt et mon "rival" jubilant entre en scène, tourne autour de moi, s'affaire... et déjà depuis plus d'un mois, j'ai regagné mon "couloir". Tu ne peux pas te faire une idée des tortures et humiliations savantes que l'on sait vous infliger dans cette maison. J'ai rencontré Gide il y a 15 jours au cinéma, je lui ai dit combien la maison H. était atroce, mais il n'a pas pu le croire: pour lui, H. ayant lié partie avec la N.R.F., est sacré. Mais il ne sait pas que la mentalité H. n'en est pas moins très différente de celle de la N.R.F.. On accepte de mettre en vente un ouvrage libéral, ou communiste, mais si les employés qui manient ce livre avaient le malheur de se croire autorisés à le lire, ils seraient mis à la porte, comme ayant "mauvais esprit".*

Cette hostilité lui fournit en même temps un prétexte à quelques occupations où , chassant l'ennui, il se prend au jeu de la rédaction à double entente. Signant des articles sous le pseudonyme de Georges Villars "quand

---

1 - Roger Martin du Gard, lettre du 10 avril 1931, *op.cit.* p. 219.

ils sont indignement mercantiles" (ceux notamment qui traitent du marché européen du livre et de l'édition) ou Jean Tardieu quand ils ont "quelque lointain rapport avec la vie désintéressée des Lettres", il s'occupe à les truffer d'ambiguïtés irrepérables :

> *Ma seule sauvegarde est d'essayer, quand cela est possible, de parler à mots couverts, ou, plus exactement, dans ce journal où il ne fait pas bon tout dire ("Toute l'édition" est, tu le sais, à la solde d'une des plus vastes entreprises de banditisme qui existent) d'écrire des articles de façon que mes chefs n'en comprennent pas le sens réel, lequel sens réel est directement opposé aux intérêts du journal. Tout cela est fort amusant et en somme parfaitement inoffensif et je dois surtout me défendre contre l'excès de zèle et d'intérêt que j'y apporte.*

Et puis Hachette enfin, et peut-être surtout, c'est l'occasion de la rencontre avec Francis Ponge, qui s'y trouve également employé. De quatre ans son aîné, celui-ci est également beaucoup plus "avancé" que Tardieu dans son cheminement poétique : régulièrement publié dans *La N.R.F.* depuis 1923, quelques-unes de ses proses ont été regroupées en un volume très remarqué (*Douze petits écrits*, paru en 1926) et ses liens avec J. Paulhan sont d'ores et déjà très amicaux.

On comprend que leur commune passion pour la poésie ait, dans la grisaille des bureaux, contribué à rapprocher les deux hommes, mais plus que cela, on remarquera comment, une fois de plus, le hasard des circonstances a rapproché physiquement, et dès le commencement de leur oeuvre, deux écrivains qui, de manière et selon des méthodes fort éloignées n'auront de cesse que de faire apparaître dans leurs écrits, et comme pour mieux les repousser, les limites de l'expression poétique dans et à travers le langage.

Ensemble, ils assistent aux émeutes du 6 février 34, sympathisent - tout en restant spectateurs- avec le Front Populaire, échangent et se lisent des manuscrits, se distraient en faisant des collages, fréquentent Alix Guillain et Bernard Groethuysen, le philosophe allemand qui les initie à Nietzsche et à la phénoménologie... et figurent avec J. Supervielle dans les pages que *La N.R.F.* consacre en 1933 à un " Tableau de la poésie en France". Ils entament en tout cela une amitié de plus d'un demi-siècle[1].

1 - Amitié célébrée en deux occasions par Jean Tardieu. sous forme d'articles : "Parce que c'était toi, parce que c'était moi" in *L'Herne* n°51, 1986, n° "Francis Ponge", et "L'homme caché dans un monde muet" in *La N.R.F.* n°433, fév. 1989.

Les débuts éditoriaux se font toutefois attendre. Si les heures de bureau laissent peu de loisir pour écrire, les textes continuent pourtant à s'accumuler. L'ami Schmidt fait paraître la traduction d'Hölderlin dans la "Revue d'Allemagne" dont il s'occupe à Marbourg, mais les ouvertures du côté de Paulhan demeurent bien rares. C'est pourquoi il décide de faire éditer à ses frais, par Jacques Schiffrin - encore une rencontre de Pontigny- à deux cent exemplaires seulement, mais sur un très beau papier, sa première plaquette : *Le Fleuve caché* (9 poèmes). La diffusion en reste, bien sûr, confidentielle, si bien qu'il lui faudra encore attendre six ans pour que les éditions de la N.R.F. reprennent ces textes et en fassent, considérablement augmentés, un véritable recueil.

L'état d'esprit du poète n'est pas alors des plus joyeux. Se sentant englué dans un morne labeur quotidien, peu encouragé dans ses projets littéraires, il est, de plus, inquiété par l'évolution que ses lectures quotidiennes de la presse lui révèlent de l'Allemagne et de l'Italie:

> *Une couleur gris-cendre s'est abattue sur tout ce pays alors qu'il y a quelques mois encore, l' Allemagne était le pays le plus inventif et le plus coloré du monde. Mon autre travail qui consiste à lire des revues italiennes n'est pas moins décevant. Pas une ligne qui ne porte, comme un sceau obligé, un mot de ridicule éloge aux maîtres du jour..."*

si bien que les doutes sur soi-même, son avenir, son équilibre, loin d'être apaisés, semblent rendus plus aigus par cette période troublée et insatisfaisante. A Jacques Heurgon toujours, il adresse cette lettre où se dessine nettement, bien que dans une couleur plus intime que poétique, la nature des eaux de ce "fleuve caché" révélé par les textes contemporains, et qui s'affirme déjà comme la véritable colonne vertébrale de l'oeuvre, tant elle coïncide avec l'image que son auteur se fait de lui-même:

> *8 novembre 1935*
>
> *" Cher Jacques, comme je voudrais pouvoir habiter ton esprit! Comme ce doit être un vaste et lumineux logement! Mais non stable ni figé - un logement vraiment fait du "langage des dieux : le mouvement et le devenir" dont parle Hölderlin. Voilà donc, pour moi, une première et fondamentale raison de t'envier, moi dont le cerveau produit sans cesse de mornes, épaisses et délétères fumées qui en une minute peuvent se figer en masses molles et glissantes, sans cesse variant de consistance, de sorte que je ne*

sais jamais par quel outil les attaquer, la hache étant trop lourde et le plu-
meau trop léger! Cet obstacle intérieur est tel et si polymorphe et si perfide
que, souvent, je peux le prendre pour un obstacle extérieur, et combien de
fois n'ai-je pas éprouvé que les reproches que j'adressais secrètement aux
êtres, c'est moi-même qui, d'abord, les méritais! Bref, j'ai beau me croire
l'infatigable et héroïque combattant de mes ennemis intérieurs, je suis plus
souvent battu que vainqueur et je souhaite toujours avec angoisse un peu de
lucidité, comme l'assoiffé un peu de liquide. "

La naissance d'Alix, son seul enfant, offre en 1936, une pause à cette
mélancolique insatisfaction. Mais presque aussitôt, en juin 1937, l'annonce
de la mort de Victor lui cause une douleur accrue par la nouvelle charge
qu'elle implique en accroissant ses responsabilités à l'égard non plus du
seul enfant mais aussi de sa mère vieillissante. La petite famille quitte alors
la rue Chaptal et s'installe en location dans un agréable pavillon entouré de
verdure au 71 bd Arago, tandis que Caroline achète une maison à Villiers-
sous-Grez, en bordure de la forêt de Fontainebleau, où tous se retrouvent en
fin de semaine.

La rapidité avec laquelle les événements tragiques se précipitent à partir de 1938 le laisse un peu incrédule. Devant l'inquiétude manifestée par
Heurgon, alors en poste à Alger, il croit plus à un phénomène " d'intoxica-
tion médiatique" comme on dirait aujourd'hui, qu'à une menace réelle :

"...A réfléchir de nouveau sur ta lettre, je me demande si, là-bas, vous ne
vous exagérez pas le danger: il suffit de mouvements de troupes visibles, de
mesures de sécurité annoncées dans la presse, pour qu'aussitôt "l'atmo-
sphère" soit créée. N'y a t-il pas de cela? Et si vous restiez quelques jours
sans lire les journaux, la menace ne s'atténuerait-elle pas?

Il est en particulier sceptique sur l'engagement italien aux côtés de
l'Allemagne, qui ne cadre pas avec son image du monde latin :

" Ce qui me surprend, ce que je ne parviens pas à admettre- du point de
vue, si tu veux, "philosophique"- c'est que le monde italien, appartenant
comme le monde français à un ordre de choses défini, aux contours géogra-
phiques et psychologiques arrêtés, entre dans la danse de ce monde de la
Mittel-Europa, où règne l'informe, l'illimité, le fabuleux, le mouvant... Il

semble que ces deux durées si différentes ne puissent longtemps s'engrener
l'une dans l'autre et je ne peux m'empêcher d'espérer un revirement italien
de la dernière heure.... Mais vois ici mon insuffisance: je ne parle que dans
l'abstrait, le conceptuel, les faits échappent à mon trop lent regard, comme
les rayons d'une roue qui tourne trop vite...

Enfin, ses pensées restent largement tournées vers la parution
d'*Accents*, son premier volume de poèmes, qu'il voit ralentie, repoussée et
qu'il craint même compromise par l'imminence de la guerre (avec d'autant
plus de raisons qu'y figure sa traduction d'Hölderlin, qui n'est pas précisément opportune en ces temps d'extrême tension franco-allemande). Mais le
livre finit par paraître, et presque simultanément, la guerre par éclater. Il
faut mettre la famille (c'est à dire la mère, la fille et la belle-mère, car
Marie-Laure continue à travailler au Muséum) en sécurité à Villiers, et
suivre l'ordre de mobilisation.

Dans ces circonstances, la chance et les amitiés une fois de plus inter-
viennent pour lui assurer une position relativement confortable : il se trouve
d'emblée placé sous les ordres d'un ami de Jacques Heurgon, le lieutenant
Spitzer, en compagnie d'un autre camarade de Condorcet, François Walter,
avec qui il a conservé d'excellentes relations. Si bien qu'assez rapidement,
son passé militaire de "Secrétaire d'Etat Major" aidant, il est affecté à des
fonctions bureaucratiques, à Saint Germain en Laye. Et la période de
l'occupation, comme pour illustrer le paradoxe d'une existence toujours un
peu en porte-à-faux sur la réalité vécue par des millions d'êtres, va s'avérer
pour lui riche de rencontres importantes et même relativement fertile.

Démobilisé, il refuse de quitter les siens et de suivre Hachette en zone
libre et entre comme "chômeur intellectuel" à la bibliothèque du ministère
de la Marine, où on lui confie un travail d'archivage totalement dépourvu
d'intérêt, à ceci près que le service, placé sous la responsabilité du romancier Charles Braibant, reçoit régulièrement des visiteurs de la qualité de
Jacques Debu-Bridel, le fondateur d'un organe clandestin de la résistance
(intitulé, on ose aujourd'hui à peine le croire .... "Front National"). Par ce
biais, et également pour n'avoir pas été contraint de quitter Paris et rompre
avec ses amitiés littéraires, il entre rapidement en contact avec les responsables de revues et d'éditions clandestines: Vercors, Paul Eluard, Jean Lescure, André Frénaud, Pierre Seghers, Lucien Scheler, Jacques Lemarchand

deviennent à partir de ce moment des amis proches et des complices dans l'accomplissement d'une "résistance poétique". Jean est sollicité et donne sous les pseudonymes de Daniel Thérésin ou de Daniel Trévoux, des textes pour les recueils que préparent les toutes jeunes "Editions de Minuit", la revue "Les Lettres Françaises", "Messages" de J. Lescure ou encore "L'Eternelle Revue" d'Eluard. Parallèlement, il développe une activité poétique "licite" en fournissant des textes à d'autres revues: "Fontaine", "Mesures", "Rivages" (à Alger), et poursuit ses travaux de traduction en collaborant à l'édition de Goethe que Gallimard prépare alors pour La Pléiade. Il fait alors les traductions de plusieurs poèmes: des lieder, l'*Élégie de Marienbad*, des fragments d'*Hermann et Dorothée*, dans lesquelles il cherche à perfectionner le système de prosodie tonique qu'il a inauguré à propos d'Hölderlin. Finalement, ces textes demeureront inédits.... jusqu'en 1993, car seul le volume de Théâtre paraît alors, contenant seulement ses traductions d'*Iphigénie en Tauride* et de *Pandora*.

Un trait d'union entre ces deux aspects de son activité littéraire réside dans la publication d'un second recueil, *Le Témoin Invisible*, que Paulhan fait paraître en 1943, et qui contient, "à la faveur de l'ambiguïté propre au langage poétique" des textes de Résistance par ailleurs publiés dans des revues clandestines[1].

Mais le seul souvenir qu'il conserve d'"actes de résistance" physiques, comportant des risques d'arrestation, c'est pour avoir transporté, en compagnie de Marie-Laure, et caché dans un meuble à double fond possédé par sa belle-mère, les bandes enregistrées (rangées "dans des boîtes rondes en métal qui ressemblaient tout à fait à des bandes de balles de mitrailleuses". *Causeries*, p. 66) d'émissions de radio que les poètes de la résistance diffusaient dans le cadre du " Studio d'Essai " créé en 1942 par Pierre Schaeffer. Si bien qu'il pourra écrire, en 1944, en tirant un bilan de ses "années d'occupation":

> .....*je n'ai pas plus été dans les combattants FFI que je n'avais été combattant en 40 , mais j'ai, du moins, fait mon possible pour militer dans le*

1- Toutefois, la part la plus considérable de ces textes ne sera regroupée en volume qu'en 1947, à l'occasion du troisième recueil : *Jours Pétrifiés* (1942-1944).

> *domaine intellectuel et plus spécialement poétique (...) Par ailleurs, dans*
> *le peu de pages que j'ai publiées ouvertement, j'ai toujours pris une posi-*
> *tion aussi nette que possible, de façon à établir entre moi et ceux qui pen-*
> *saient comme moi une sorte de langage convenu qui nous assurait les uns*
> *les autres de la conformité de nos vues. A part cela, j'ai été le plus tran-*
> *quille et le plus effacé des " occupés".*

Enfin, l'occupation lui fournit, si l'on ose dire, le "prétexte" d'un travail littéraire approfondi et d'un type tout à fait nouveau sur la peinture et la
musique. Il parlera en effet de ces textes comme rendus à lui nécessaires par
la privation des toiles que la guerre avait reléguées dans les caves, et qu'il
voulait en quelque sorte "ressusciter" au moyen de l'écriture, en rendant du
même coup hommage au génie artistique français injustement occulté. En
effet, s'ouvrant avec l'évocation de Corot ou Poussin, les quatorze textes
composant *Figures* - paru en 1944 - concernent également quelques musiciens: Debussy, Satie, Rameau, mais aucun étranger. Dans la préface, ces
textes sont présentés comme " la permanence du génie créatif français malgré la tourmente", ou encore les "calmes figures" sur "l'écran de flammes"
des jours martyrs.

Cet éclairage volontiers nationaliste, mais aussi et surtout la nouveauté
de cette tentative visant à "traduire"sous forme d'images poétiques une
expression picturale ou musicale, valurent à cet ouvrage, paru dès la libération, un accueil incomparablement plus élogieux et remarqué qu'à tous les
précédents. Des articles flatteurs d' Arland, d'Eluard, de Follain, Queneau,
Max-Pol Fouchet etc[1] ... saluèrent la réussite de l'entreprise, et offrirent
pour la première fois à son auteur une réputation dépassant le petit milieu
des poètes actifs. Le volume aurait même, dit-on, remporté le "Prix de la
Pléïade" si le jury n'avait finalement décidé de l'attribuer à *un jeune*
romancier nord africain du nom de Mouloudji et ami de Sartre"!

Comme tous ceux qui ont participé de près ou de loin à la résistance littéraire, il est convié à participer aux séances du Comité National des Ecrivains chargé de "l'épuration" des collaborateurs et supposés tels. Mais sa
participation aux activités de ce groupe est plus sceptique qu'active :

1- On trouvera les plus notables d'entre eux, ainsi que quelques autres qui constituent la
première critique de son œuvre, en annexe du présent ouvrage.

Je faisais partie, avant la libération, du Comité National des Ecrivains (CNE) clandestin, et j'en fais toujours partie mais je ne sais pas très bien où nous allons et quelle utilité ou quel sens aura ce groupement une fois terminée la tâche actuelle qui est l'épuration. Quant à cette épuration elle même, elle a consisté surtout à établir une " liste noire" de réprobation morale, dont la publication n'est guère efficace mais qui a tout de même beaucoup affecté, je crois, les gens qui y sont inscrits. Parmi ces gens, il y avait quelques écrivains importants, tels que Montherland, Giono, Céline, Jouhandeau et il serait ridicule de penser que l'on peut les empêcher d'écrire. Quant aux autres, ce sont pour la plupart des écrivaillons de troisième ordre dont l'innocence ou la culpabilité, la condamnation ou l'acquittement n'ont aucun intérêt pour les Lettres. Le CNE affirme à présent deux tendances extrémistes représentées par Aragon et Eluard et une tendance modérée avec Schlumberger et Gabriel Marcel, tandis que Duhamel et Mauriac essaient de planer "au dessus de la mêlée" et de résoudre les problèmes le plus équitablement possible. (Lettre à Heurgon du 18 oct. 1944)

En revanche, son ami Ponge est nettement plus engagé dans le militantisme, et prend la direction littéraire de la revue communiste "Action". Il demande à Tardieu d'en assurer la critique dramatique, et c'est par ce biais que celui-ci se met à fréquenter les salles de théâtre, à découvrir la production théâtrale contemporaine et, la jugeant majoritairement "insipide", qu'il décide à son tour de rédiger des pièces.

Un second tournant décisif lui est offert par ses amitiés issues de la résistance: à l'occasion des importantes restructurations qui ont lieu à la libération, et qui offrent aux intellectuels "sûrs" les places laissées vacantes dans de nombreux domaines, Tardieu est appelé à la Radiodiffusion Nationale, 26 rue François Ier, pour seconder Pierre Lescure alors en charge des services littéraires et dramatiques. Commence alors une véritable carrière radiophonique, et voilà du même coup une situation stable, puisqu'il y restera jusqu'à la retraite, en 1969.

1946-1969 : Radio, théâtre et reconnaissance.

Dans un premier temps chargé de la diffusion des séries dramatiques, Tardieu fait réaliser des adaptations pour la radio du répertoire classique, ou

encore des émissions littéraires et philosophiques conçues notamment avec
B. Groethuysen. Très rapidement, lorsque Pierre Schaeffer, partant pour les
Etats-Unis en 1946, quitte la Radiodiffusion Française, c'est à Tardieu
qu'on propose de le remplacer à la tête du "Studio d'essai", service à petit
budget qui a pour objectif de mettre au point et de promouvoir, aussi bien
pour la technique que le contenu, de nouvelles formes d'expression radiophonique. Voilà une tâche parfaitement du goût de ce poète qui y trouvera à
la fois la liberté d'initiative et le climat d'émulation intellectuelle nécessaires à son épanouissement.

Ses responsabilités l'amènent alors à concevoir et faire réaliser des
émissions de recherche et d'avant-garde, à recruter de nombreux collaborateurs, le plus souvent occasionnels et choisis hors du milieu professionnel,
sur des projets ponctuels et précis.

C'est aussi l'occasion de resserrer ou de fonder les relations avec les
milieux artistiques, philosophiques ou littéraires. Les amis de longue date
(Groethuysen, Frénaud, Ubac) les maîtres reconnus (Gide ou Bachelard),
ceux dont l'audience est considérable (Claudel, Cocteau), les artistes les
plus renommés (Braque) .. tous passent par le 37 de la rue de l'Université
où le service, rebaptisé "Club d'Essai" a installé ses locaux et prend son
indépendance et son ampleur.

Le Directeur y donne fort peu de directives et se garde bien de faire
passer des examens ni même de trop juger les productions diffusées sous sa
responsabilité. Toutefois, loin d'être distant, il passe commande d'émissions, excite l'imagination de ses collaborateurs, suscite les idées, ... et se
plaît à laisser ouverte la porte du studio à tous ceux qui veulent mener à
bien les leurs : il accueille ainsi une troupe de fantaisistes, "L'Ane rouge",
animée par un certain François Billetdoux, lequel fait depuis un an le tour
des différentes stations de radio pour tâcher d'y faire accepter un projet
d'émissions de variétés; ou encore un lycéen de 17 ans qui cherche par tous
les moyens à étancher sa soif de micro et qui trouve là une structure et une
ambiance favorables, grâce auxquelles il fait ses débuts: il s'appelle Michel
Polac.

C'est dire si, "inspiré et bienveillant" d'après le mot de son collaborateur d'alors, Georges Borgeaud, il laisse se développer un climat de grande
liberté, où s'épanouit l'imagination et l'inventivité de jeunes "auteurs radiophoniques" parmi lesquels il faut encore citer Roland Dubillard, Pierre
Dumayet, Pol-Louis Mignon, André Frédérique, Romain Weingarten etc...
qui y réalisent des programmes expérimentaux, des fantaisies ou des émis-

sions culturelles fort "sérieuses". Peu importe le sujet ni la forme, puisqu'il s'agit avant tout, selon la formule de P. Dumayet qui se rappelle avoir grossi jusqu'à l'assourdissement complet le bruit d'une mouche, "d'orchestrer le spontané" et de tirer parti des possibilités propres de la radio, de la prise de son et de la diffusion de masse. Adaptation de dramatiques, de romans ou de nouvelles, lectures de textes fournissent le plus gros des 150 minutes de diffusion quotidiennes sur les ondes de Paris-Inter. Mais on y entend également des créations plus exceptionnelles, directes héritières des recherches menées par P. Schaeffer depuis 1942 dans le domaine encore peu défriché de "L'art radiophonique", qui traite le son comme une matière vivante et maîtrisable, l'amplifie, le coupe, le répète et le déforme à loisir dans le but de créer des effets inédits .

Pour les deux seules années 1946-47, on citera pêle-mêle et à titre d'exemples: dans le domaine musical le " Quatuor pour Ondes Martenot" de Pierre Boulez ou bien une " Sonate pour alto et piano" de Darius Milhaud, tous deux accueillis dans la série "Premières auditions"; un "ballet radiophonique de Louis Aragon sur des vers de circonstance de René Descartes(sic!)" intitulé "Naissance de la paix", une diffusion intégrale des tragiques grecs (supervisée par Jacques Heurgon: nous sommes bien en pays de connaissance!), "Le dessin animé sonore", par Marie-Louise Bataille et Paul Benoît; "Les drames éclairs de M. Strapontin", par Pierre Latour; des pièces d'Audiberti, Ghelderode, Cocteau, des entretiens avec Léon-Paul Fargue, Arthur Honegger, Jean Rostand ... ou encore des lectures par Alain Cuny, Michel Bouquet, Jean-Louis Barrault, Charles Dullin, etc....

C'est encore le Club d'Essai qui fut à l'origine des premières grandes séries d'entretiens radiophoniques, conduites par Jean Amrouche ou Georges Charbonnier. C'est là que, pour la première fois, Gide ou Claudel furent amenés à s'exprimer à la radio. Là que furent conçues, avec Jacques Peuchemaure, les premières émissions historiques à base d'archives sonores. Là qu'on inventa la "mise en ondes" et que se formèrent ceux qui comme Jean-Jacques Vierne ou Maurice Cazeneuve, devaient dans les décennies suivantes être à l'origine de quelques grandes oeuvres ou de quelques grands moments de l'histoire de la radio....

Un seul nom à vrai dire fait défaut dans ce vaste panorama de la création artistique contemporaine, celui du directeur lui-même, qui s'interdit le plus souvent de faire connaître son oeuvre par un moyen qu'il juge sans doute un peu trop facile d'utiliser ainsi[1]. Ce qui, tout en lui faisant honneur n'est pas totalement justifié, car, à l'inverse, ses activités à la radio perturbent comme l'on s'en doute le bon déroulement de son oeuvre personnelle, à laquelle il avoue ne pas avoir suffisamment l'occasion de se consacrer : les insomnies sont alors pain béni pour le travailleur diurne auquel les nuits seules permettent de demeurer écrivain .

Par la suite, quelques faits notables viennent ponctuer le déroulement de cette carrière à la radio. En 1954, le Club d'Essai, sous l'impulsion de son directeur soucieux d'en faire un véritable lieu de recherche et d'invention, fonde un "Centre d'études de la radiodiffusion" (C.E.R.), lequel se donne pour objet de susciter et rassembler les réflexions théoriques et pratiques sur les expérimentations et les progrès possibles en matière de production et de diffusion. Il se dote d'une publication trimestrielle, les "Cahiers du C.E.R.", qui fera paraître 25 numéros et ouvrira ses pages à des études techniques aussi bien qu'à des récits d'expériences variées. Tardieu lui-même y fait paraître quelques textes traitant des problèmes de la mise en onde et des rapports entre la littérature ou les autres arts et la radiodiffusion.

A la même époque se situe un autre fait marquant de sa carrière, qui lui valut d'être un artisan de la diversification et de la spécialisation des chaînes de radio. Le Club d'Essai étant naturellement désigné pour tester les nouveautés techniques alors mises au point, c'est lui qui se vit confier les premières émissions expérimentales en "Modulation de Fréquence". Mais, par manque de moyens pour concevoir des programmes spécifiques, celles-ci furent dans un premier temps limitées à de simples diffusions de disques. Pour organiser au mieux cette relative pénurie, Tardieu fit appel à Marius Constant et conçut avec lui une programmation cohérente qui, diffusée quelques heures par jour, sur un seul émetteur parisien, fut rapidement appréciée d'un nombre croissant d'auditeurs anonymes. Mais ils se manifestèrent avec vigueur lorsqu'un nouveau directeur de la radio fut nommé, qui décida de supprimer cette expérience : les centaines de lettres de protesta-

---

1- Même s'il donne un assez grand nombre de sketches ou de pièces radiophoniques, qui ne sont pas nécessairement diffusés par le service dont il a la charge.

tion qu'il reçut furent tellement vigoureuses qu'il dut aussitôt revenir sur sa décision et, mieux encore, transformer le Club d'Essai en "Programme Modulation de Fréquence", dont Tardieu, toujours directeur, assura le développement jusqu'à ce que ce programme étant devenu "Paris IV" puis "France-Musique", il soit lui même nommé conseiller à la direction de la Radio nationale.

Il faudrait forcer l'analogie pour établir avec conviction l'influence de l'activité radiophonique sur l'oeuvre de l'écrivain. La première, on l'a dit, a plutôt servi de frein à la seconde, même si elle lui a fourni les subsides indispensables. Pourtant, quelques traces existent, en particulier dans son théâtre, d'une curiosité particulière pour un procédé exploitant les propriétés du son désincarné. A quelques essais de pièces, drames ou "opéras" radiophoniques, s'ajoutent surtout quelques images fortes, au premier rang desquelles, bien entendu, la scène vide d'*Une Voix sans personne*, dont le titre même pourrait être celui d'un essai sur la radio. Ou encore, avec "La jeune fille et le haut parleur"[1], l'inquiétante, l'inquisitrice et destructrice autorité invisible qui se manifeste par le seul moyen d'un haut-parleur. Ou enfin, ce projet toujours repoussé d'une pièce dans laquelle le personnage neutre du "figurant" ou du " témoin" emménage dans un appartement précédemment occupé par un bruiteur de la radio: des bruits incongrus, frappements, grincements ou pire surgissent telles les rémanences d'une présence ancienne jamais tout à fait oubliée.

C'est que la radio offre une forme particulière de réponse au souci permanent et central de l'oeuvre, cette perception d'un "ailleurs sous nos pas", d'un " au-delà" ici présent bien que jamais véritablement débusqué. Invalidant le pouvoir du plus rassurant de nos sens, la vue, elle montre la voie à suivre pour que se manifeste une invisible et inquiétante frange de la réalité. Les sons, les bruits qui sortent du poste peuvent à ce titre exciter la conscience et donner un volume virtuel au continent obscur dont ils semblent émaner. Ils peuvent en paraître les signes, sinon les preuves... Certes, et on l'a vu dans les pages précédentes, cette thématique, cette forme si particulière d'inquiétude préexistait à l'entrée de Tardieu dans l'univers radiophonique. Mais on n'en remarquera pas moins qu'elle s'y ajustait avec une

---

1 - Sketch resté inédit jusqu'à sa publication dans *L'Herne* en 1991.

particulière résonance, offrant au poète en même temps qu'un métier, les moyens métaphoriques de régner sur ce territoire d'ombre qui, intérieure- ment, a toujours été sa terreur. Un texte sur la radio, écrit en 1947, dénonce ainsi les risques encourus, et soulève le voile sur les monstres qui se tapis- sent au fond du poste: " Il ne faut pas que les fantômes s'échappent et se répandent où ils veulent: un jour on ne pourrait plus les retenir et leurs ravages seraient effroyables." [1].

Au moment où il entre à la radio, Tardieu est un écrivain apprécié pour *Figures*, ses traductions de Goethe ou ses poèmes de l'occupation, mais seul un cercle très restreint a eu connaissance de ces diverses publications. A la fin des années quarante, coïncidant avec la stabilisation de sa situation pro- fessionnelle, sa stature d'homme de lettres va rapidement évoluer, et la diversité de son oeuvre se faire plus large encore: en quelques années, il invente (1946) le personnage du professeur Froeppel, l'un de ses doubles plus fidèles et les plus savoureux, fait jouer ses pièces avec un très enviable succès dans des salles parisiennes (1949) et fait encore - surtout- paraître en l'espace de quelques mois (entre 1951 et 52), trois petits livres fort sem- blables par leur couverture et leur format, pour lesquels Gallimard a consenti une très notable entorse à ses habitudes de blancheur, mais remar- quablement différents et complémentaires par leur teneur et leur tonalité.

Cet incroyable tir groupé figure à merveille la diversité, la fraîcheur, la subtile complexité et malgré tout l'unité d'une oeuvre qui est alors à son apogée: *Monsieur monsieur* devient vite le recueil poétique le plus typique du lyrisme fantaisiste de son auteur. Il contient quelques-uns des textes qui le représenteront pour des générations de lecteurs dans les innombrables anthologies, les classes primaires et les spectacles poétiques: "La môme néant", "Conversation", "Métamorphoses", "Etudes en *de* mineur", sans compter la popularité du "personnage" éponyme. Au même moment, le volume de proses *La première personne du singulier* creuse les contours de sa très particulière étrangeté, et installe une fois pour toutes son auteur, à travers de solides proses à tonalité légèrement autobiographiques, dans cette inconfortable situation de glissement permanent "du quotidien au fantas- tique " (l'expression est de J.P. Vallotton) grâce aux curieuses aventures de ces emblématiques personnages du "figurant" ou du "fils de rien" qui cris-

---

1 - "Nous autres gens du moyen âge" in *La Chambre d'Echo*, Cahiers du Club d'essai.

tallisent dans leur solipsisme désorienté toutes les angoisses d'une existence perçue comme irréparablement détachée du réel. Enfin, et dans le même mouvement, la série s'achève avec *Un mot pour un autre*, qui couronne la trilogie à la fois par sa notoriété (si souvent considérée par l'auteur comme injustement excessive) et par le remarquable esprit de "système" (fût-il absurde) par lequel sont reliés, dans une même interrogation et une expérimentation polymorphe, les curiosités à l'égard du langage, les quiproquos, saynètes, ébauches de romans et les fameux "petits problèmes", sous l'original et attachant étendard du professeur Froeppel.

Avec cette impressionnante série, Tardieu cesse en quelques mois d'être le "poète des peintres" ou de la Résistance, le poète rare ou le traducteur de Goethe et se retrouve dans une situation autrement plus rayonnante: il a pris date et posé une oeuvre grâce à laquelle il devient le point de référence de tout le mouvement de remise en question du langage et de jeu sur les signifiants, qui parcourt le paysage littéraire et spécialement la scène à partir des années cinquante.

Adoptées par quelques metteurs en scène fidèles et prompts, ses premières pièces sont montées dès 1949 en Belgique, puis en 1951 à Paris, par Agnès Capri et Michel de Ré au Théâtre du Quartier latin ou par Jacques Poliéri au Théâtre de la Huchette ou de L'Alliance Française, souvent dans des spectacles comiques composés de courtes pièces mêlant des auteurs divers, parmi lesquels Steve Passeur, Pierre Devaux, François Billetdoux, Jacques Audiberti ou Romain Weingarten.

Elles remportent un succès considérable et lui valent un nouvel élargissement de son auditoire. Ces courtes scènes, essentiellement parodiques, conçues sur le modèle de la comédie de boulevard, en démontent les rites et le langage par des effets comiques alors inédits. Certaines hardiesses formelles : les fameuses substitutions de mots, une pièce sans personnage, une autre dans laquelle un texte volontairement indigent est traité comme une partition musicale, etc.. suffisent à susciter la curiosité et l'engouement du public, et valent rapidement à leur auteur la réputation d'un fantaisiste de talent, en outre totalement assimilé au genre du "théâtre de l'absurde" qui, avec Ionesco, Audiberti ou Beckett - et malgré l'immensité des fossés qui séparent leurs oeuvres - fait le ravissement d'un public et d'une critique avides de nouvelles formes. Tardieu est donc "lancé", côté planches, avec une étonnante célérité - qui contraste d'autant avec la lenteur de sa reconnaissance comme poète- et sous une étiquette flatteuse même si, reposant sur une perception un peu trop rapide de ses intentions, elle lui semble d'emblée sévèrement faussée.

Quoiqu'il en soit, il se retrouve alors pour la première fois dans une position de "chef de file" qui lui sied très mal. Car les Dubillard, les Weingarten, les Ionesco même qui dès ce moment se feront connaître par la brillante démesure de leurs investigations langagières, auront tous, sans que cela d'ailleurs enlève à leur talent, à avouer leur dette à l'égard de cet auteur lequel, par nature et complexion, était cependant amené à rester discret et à s'exposer moins aux feux de la notoriété. Il aime toutefois rapporter l'anecdote de sa rencontre avec le dernier cité, qui vint le trouver au théâtre où se répétait "Une voix sans personne" pour lui confier son inquiétude de savoir incessamment représentée un pièce où, croyait-il savoir " il n'y avait sur scène que des fauteuils", alors qu'il en écrivait une au même moment,.... "où il n'y avait que des chaises...."

Mais cette anecdote nous offre surtout de remarquer combien l'oeuvre de Tardieu, toute considération d'antériorité mise à part, correspond à une sensibilité de son époque, et se nourrit à un "air du temps" qui, du début des années cinquante à la fin de la décennie suivante, sera fort occupé des questions de langage, fort curieux de l'art abstrait national, adepte d'une poésie à la fois simple et profonde, et friand enfin de formes théâtrales brèves et plaisantes. Autant de caractéristiques auxquelles on serait autorisé à réduire, par approximations rapides, son oeuvre, et qui font rebondir la question de sa notoriété si mal établie eu égard à ces différents critères.

Pour en trouver la cause, outre les raisons psychologiques qu'à présent on connaît, il faudrait encore en revenir à l'exercice d'un métier très prenant, au professionnalisme déployé pour y réussir, ainsi qu'à la volonté- et sans doute au plaisir- d'y exercer de pleines responsabilités. Mais plus que toutes ces explications partielles, il faut encore constater combien, dans ces années qui voient reconnu le talent et appréciée l'originalité de cet auteur, celui-ci, déroutant à loisir les poseurs d'étiquettes, met d'acharnement à multiplier les formes de son oeuvre et les objets de sa curiosité. Car s'il commence alors à rédiger par séries entières ses courtes pièces de théâtre, il n'en cesse pas pour autant de publier des textes sur ou avec des peintres et fait encore paraître des textes de réflexion théorique ou d'histoire littéraire.

C'est trop peu dire que sa vie d'alors se résume aux livres publiés, car c'est ignorer la place du travail quotidien; mais constatons tout de même que c'est dans une relative tranquillité, et à l'abri d'accidents ou même d'événement notables dans son histoire personnelle que se constitue entre 1951 et, mettons, 1968 (date où pour la première fois, ses textes sont repris dans une édition de poche, consacrant leur importance et leur notoriété), la matière essentielle de l'oeuvre dans toute son ampleur et sa variété[1].

Cette curiosité, cette diversité expliquent encore comment et pourquoi un auteur qui a parcouru la totalité du siècle sans jamais cesser d'écrire ni de figurer parmi une certaine avant-garde, est passé à travers les mailles des filets tendus par de si nombreux groupes, écoles et autres chapelles.

Trop jeune pour participer à ses premiers feux, trop attaché au classicisme façon N.R.F. pour en apprécier vraiment la dimension iconoclaste, trop indépendant et peu sûr de lui pour offrir sa plume à une cause politique exclusive, trop intimidé sans doute par l'agressive et pontificale personnalité d'André Breton, on comprend qu'il ait souhaité maintenir de bonnes distances avec le surréalisme.

L'"Ecole" du nouveau théâtre à laquelle on a par ailleurs voulu le rattacher ne l'a guère poursuivi de ses assiduités, tant il est vrai qu'elle n'a jamais eu d'existence bien établie en dehors des pages que lui a consacré la critique. Quant à l'OuLiPo de son ami Queneau, s'il a eu l'occasion de lui marquer sa déférence et d'introniser le Professeur Froeppel, tant s'en faut que son inventeur se soit là encore, laissé séduire par les activités de groupe et les séances de création collective.

En revanche, son amitié pour Eugène Guillevic, Jean Follain et surtout André Frénaud a pu un moment lui faire désirer un rapprochement plus consolidé. Il en exprime parfois le regret, non sans mettre aussitôt en doute l'utilité d'un telle opération, et surtout sa possibilité. Car pour peu que l'on connaisse le tempérament et les oeuvres de chacun de ces poètes, on en

---

1 - Plutôt qu'en rendre compte ici par le menu, l'ensemble des chapitres suivants examine ces ouvrages, qui sont également présentés dans une bibliographie chronologique et commentée, située en fin de volume.

vient vite à conclure que ce qui les rapproche le plus est précisément ... leur goût pour l'indépendance, la nécessité d'une certaine solitude, et l'exploration d'un univers intérieur à nul autre comparable. C'eût été la moins concrète, sans doute la moins fondée des alliances poétiques, et probablement de ce fait, la moins fertile: on y reconnaît encore une manifestation supplémentaire de l'attirance irraisonnée pour les situations contradictoires.

Et c'est par là encore qu'il faudrait comprendre l'unique engagement dont il ait laissé trace, puisque la seule cause collective, à vrai dire, qui ait gagné ses suffrages et l'ait engagé à écrire selon son mot d'ordre propre n'est ni spécifiquement littéraire, ni véritablement idéologique (du moins à l'époque): c'est l'Europe, telle qu'on rêvait de l'établir au lendemain du traité de Rome. A la demande de son confrère italien de la RAI, G.B. Angioletti, également président de l'Association des Ecrivains Italiens, Tardieu donne son accord pour travailler à la création d'une section française de la COMES (Communità dei Scrittori Europei), ce qui l'engage à essayer de convaincre et de rallier bon nombre d'hommes de lettres. Mais le projet cessera d'exister avec la disparition de son initiateur italien, et la plus remarquable trace qu'elle ait laissé chez le poète est un "Hymne à l'Europe future", demeuré inédit jusqu'en 1986.

1969 ..... et après : affinités, complicités, notoriété .

S'il a ainsi échappé à toutes les tentatives de regroupement dans des écoles ou des mouvements littéraires, il est assez caractéristique de sa démarche d'avoir rompu l'isolement de l'écrivain par une relation privilégiée avec d'autres artistes, en particulier les peintres et les musiciens.

Ces derniers, lorsqu'ils n'étaient pas (comme Germaine Taillefer) des amis de famille, se sont généralement présentés à lui à l'occasion d'une mise en scène (c'est le cas d'Henri Sauguet, choisi par J. Poliéri pour monter *Une voix sans personne*) ou bien avec le désir d'un travail commun: Paul Hindemith, Marius Constant ou Claude Arrieu l'ont ainsi amené à concevoir des scénarii dans l'optique d'un spectacle précis, lequel, pour les deux derniers compositeurs cités a effectivement vu le jour, respectivement en 1969 et 1971. De nombreux autres musiciens se sont également plus à composer à partir de poèmes, de pièces ou de chansons préalablement rédigés. On citera par exemple l'allemand Wolfgang Rihm, Max Rongier, Maurice Thiriet ou Pierre-Max Dubois. Mais il ne s'agit pas à proprement parler de collaborations.

Les nombreux écrits sur, à côté ou en face d'oeuvres picturales ou graphiques relèvent, quant à elles, d'une démarche parfaitement volontaire et revendiquée, et constituent une part à la fois très particulière et très représentative de sa poétique globale. Nous lui consacrons ailleurs un chapitre spécifique, ce qui nous évitera d'entrer ici dans trop de détails. Toutefois le moins qu'on puisse en dire, c'est que les artistes concernés ont pratiquement tous acquis, entre les années 50 et 70, une notoriété de tout premier plan, confirmant par là la clairvoyance et la parfaite "actualité" des choix et du goût du poète. Ils ont pour nom Max Ernst (rencontré à la fin de sa vie), Hans Hartung, Pierre Alechinsky, Fernand Dubuis, Roger Vieillard, Vieira da Silva et Arpad Szenés, Jean Bazaine, Pol Bury, Jean Cortot, etc ..

A chacune de leurs expositions, ou presque, il leur consacre une petite préface, qui est ensuite reprise dans les monographies ou bien qu'il réunit lui-même à l'occasion de la réédition de *Figures* (sous le titre *Les Portes de toile*, en 1969, le tout étant encore repris et augmenté avec la parution en 1993 du *Miroir Eblouï*, "somme picturale" de l'auteur), et dans tous les cas, la collaboration va de pair avec une relation d'amitié durable.

Cette complémentarité produit incontestablement ses fruits les plus intéressants lorsqu'elle débouche sur la réalisation d'un livre commun. Depuis 1962 (*Hollande* avec Jean Bazaine) mais plus encore depuis 1972 (*C'est-à-dire* avec Fernand Dubuis, *Le parquet se soulève* avec Max Ernst) Tardieu s'est fait spécialiste des ouvrages de grand format à très faible tirage (de 20 à 400 exemplaires), accompagnés d'oeuvres graphiques originales et signées. Conçus tantôt à l'initiative du peintre, tantôt d'après un poème préexistant, ces ouvrages de bibliophilie, au texte rare, issu ou bien repris dans les plaquettes de poésie, dessinent une façon de production parallèle, confiée le plus souvent à des éditeurs méconnus ou à des galeries d'art. Ils lui offrent vraisemblablement la triple opportunité de pouvoir faire paraître des textes courts, insuffisants pour constituer un recueil, de concrétiser une relation d'amitié avec l'artiste complice, et d'alimenter la veine créatrice qui, depuis sans doute l'admiration pour le travail de son père, trouve dans l'expression picturale un excitant et un défi pour son propre mode d'expression artistique. Il va de soi qu'une telle production a également pour conséquence de renforcer son image de poète "confidentiel" , au centre d'un tout petit cercle de diffusion, et qu'elle est aux antipodes de ce qui pourrait lui conférer une plus grande notoriété.

*

Mais sans doute est-ce un choix là encore volontaire. Son attitude face aux diverses émissions radiotélévisées est à cet égard dénuée de toute ambiguïté: déjà dans les années 50, alors qu'il était dans son environnement quotidien, réussir un entretien quelque peu consistant à la radio tenait de la gageure. Un dialogue avec André Frédérique (pourtant proche collaborateur) conservé à l'INA[1] montre les efforts déployés par celui-ci pour tirer quelques mots de la bouche du poète, lequel se contente en gros de confesser qu'il aimerait mieux "être ailleurs", et que c'est compréhensible puisqu'il n'est après tout, rien d'autre que " le poète de l'absence"!

Par la suite, ses réticences face à l'audiovisuel ne fondront que très progressivement et partiellement: mieux vaut, pour enregistrer un entretien, compter parmi les familiers de l'auteur, comme l'a bien compris Pierre Dumayet, probable recordman de cet exercice, doté il est vrai du double avantage d'être son ami depuis plus de quarante années et son voisin depuis une vingtaine... Et pas question de se prêter aux risques du direct : Bernard Pivot l'a compris à son grand dam lorsque, en 1986, son invité d'honneur à la pourtant si convoitée et retentissante émission "Apostrophes" s'est décommandé la veille....

Sans être sur ce chapitre tout à fait comparable aux grands "muets" de la littérature contemporaine que sont les H.Michaux, R.L.Desforêts et autres J. Gracq, notre auteur ne doit en tout cas guère de notoriété à une complaisante participation au grand manège médiatique. On comprend ainsi pourquoi ses amis les plus fidèles et les plus proches, outre ceux que nous avons cités, ont pour nom Pierre Seghers ou Georges-Emmanuel Clancier et, parmi les poètes plus jeunes, des êtres aussi discrets que Jacques Réda ou Gérard Macé.

Ce qui, en revanche, a servi de relais diffus, lent mais solide à la reconnaissance de son talent est la très large diffusion de ses courtes pièces de théâtre. Réclamant fort peu de moyens matériels, se contentant pour la plupart de quelques acteurs, et surtout parce qu'elles sont empreintes d'une redoutable efficacité comique, *Un mot pour un autre*, *La triple mort du client* ou *Conversation Sinfonietta* ont été et sont toujours jouées en des cen-

---

1 - Au cours de l'émission "Prenez garde à la poésie", de Philippe. Soupault et J. Chouquet, France 3, diff. 25/3/1956.

taines de lieux, en France comme à l'étranger[1] , notamment par des troupes
d'amateurs ou dans le cadre de spectacles d'écoles. On reconnaîtra une nouvelle fois dans cette destinée la vigueur du paradoxe attaché à cette oeuvre
et à son auteur, qui, se voulant grave et inquiet, cherche à multiplier les
formes d'une expression fondamentalement angoissée, et ne jouit nulle part
d'une réputation plus flatteuse et complice que dans les cabarets et les cours
de récréation.

La rumeur cependant qui en sourd s'est élevée durant ces années
jusqu'aux cercles les plus officiels et honorables de la vie littéraire et culturelle. On ne compte plus en effet, depuis 1972 (Prix de l'Académie française), les distinctions et récompenses dont cette oeuvre a été couronnée[2] ni
les manifestations d'hommages (au Centre Georges Pompidou, à la Maison
de la Poésie, au Théâtre de Montreuil, ...), les journées d'études universitaires[3] et enfin les thèses, études, et revues qui ont contribué à la faire
connaître et, comme en contrepoids d'une réputation parfois à contresens
-comme il se doit-, à la rétablir à une place qui est plus exactement la
sienne.

Pendant que l'on s'occupe ainsi de sa renommée, et plutôt que de pos-
tuler à un siège sous la Coupole, l'écrivain passe ses loisirs de retraité à
voyager en France et Italie, où s'est fixée sa fille et où vivent par conséquent ses petits-enfants, et partage son temps entre les différentes maisons
qu'il achète, vend et entretient comme s'il était tout à fait nécessaire de cultiver quelques permanents sujets de soucis et de fixer l'angoisse sur des
biens fort tangibles. Après avoir acquis une maison dans le Midi sur les
hauteurs de Saint Tropez, il décide de s'en défaire pour acquérir en Italie,
près du lac de Garde, une vaste et somptueuse demeure mieux située pour
servir à l'ancrage familial, mais également une belle maison de notable en
briques et bois, dans un charmant village de l'Oise. Alors qu'il passe le plus
clair de son temps dans un appartement parisien moderne et sans cachet,

1 - On compte à l'heure actuelle des traductions de ses pièces en allemand, anglais,
danois, espagnol, hébreu, italien, japonais, polonais, roumain, russe, serbo-croate, suédois et
tchécoslovaque.

2 - Grand prix des critiques (1976), de la Ville de Paris (1981), de la SACD (1979), de
la Société des Gens de Lettres (1983 et 1986), de la Langue de France(1986) ou encore de la
Sacem (1989), et la liste est loin d'être exhaustive...

3 - Colloques à Cerisy en 1981, à Bologne 1984, New-York 1987, Cambridge 1987 et
1991, Lyon 1988, Turin 1987 et 1988.

qu'il loue quelques étages en dessous un studio pour lui servir de bureau, seules ses résidences secondaires s'efforcent ainsi de reconstituer un climat chaleureux et historique sans doute plus conforme à l'idée qu'il se fait de la vieillesse d'un écrivain.

Mentionnons pour finir que certains événements éditoriaux récents ont bien entendu contribué à élargir son audience. La majeure partie de l'oeuvre poétique est à présent disponible en format de poche, de même que les principales pièces de théâtre. Toutefois, ces rééditions sont le fruit d'un véritable travail de "recomposition de l'oeuvre" interprété par J.Yves Debreuille[1] comme très caractéristique d'une hantise de "fixer" définitivement un état des textes : aucun d'entre eux n'est à sa place originale, les titres ou sous-titres, classements et catégories sont permutés, de telle sorte que le volume *Le Fleuve caché* ne contient pas l'important poème du même titre (et qui n'est repris nulle part), que les pièces de théâtre sont considérablement ré-ordonnancées, etc.... à l'image d'une oeuvre qui, même écrite, continue à se créer comme en un écho perpétuel qu'elle s'adresse à elle-même.

Dans l'évolution récente de ce bouillonnement créatif à l'exemplaire longévité, deux tendances complémentaires sont à remarquer : d'une part, la recherche de formes poétiques toujours nouvelles. Exploitant les moyens mis à son service par les éditeurs d'art auxquels il a souvent recours, ont été publiés durant les années 80 quelques ouvrages étonnants par leur forme : des poèmes affiches, un recueil de manuscrits à la mise en page et au graphisme très calculés, qui sont autant de tentatives pour échapper aux contraintes de la linéarité et de la versification.

D'autre part, depuis *Obscurité du jour* en 1974 , les ouvrages de prose à tonalité plus ou moins métatextuelle et autobiographique se sont multipliés, dans un mouvement de reconstitution et d'explication de l'oeuvre, symétrique du précédent. La plus importante de ces publications est certainement, en 1986, l'épais *Margeries,* volumineux recueil de poèmes inédits, oubliés ou délaissés au long de toute une vie d'écriture. La censure, la pudeur, le souci de paraître, y semblent totalement ignorés, écartés par un désir de "mettre à jour" et de faire connaître l'oeuvre sans réserve, jusques et y compris des textes d'enfance ou d'autres plus volontiers érotiques, qui

---

1 - In *Lire Tardieu*, p. 213 sqq.

n'avaient pas été jugés dignes auparavant. Et la volonté d'explication s'y trouve très fortement appuyée par un véritable petit "appareil critique" établi par l'auteur, lequel procède, à sa manière, à un nouveau re-ordonnancement de tous ces textes et des époques correspondantes[1]. Qualifié, dans un envoi personnel inédit, de "livre bizarre, plus proche d'une autobiographie (posthume) que d'un recueil où déjà grouillent les "vers"" l'ouvrage ne fait pas mystère de devoir une telle expansion à l'approche de plus en plus sensible au fil des années, d'une "délivrance" qui, faisant finalement surgir à l'air libre un "fleuve caché" charroyant dans un même courant l'oeuvre et la vie de son auteur, consistera pour lui à se perdre "comme un cours d'eau qui, en se ralentissant, se divise et s'efface dans la mer".

*

1- On pourrait sans doute considérer comme un point de convergence entre ces deux démarches, l'une "tirant" l'écriture toujours plus vers ses possibilités d'expression graphique, l'autre jetant un éclairage plus franc sur le passé, le souci de renouer les liens avec le père - avec son nom propre, son propre nom - et, comme s'il agissait par procuration, de le faire connaître et reconnaître lui aussi à sa "vraie place". Sur un plan strictement biographique en effet, l'une des grandes affaires de ces années 70-80 a été d'organiser des expositions "Victor Tardieu", et l'une des grandes joies, de voir l'une de ses oeuvres acquise par le Musée d'Orsay.

Victor Tardieu dans son atelier

Caroline, dessin de Victor Tardieu

Jean vers 1910

1923 - Pontigny - 3e Décade :
Y a-t-il dans la poésie d'un peuple un « trésor réservé »

1 - Paul Desjardins ; 2 - Edith Warton ; 3 - Albert-Marie Schmidt ; 4 - Léon Chestov ; 5 - Charles Du Bos ; 6 - Jacques Heurgon ; 7 - André Maurois ; 8 - Jean Tardieu ; 9 - Lytton Strachey ; 10 - Roger Martin du Gard ; 11 - Jacques de Lacretelle ; 12 - André Gide.

Pontigny, 1920 : Marc Allegret, Guglielmo d'Alberti, Jean Tardieu (à dr.)

Jean vers vingt ans

Jean à Saint-Germain de Joux (vers 1933)

Avec sa fille Alix, Villiers-sous-Grez (vers 1940)

R. Guilly, J. Lescure, J. Tardieu, R. Queneau dans les studios de la Radio (1945)

Jean et Marie-Laure avec leur petit-fils Nicolas (1970)

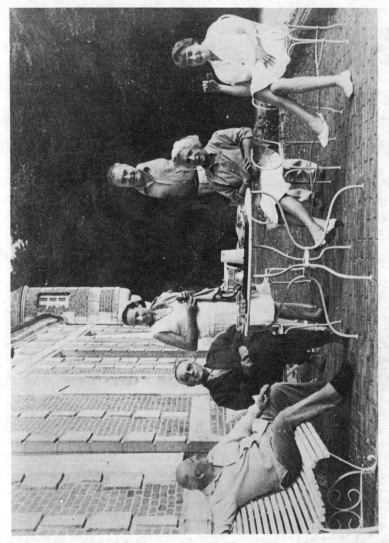

*Chez Christiane Martin-du-Gard à Bellême (vers 1965), de g. à dr. : J. Tardieu, J. Arland, F. Dubuis,
M.-L.Tardieu, Ch. Martin-du-Gard.* (Photo Fernand Dubuis)

Jean devant sa maison de Gassin (années 70) Photo Fernand Dubuis

Jean à Jouy-en-Josas, 1991 (Photo L. Flieder)

DEUXIÈME PARTIE

ÉCLATANTE UNITÉ

Chapitre second

Obscurité du jour

L'oeuvre littéraire de Jean Tardieu, en 1993, c'est à dire après un demi-siècle de croissance se répartit à peu près ainsi : une quinzaine de plaquettes ou recueils poétiques, quatre volumes de prose poétique, quatre volumes de théâtre, deux essais sur l'écriture ou la peinture, deux volumes de "prose picturale", un de traduction poétique, et deux "sommes" récentes, l'une pour la poésie, l'autre pour les écrits inspirés par l'art. S'y ajoutent bien entendu des rééditions, des ouvrages collectifs ou pour enfants, une douzaine d'éditions de luxe à tirage limité et accompagnées d'oeuvres originales d'un peintre ou d'un graveur, ainsi qu'une innombrable collection de plaquettes éditées à l'occasion d'expositions diverses, d'articles dans des revues, de préfaces, entretiens ou traductions, ...

On comprend pourquoi un rapide coup d'oeil sur la bibliographie fait vite conclure au "touche à tout de génie", à l'oeuvre éclaté, et donne de son auteur l'image d'un écrivain qui n'a pas voulu ou pas su trouver une voie et construire un itinéraire proprement balisé, reconnaissable et définissable par le moindre de ses fragments.

Au vu de cette énumération, si la palette du littérateur semble assez complètement utilisée, on reconnaît toutefois un ou deux absents de marque : pas ou peu de récit. Aucun, en tout cas, qui par sa dimension, soit identifiable à un roman, et très peu d'autobiographie, même si deux ou trois ouvrages parus depuis 1985[1] viennent, avant qu'il ne soit trop tard, commencer à combler cette lacune.

Au total, c'est donc plus par défaut que par une unité d'évidence que l'on pourrait être amené à évoquer la dominante "poétique" de cette oeuvre.

Mais si défaut il y a, celui ci est clairement assumé, au nom, souvent affirmé, du droit des poètes à " appliquer leur talent , selon les cas, à des formes et à des finalités différentes" (préface à *La comédie du langage)*, à "s'exprimer dans des tonalités différentes" ("Entretien", in *Europe,* p.53).

Encore faut-il savoir ce qu'autorise vraiment cette appellation, ou plutôt comment elle se définit, et comment y rattacher deux grandes directions "secondes" qui la marquent : l'écriture dramatique d'une part, et l'écriture "sur l'art" ensuite, genre dont Tardieu a su considérablement repousser les contours.

missions

Les poètes, d'abord, sont les seuls précurseurs revendiqués[2].

Dans une filiation qui le mène de Charles d'Orléans (dont il édita, en 1947, un *Choix de rondeaux)* aux surréalistes, le panthéon tardivin[3] est avant tout poétique. Avec quelques colonnes plus somptueuses que les autres, notamment celles qui le soutiennent depuis l'enfance : La Fontaine et Hugo (inspirateurs attestés du tout premier poème, " La mouche et l'océan") ; depuis la fin de l'adolescence, ou l'entrée dans le monde des lettres : Mallarmé, Apollinaire, ou Max Jacob, auxquels il paie souvent sa dette, n'omettant jamais de rappeler l'émotion que lui procurait la lecture de la revue *SIC* de Pierre Albert-Birot, au temps du lycée Condorcet.

Bien sûr, coquetterie ou sincère refus des étiquettes, celui qu'à Pontigny "on disait poète" se défiera toujours du mot, qu'il trouve laid,

> *"..à cause de cette diphtongue : l'o et l'e, c'est le mélange de l'eau et du lait, c'est fade et bucolique " (*On vient chercher ... *p. 106).*

---

1 - *Margeries, Causeries devant la fenêtre, On vient chercher monsieur Jean.*

2 - Cf *On vient chercher monsieur Jean*, p. 123.

3- En dépit de la tradition, de l'étymologie et de quelques reproches, j'opte décidément pour cet épithète, non seulement plus euphonique que l'officiel " tardivien", mais surtout plus réceptif à la cuisante ironie d'une trop présente absence…

Quant à livrer une définition de la poésie, il n'est guère plus enthousiaste : "la poésie, explique t-il à qui veut l'entendre, c'est tout ce qui échappe à la définition de la poésie " (Entretien, in *Europe* p.55) ou encore "toute définition de la poésie, même si elle est extrêmement poussée, libérale, profonde, réfléchie, complexe, est immédiatement niée par un nouveau poète qui biffe tout ce qui a été fait à côté de lui ou avant lui " (*Causeries*, p. 116).

De ce mot en particulier, il relève le défaut qu'il verra également dans tous les autres : communs et trop partagés pour pouvoir rendre compte des cas individuels, ils ne peuvent parfaitement s'y adapter sans risquer une dérive du sens. Contrairement à Leiris qui, au sortir de l'expérience surréaliste, eut à faire le choix entre "être poète" et "vivre poétiquement" (cf. *Fibrilles*, p. 253), Tardieu n'a jamais connu semblable alternative.

Car il a toujours écrit. Plus qu'une vocation précoce, plus même qu'une nécessité vitale afin de s'affirmer avec des moyens propres entre deux parents créateurs, et d'une virtuosité qui devait paraître inégalable, l'écriture s'est imposée avec l'évidence d'une voix intérieure,

> *"Aussi loin que je remonte dans ma mémoire(..) il me semble avoir toujours entendu une certaine voix qui résonnait en moi, mais à une grande distance, dans l'espace et dans le temps. Cette voix ne s'exprimait pas en un langage connu. Elle avait le ton de la parole humaine mais ne ressemblait ni à ma propre voix ni à celle des gens qui me connaissaient " (On vient chercher.., p.95)*

et toute l'existence, du moins toute la part qu'elle concédera à l'écriture, sera dès lors consacrée à la poursuite de cette voix et aux efforts faits pour plier le langage à sa traduction, selon "l'injonction, qui m'a été donnée très tôt, de me servir du langage pour tenter de répondre au silence du monde étrange où nous vivons et qui pourtant ne cesse de nous poser des questions" (*ibid*. p.56).

On trouve dans *Obscurité du jour* (p. 39 sq.) cet étonnant dialogue imaginaire entre "l'auteur" et un " visiteur" où le premier essaie de faire partager au second, avec ses mots à lui, l'importance de la "mission" qu'il remplit en écrivant . Et le dialogue tourne alors bien vite au malentendu :

> *" L'auteur : Le sens de la vie était d'écrire. Mais le sens de mon esprit, je viens de vous le dire, c'était de rejoindre quelque chose ou quelque lieu qui*

est au-delà ou en deçà du sens. Et pour atteindre un terme aussi lointain, le
sens de mon écriture était identique : une sorte particulière de non-sens ou,
si vous préférez, ce qui n'a pas encore de sens ou ce qui n'en a plus.
Le visiteur : Vous faites bien peu de cas du langage!
L'auteur : Au contraire! .... "

On mesure ici facilement combien cette nécessaire et délicate transmis-
sion tient lieu, mieux qu'une formule arrêtée, de définition personnelle de la
poésie, et en même temps, combien elle est marquée par la dualité,
puisqu'elle situe l'auteur à "mi-chemin" (formule qui apparaît ici pour la
première fois, mais qui ne cessera de revenir à tout propos, tant elle semble
justifiée par de nombreux aspects de l'oeuvre) d'une tradition romantique
de "l'inspiration", du pouvoir démiurgique du poète revêtu d'une "robe
sacerdotale", et d'une vision matérialiste, celle du traducteur, ou de " l'artisan des mots", du technicien de la langue.

De la première, explicitement, Tardieu se réclame, en même temps
qu'avec la seconde, il cherche à s'en défaire. L'écho baudelairien est parfois
si présent qu'on croirait entendre une citation. Là où le traducteur d'E. Poe[1]
déclarait : " C'est à la fois par la poésie et à travers la poésie, par et à travers
la musique que l'âme entrevoit les splendeurs situées derrière le tombeau",
celui d'Hölderlin enchaîne :

"la poésie c'est justement ça : essayer de transmettre, jusqu'au point où
l'on s'aperçoit que l'on ne peut pas, que l'on ne peut plus.
La poésie découvre la face cachée du monde un peu comme l'ombre dessine
un objet : entre une ombre et une écriture, il y a une sorte de parenté. Il
faudrait être toujours à cheval sur le sillon, sur la frontière: c'est cela
qu'essaie le poète, être de notre côté pour transmettre ce qu'il peut
entr'apercevoir de ce qui est au-delà." (Entretien in Europe, *p. 55)*

Complice, dans leur inquiétante démesure, des théories romantiques, il
s'en approche au point de rédiger la préface d'une anthologie des préroman-
tiques[2] et ne recule devant aucune emphase :

---

1 - Baudelaire, "Notes nouvelles sur Poe", *Oeuvres Complètes*, La Pléiade vol.2, p.334.

2 - "Préromantisme ou premier romantisme", in *Pages d'écritures.*

> *" la poésie est un langage, c'est à dire : un autre langage . (...) Il semble*
> *que la poésie, tenant la main des trois divinités nervaliennes(...) ait gardé*
> *le privilège sacré de parler aux hommes leur "langue natale."*
> *("Permanence et nouveauté",* in Pages d'Ecriture, *p. 81-82)*

ou ailleurs :

> *"Le poète est aussi - c'est une banalité- un sorcier. C'est une idée qui est*
> *peut-être enfouie dans une sorte de mémoire ancestrale, millénaire : que*
> *les mots ont un pouvoir magique ..." (Entretien,* in Europe, *p. 48).*

Mais cette magie demande à être domestiquée, ou révélée, et c'est l'objet de l'art, c'est le rôle de l'artisan, que d'y parvenir. Il a pour tâche cette fois de réduire la " mauvaise adaptation du monde au langage" (ibid.), et non l'inverse, ce qui souligne cette conception presque mystique d'un Verbe antérieur au monde. Et cette fois, ce qui signale le poète parmi les humains, ce n'est plus le contact avec un ailleurs qui le dépasse, ni le privilège de quelque pouvoir occulte, mais, simplement, une aptitude particulière à la perception et au travail de la langue, jusques et y compris dans sa dimension physique, "l'écriture comme geste":

> *"Aussi loin que je remonte en effet dans mes souvenirs, je vois une main, -*
> *main d'enfant, d'adolescent, main d'homme puis de vieil homme, en proie*
> *au besoin d'écrire..." (* Margeries, *p. 9)*

Cette autre "vision" de la vocation poétique, autant que la première, nourrit l'oeuvre, qui y gagne une simplicité, une modestie, une marque de "fabrique" par où l'inquiétante et sombre grandeur de l'explication précédente se voit ramenée à des dimensions à la fois plus conformes à l'esthétique contemporaine, plus rassurantes, accessibles, et sans doute lui attribue l'indéniable capital de simplicité sympathique que lui reconnaissent ses admirateurs.

Autre bénéfice de ce survol des "motivations" du poète : avant même ses premières expressions , l'oeuvre apparaît marquée au coin de la dualité, de la contradiction - ou de la complémentarité-, et comme vouée d'origine à une duplicité où se combattent l'intention et la fabrication, l'indicible et la nécessité de sa traduction, la perception d'une transcendance et le besoin de la réduire à une tangible réalité.

Enfin, et comme pour concilier les termes de cette opposition, la démarche poétique est ailleurs considérée dans sa rencontre entre une activité, une inspiration, un dire et un voir, comme une nécessaire, salubre et inévitable démarche par où le sujet, tout en l'énonçant, tâche d'apaiser une tenaillante inquiétude:

"si l'on peut appeler poésie cette impression de solitude que j'ai pu éprouver, cette impression d'une question que l'on pose et à laquelle on cherche à recevoir un sens, c'est tout à fait consubstantiel à ma vie. La poésie aura été une méthode thérapeutique, à la fois une façon de se délivrer d'une angoisse, de s'accomplir soi-même, et de donner un sens à ce qui semble ne pas en avoir. Même si l'on se sert du non-sens. C'est un travestissement, et en même temps une recherche d'identité." (**Entretien**, in Europe, p. 57)

Images

Dans l'espace ouvert par ces multiples figures de l'aède, se sont alors ébauchées , puis confirmées à force de reprises et de creusements, quelques figures emblématiques, - métaphores dont la justesse tient à la puissance évocatoire - chargées, à travers toute l'oeuvre, de proclamer l'unique vérité ou l'obsédant message de son auteur.

C'est d'abord le monde de l'obscurité, dont on sait la place qu'il occupe dans l'oeuvre. Ne serait-ce que dans les titres: " La part de l'ombre", " Histoires obscures", " Obscurité du jour"... Plus qu'un pan de l'oeuvre : un continent entier qu'il s'agit de traquer, de dévoiler, ou auquel , à l'inverse, on est tenu de sacrifier , de faire "la part de l'ombre".

Adepte de l'écriture nocturne, insomniaque inguérissable - et guère désireux d'être guéri, Tardieu considère qu'il conçoit le meilleur de ses textes dans l'entre deux du sommeil et de la veille, au sein d'une nuit où il trouve un état de conscience et de perception privilégié. C'est la "chambre obscure" où se forgent les meilleures représentations. Là, environnée du sommeil des autres, la lucidité du poète lui permet d'entendre "monter /vers moi le hurlement secret des morts/ le tonnerre d'un monde éteint" , même si ce message parfois s'évapore avant d'être reçu, pour se résoudre en "paroles déchirées/ lointaines/ indéchiffrables" ("Insomnie", in *Comme ceci comme cela*).

Le travail diurne est, lui, plus laborieux, davantage consacré à la mise au point des trouvailles nocturnes.

Par son incommensurable portée mystérieuse, l'obscurité est ainsi propice au dévoilement. La tragique quête de plénitude à laquelle se livrent les deux personnages de *Le sacre de la nuit* s'achève sur cette réconfortante intervention:

> *"Les démons et les dieux sont en fuite. Tu as fait alliance avec l'espace nocturne, tu es entrée en communication avec l'innocence du monde (...) Quand viendra le jour, à notre rencontre, souviens-toi que la nuit nous a donné le secret"* (La comédie de la comédie, p. 287)

Mais ce n'est pas son unique valeur. Issu d'un déchirement dans le tissu du réel, ce continent obscur est aussi celui du glissement et des menaces. Depuis les plus dérisoires (la "peur du voleur" de Mme Redadon) jusqu'aux plus graves. Avec les frayeurs nocturnes s'ouvre le domaine de toutes les hantises : une partie de *Margeries* s'intitule : "le coffre aux cauchemars", et toute la pièce *La Cité sans sommeil* développe le fantasme de leur émergence dans un état de veille où, chassés du sommeil parce qu'on l'a aboli, ils sont contraints d'accéder.

Siège de "l'ineffable", refuge de "l'ennemi sans visage et sans nom", de "la menace sans visage", de "l'effarement sans fin" (on pourrait à loisir multiplier les dénominations de cet oppressif Inconnu), menace existentielle dont il convient de prendre la mesure pour mieux la contrer : "A moi de combattre pied à pied l'envahissement des ténèbres" (*La Part de l'Ombre*, p.74), l'obscurité assure de ses incontrôlables et zélées forces oniriques un lien puissant entre les démons du poète et les conditions d'une écriture vouée, dès lors, à leur exorcisme.

C'est elle qui supporte tout le poids de l'absence la plus lourde à assumer lorsqu'elle est la seule réponse à des des interrogations métaphysiques : "L'espace nocturne donnait le signal de toute naissance et de toute disparition, apportant sans dieu ni dogme, une signification supplémentaire, une révélation surnaturelle à tous les actes, à tous les objets, à tous les êtres."[1] Car ce continent obscur est aussi un lieu laissé vide par le refus des certitudes religieuses : "Si le divin existe, il n'est pas hors de nous, il est en nous[2]."

1 - "Obscurité du jour", in Recueil du même nom.
2 - *On vient chercher*..., p. 96.

On serait tenté d'y rattacher, non sans garder à l'esprit le souvenir du "tube acoustique" aux sonorités déformées, les nombreuses hantises exprimées ça et là dans l'oeuvre à l'égard de tous les obstacles à la communication verbale, qui transforment un énoncé en un confus magma sonore dont le sens est voilé.

De partout sourd la " rumeur" du monde, ou son "murmure", à l'image de ce mystérieux " grattement" de la prose " Qui est le coupable" (*La Part de l'Ombre*, p.171-172), sans cause ni lieu d'émission identifiables mais qui est là, régulièremen présent, tel un véritable personnage. Ou bien c'est une voix (semblable à celles, entendues dans l'enfance ou avant, et qui décidèrent de la vocation?) une voix sans message, un pur signifiant dont l'auditeur sait toutefois qu'il en faut relever le défi, qu'il faut être à l'écoute et tâcher de la comprendre, car " elle a du moins le pouvoir de me communiquer une certitude obscure : c'est que, peut-être dans ce monde, peut-être hors du monde, il existe une région sereine où tout est su, compris et consommé d'avance" (*ibid*., p. 199).

Et sous d'autres formes encore, l'existence de cette "région sereine" se manifeste à foison. C'est en particulier la valeur que prend l'image récurrente de la porte fermée[1], d'où sourd l'inquiétante évidence d'un "autre côté" dont on est malgré soi exclu, et qui détient tous les secrets de l'existence, à jamais éloignés, reculés derrière une autre porte :

> ... *C'est une quatrième porte, on frappe, j'ouvre une porte, on frappe, j'ouvre, porte, frappe, ouvre, porte, frappe, ouvre porte...*
> *-Qui est-ce? C'est toi?*
> *-Oui, c'est moi, c'est moi: c'est bien moi, ton ogre et ton silence, ton abîme et ta vie, ton inconnu, ton dieu, ton épouvante.*
> (La Part de l'Ombre, *p. 183*)

A la fois promesse d'accomplissement et menace de destruction, cette vérité jamais révélée n'est nulle part mieux imagée que dans la pièce *La Serrure* où le personnage, rivé au spectacle d'un strip-tease qu'il contemple par un immense trou de serrure, est à même d'accomplir les voeux de toute

---

1- J.Onimus ne relève pas moins de 19 occurences de la "porte" dans le recueil *Le Fleuve caché*. v. J.Onimus, *Un rire Inquiet*, p.58-60 et 154.

son existence lorsque la femme tant désirée, après s'être entièrement dénudée, poursuit son déshabillage, s'arrache la peau, les seins, la chair, les yeux, etc... faisant coïncider l'aboutissement de tous les désirs avec la plus atroce image de la mort.

Ailleurs, par un traitement moins violent mais toujours terrible, la porte s'ouvre, mais "l'inventeur distrait" a oublié l'escalier :

> *"Je me mis à plat ventre au bord du palier et je regardai au dessous de moi : rien, le vide! Imbécile! J'avais même oublié d'inventer la rue! Et de quelle ville d'ailleurs? Je n'aurais même pas pu dire son nom."*
> (La Part de l'Ombre, *p. 168)*

Aussi l'image de la porte est-elle une des formes préférées de la limite infranchissable (sinon au prix de risques incalculables) qui sépare le monde muet et sans relief d'un univers fantastique, prometteur et destructeur, qui le double et se révèle en quelques occasions.

Ce sentiment si souvent exploité à travers récits ou poèmes correspond d'ailleurs bien à une phobie éprouvée physiquement par l'auteur, qui déclare : "Je ne peux entendre parler un être humain à travers une porte qui masque ses paroles sans être saisi d'une insupportable angoisse"[1] ou encore : "jusqu'à quand/parlera-t-on ainsi/derrière la porte,/derrière toutes les portes.../Afin que je ne comprenne rien à ce/qui se dit de l'autre côté."(*Margeries*, p.282)

Cette image nourrit à son tour celle de la clef ou mieux, du "passe partout" comme l'indique l'ensemble dans lequel figure cette dernière citation, objet idéal qui permettrait d'accéder aux secrets entrevus. Cette image est moins fréquente que la précédente, et se charge plus volontiers d'une portée métatextuelle. C'est par elle, en effet, que l'enfant devenu octogénaire résume et explique la démultiplication des formes de son écriture et rend compte de sa volonté d'établir des équivalences avec la peinture et la musique. Car c'est là, en forçant l'entrée de ces inquiétants et superbes réservoirs d'"indistinct" qu'il a cru toucher du doigt un secret. Même s'il n'en est pas dupe, et reconnaît les limites inhérentes à son art :

> *"pour ces diverses expériences, je disposais comme tout un chacun d'un simple trousseau de clés, de clés dérobées à tous les arts. Puissé-je, comme*

1- *Obscurité du Jour,* p. 7-8.

un voleur, après m'être enfui dans "l'autre monde", être gratifié d'un
passe partout, capable d'ouvrir toutes les portes!"
(Margeries, *p. 255, v. aussi p.207 et 209*).

Parmi les souvenirs d'enfance "condensés" par l'écriture poétique en
un fabuleux agglutinement de sens, il faut compter enfin l'image du "fleuve
caché", par laquelle les lieux et les souvenirs du Jura natal et les capricieux
soubresauts de la Valserine, affluent du Rhône, irradient de manière dissi-
mulée dans l'oeuvre.

La destinée de cette formule à travers les fluctuations de l'oeuvre est en
elle-même exemplaire des va-et-vient, des jeux de non-dit et des tours de
passe-passe accumulés d'un livre à un autre, voire d'une édition à l'autre.
Titre tout d'abord d'un poème, cette expression est d'abord choisie pour
intituler le tout premier recueil, en 1933. On la retrouve en 1939, en titre
d'une sous-partie d'*Accents*. Puis elle disparaît jusqu'en 1966, où elle resur-
git pour nommer une compilation au format de poche, dont le texte éponyme est d'ailleurs soigneusement écarté. Elle reparaît à moitié ensuite,
comme titre d'un texte en prose significativement rejeté à la dernière page
du volume *La Part de l'Ombre*, mais dont un extrait sert toutefois d'exergue
au volume précédent. Quant au texte originel, il a totalement disparu entre
temps, et n'a semble-t-il, plus été reproduit depuis ... 1939 ![1]

Figure récurrente, oubliée, transformée, traverstie, camouflée, lieu
d'un syncrétisme parfait entre le dire et l'objet nommé, "le fleuve caché"
tardivin possède toutes les caractéristiques de l'image emblématique, dans
les formes et les variations de laquelle se laissent déchiffrer quelques données majeures de l'oeuvre, croyances incertaines ou au contraire trop vive-
ment ressenties, pour leur justesse ou leur douloureuse exactitude.
La figure résumerait l'oeuvre, dans son propos comme dans sa forme,
et confinerait alors à l'auto- citation parfaite, au commentaire définitif éten-
dant sa portée jusque dans la justification de l'existence du poète :

"Toute ma vie est marquée par l'image de ces fleuves, cachés ou perdus au
pied des montagnes. Comme eux, l'aspect des choses plonge et se joue entre
la présence et l'absence. Tout ce que je touche a sa moitié de pierre et sa
moitié d'écume".

1- On le trouvera reproduit en annexe, à la fin du présent ouvrage.

"Emergences, résurgences" titrait quant à lui Michaux dont l'esprit - la propre inquiétude- n'est pas si lointaine. "Face à tout ce qui se dérobe" naissent des interrogations. Une nature qui montre et aussitôt camoufle, donne, reprend et donne encore, par surprise, un peu plus loin... cette nature est à l'image d'un monde où rien n'est jamais simple ou univoque. C'est pourquoi l'image contient plus que la seule réminiscence des curiosités topographiques qui étonnèrent l'enfant. C'est aussi, confiera-t-il[1] "un symbole, car j'y ai vu plus tard (...) l'image d'un monde où il y a quelque chose qui est caché derrière le visible, mais qui est ce qu'il y a de plus présent, de plus important". C'est que les jeux d'illusion, de faux-semblant, de travestissement (ou métamorphoses) auxquels nous invitent ces dernières citations nous introduisent à une thématique dominante, présente dans l'oeuvre depuis...le tout premier texte publié, à l'âge de 15 ans, dans la revue des lycéens de Condorcet.

"L'insaisissable"[2] développe, en un bref récit, la tentative faite par un amant délaissé pour retrouver la femme de sa vie en regroupant dans un même lieu toutes celles en qui il retrouve un détail lui ressemblant. Il espère ainsi suppléer l'absence de l'aimée par sa recomposition à travers l'éclatement de toutes les formes qui l'évoquent. Mais de ce puzzle cruel, seule ressort intacte l'idée même de l'absence, malgré la présence de tout ce qui est censé la combler.

A l'autre extrêmité de l'oeuvre,dans un texte de 1991 sur Max Ernst, affleure encore l'image de la présence éclatée où indistincte, qui prend dès lors l'allure d'un véritable fil tendu entre les deux pôles de l'univers poétique, qui le soutien et l'ordonne dans sa totalité:

> *Quand nous étions enfants, nous avions tous feuilleté, dans les magazines illustrés conçus pour nos jeux, ces images surprises où, à travers les lignes représentant une banale anecdote, nous étions invités à découvrir, à force d'attention et de patience, un personnage imprévu, soudain reconnaissable et, comme en filigrane, qui pouvait être une petite fille au sourire niais, mais aussi bien un monstre grimaçant.*
> *Ce tremblement d'une double vision, c'est bien cela que nous avons cherché pendant tout le reste de notre existence: cette figure inconnue, cette*

1- Entretien avec J.M.Le Sidaner, in *Jean Tardieu, un poète*, p.12. De cette même image, M.L. Goffin n'hésite pas à dire qu'elle figure "le lien fondamental" entre tous les aspects apparemment éclatés de l'oeuvre. (c'est le titre de son article pour *L'Herne*, p. 168.

2 - Repris in *Margeries*, p.73.

signification - miracle (la seule vraie) qui est cachée dans les apparences
familières de ce monde;
(in Catalogue de l'exposition Max Ernst, *Centre G. Pompidou, Paris 1992)*

Nom

Qu'il soit tapi dans l'obscurité, dissimulé par une porte, caché sous le sol ou parmi les traits d'une gravure enfantine, un absent est toujours là qui signale sa présence, que l'on redoute, dont on sent le regard et dont on cherche les traits.

A l'instar du "voleur", présent dès 1952 dans une prose[1] qui donnera ensuite matière à la pièce *Le rite du premier soir*, on sent sa présence dans l'ombre mais on ne doit surtout pas le surprendre.

Une autre prose du même recueil reprend plus ou moins nettement le mythe de l'enfant sauvage, élevé dans la réclusion absolue, et concentre l'attention sur toutes les présences invisibles dont est entouré le narrateur : celle qui le nourrit, celle qui dispose des livres ouverts pour qu'il y apprenne l'alphabet, celle dont il tombe amoureux : "je vis(...) un sillage(...) Je ne sais pourquoi je le suivis, le coeur battant. Je m'imaginai aussitôt qu'une jeune fille marchait devant moi, que son pas et sa robe invisibles s'ouvraient un passage entre les tiges froissées, mais que, pour quelque raison secrète, elle ne voulait pas que son corps m'apparut"[2]…

Une pièce plus tardive, *Les oreilles de Midas*, porte même en sous-titre " comédie de la présence absente". Trop explicite peut-être, l'expression, proposée dans l'édition originale, disparaîtra dans l'édition "folio".

Toute réalité est soumise au regard d'un "témoin invisible" (titre d'un recueil et du poème sur lequel il s'ouvre) qui scrute, contrôle et menace, depuis son indistincte obscurité, sans qu'on puisse mieux faire que de le deviner :

> *un être toujours là toujours absent s'efforce en vain*
> *d'apparaître et rageur en deçà, ne se tait que pour mieux*
> *affirmer sa présence...*
> *Inconnu pressenti, l'ennemi multiple par les feuilles*
> *frémit...*

1- "La première personne du singulier", in *La Part de l'Ombre*, p. 11.

2 - *La Part de l'Ombre*, p. 101-102.

et l'on sent bien que se joue ici toute la théologie tardivine, bloquée et comme marquée d'un suprême interdit : celui du nom de Dieu, que l'auteur ne peut consentir à écrire (sinon par le détour d'une métonymie burlesque: "le barbu"..) car c'est le sien propre, et qu'il en serait dépossédé. Le poème s'achève en effet sur l'aveu de cette crainte:

> *Je tremble de céder mon nom à cette foule (...)*
> *et d'oublier la clé de la coutume d'être,*
> *sans avoir jamais pu Lui-même le nommer.*

La présence de la majuscule suffit à lever les derniers doutes sur l'identité de cet "ennemi sans visage et sans nom", et à nous autoriser le douteux calembour dans lequel cette ardente angoisse se conjugue avec le nom du poète : t'ard Dieu.

Si bien que la croyance parfois réclamée, ne peut jamais être satisfaite :

> *O dieux, ô puissances inconnues et malfaisantes*
> *reconnaissables seulement par vos effets, par l'écho de*
> *votre voix, par le reflet de vos regards embrasés,*
> *comme je vous aurais aimé si vous aviez daigné m'apparaître"*
> (Tonnerre sans orage, *in* Théâtre, *II, p. 214*)

et laisse le sujet face à ses interrogations, dans un monde silencieux:

> *Toi*
> *que j'appelle en vain*
> *au combat de la parole*
> *à travers d'innombrables murmures*
> *je tends l'oreille*
> *et ne distingue rien*   (L'accent grave et l'accent aigu, *p. 65*)

Mais c'est aussi ce qui charge d'un surcroît de sens l'entreprise poétique, puisqu'elle vise, en se substituant à toutes les explications préconçues de l'univers, à le faire parler :

> *"pour moi , ayant renoncé à toute quête d'une transcendance quelconque,*
> *cherchant ce qui est autre dans ce qui semble le même et l'inconnu dans le*
> *plus proche, il ne s'agit que d'une seule idée fixe : coller mon oreille à la*

terre, non pas pour la connaître, mais pour imiter le roulement lointain des
choses"
*(*Obscurité du jour..*p. 112)*

Du fait de ce décalage apparu au sein de la réalité, qu'il s'agisse
d'objets, de lieux ou de personnes, la notion d' existence vacille.

Dans ces *Histoires obscures*, issues justement des "visions du sommeil", il est question par exemple, d'un nuage "pas plus haut qu'un homme"
qui s'avance sur la route, qu'on laisse passer et qui guide un troupeau, et
d'un autre "qui parle en rêvant". Dans le même texte[1] "un roseau s'admire
dans le miroir d'un étang". Ailleurs, le caillou "peine il gémit il s'efforce
d'être un jour ce qu'il rêve"[2]. Humour en plus, le même "animisme" parcourt quelques-uns des "Petits problèmes et travaux pratiques de Froeppel" :

> *"Si, dans la rue, un réverbère s'approche de vous et vous demande du feu,*
> *comment vous y prenez vous pour ne pas paraître décontenancé?".*

ou bien, à l'inverse, par des "métamorphoses" soudaines, les existences
se trouvent subitement abolies:

> *"j'embrasse ma femme*
> *c'est un oreiller*
> *je caresse un chat*
> *c'est un arrosoir"* *("* Métamorphoses*" in* Le Fleuve Caché, *p.145)*

Anthropomorphe mais statique, la figure silencieuse et patiente de
l'épouvantail trouve à deux reprises au moins[3] parole et mouvement. Ces
"songes de l'inanimé" sont autant de signes par où se révèle l'autre pan de
la réalité, que la parole poétique se donne pour tâche de faire entendre.

Face à ces objets qui s'éveillent à la conscience, l'identité des hommes
apparaît beaucoup moins assurée. A leur tour ils oscillent, mais cette fois
entre l'existence et la dissolution.
Si la possession du langage, on vient de le voir, n'est pas leur apanage,

---

1- "Nature", in *Histoires Obscures*, p.31.

2 - "Les songes de l'inanimé" in *Comme ceci comme cela*.

3- "Est-ce une bête", in *Histoires obscures* et "L'épouvantail" in *Théâtre*, IV.

ils ne peuvent pas davantage fonder leur être sur une quelconque position sociale. Ils ne "comptent" pas vraiment, à l'image de ce "figurant" qu'on voit souvent revenir dans les proses, du "charmant petit ménage" ou du "client" des pièces de théâtre, créatures à tel point insipides et transparentes que leur identité se confond avec leur statut ou mieux, avec leur "rôle".

A écouter parler le "Fils de rien"[1], être un Homme c'est simplement par "un heureux concours de circonstances", s'être extirpé d'un " Là bas" sans formes et bouillonnant, et posséder " un nom inscrit sur un registre d'état civil, un livret de famille et une carte d'identité".

Qu'il n'ait rien d'autre qu'une "identité" dépecée de toute consistance, ou bien qu'il croule, au contraire, sous des " existences" seulement conférées par des biens imaginaires[2], l'Homme est réduit à des étiquettes, et ses certitudes limitées à quelques vagues griffonnages.

Visages

En même temps que le réel se dédouble, s'amplifie et confère une certaine humanité aux choses, la réalité de l'Homme en fait les frais, et disparaissent en même temps tous ses caractères discrets et originaux : "les anges de l'irréel nous guettent, les anges du néant." (*Pages d'écriture*, p.26)

Inconfortablement installé entre "pierre" et "écume", le sentiment de l'existence apparaît ainsi fragilisé. De même que son reflet dans la glace ne révèle pas le moi mais l'Autre qui s'y cache et en adopte les traits, "l'Autre /qui règne et se tait dans ses profondeurs". (*Le Fleuve Caché*, p. 44), le poète est celui qui se sentant déchiré, partagé entre deux tendances contradictoires , fait sienne l'affirmation rimbaldienne : "Je est un autre", et y voit la nécessaire condition d'une vision poétique de l'univers:

> *"Tout poète, lorsqu'il se sent poussé à écrire par quelque nécessité intérieure, se dédouble instantanément. De ce dédoublement naissent deux personnes différentes, antagonistes mais complémentaires, deux êtres séparés dont l'un réfléchit, parle, écrit au nom de l'autre. "*
> (Pages d'Ecriture, *p. 63)*

1- In *La Part de l'Ombre*, p. 114 sq.

2- Par exemple "les cent cinquante deux existences dont je suis le maître grâce à ces maisons", "Madrépores ou l'architecte imaginaire" in *Le Fleuve Caché*, p.123.

Loin d'être un élément d'apaisement, ce dédoublement est au contraire la porte ouverte à une perception distendue de la temporalité, marquée d'épouvante :

> *"chacun de nous est habité, quelquefois, par une sorte de démon qui est son double, mais un double sinistre qui (...) vient du fond des âges, qui représente l'ancienneté de la destinée humaine qui subsiste en chacun de nous".* (Causeries..., p. 65).

La prégnance de ce "Je duel"[1] nourrit abondamment l'oeuvre , dans laquelle "l'étonnement d'être au monde" provoque à maintes reprises le soliloque d'une identité dédoublée.

On pense à "Monsieur monsieur", bien sûr , ou à "Monsieur Moi", c'en sont les versions les mieux connues. Mais combien d'autres textes en sont marqués? : Certains l' abordent de front, et le prennent pour titre: "Ubiquité","mon double", "le soi-même de chacun"[2]. D'autres, plus nombreux le suggèrent et le contiennent sous la forme d'un interrogation de soi à soi : "Conversation", "L'homme qui n'y comprend rien", "Quel est cet homme?", "Rencontre"[3], où l'autre est ici encore un reflet de moi-même , venu d'un autre temps....

De fait, si comme le note G.E. Clancier[4] "Double, tout est double" dans l'oeuvre de Tardieu, c'est bien le moins qu'on en retrouve le signe dans l'image qu'il donne de sa propre identité.

On aurait peu de peine à considérer la " première personne du singulier" comme sa catégorie grammaticale fétiche. Non content de l'afficher sur la page de couverture d'un recueil, cette évidence est rappelée dans presque tous les textes. Car cet homme discret, cet auteur pudique, qui nous a fait patienter si longtemps avant de livrer des confidences autobiographiques, a pourtant construit son oeuvre autour des méandres de sa propre personnalité.

De tous les mots de la langue, " je" est sans doute celui qui revient le plus fréquemment en incipit des poèmes. Il est utilisé sans cesse, martelé,

---

1- L'expression est de Laure Molin in *Lire Tardieu*, p. 61-73.

2- Tous dans *La Part de l'Ombre*.

3- Tous dans *Le Fleuve caché*.

4- *N.R.F.* n° 291, mars1977, p. 67.

ressassé, comme si la répétition du mot allait permettre de mieux saisir l'unité de l'idée, à l'instar de ce distique du *Témoin invisible* :

> *Je suis changeant sous les fixes étoiles*
> *mais sous les jours multiples je suis un*

il est multiplié dans la litanie sans fin des négations, dont il constitue le seul point fixe ;

> *J'irai je n'irai pas j'irai je n'irai pas*
> (L'Accent grave..*p.24*)

ou bien encore, redoublé par la forme pronominale, il délimite les contours d'une inguérissable obsession :

> *Je sortirai de moi même. Oui*
> *je partirai. Je porterai secours.*
> *Je me sacrifierai. (id. p. 49)*

mais à chaque fois, il souligne l'impuissance de n'être qu'un outil grammatical, et montre un sujet dépourvu de tous sens, hors celui du verbe qu'il régit.

Car - ces dernières citations suffisent à le montrer- Jean Tardieu perçoit sa propre personne comme une entité complexe ! Ce monsieur qui déclare à qui veut l'entendre ne pas s'aimer[1], ne pas pouvoir se dévoiler, fût-ce en parlant de soi[2], s'est de fait constitué au fil des livres une impressionnante collection de doubles. Leur catalogue, et l'on s'y retrouve, est d'ailleurs lui-même à double face : doubles burlesques ou doubles inquiets, les alter-egos de l'auteur sont aussi marqués que leur modèle par la fissure initiale.

On trouve d'abord la "famille" Froeppel, dans laquelle on comptera, outre le professeur de ce nom, ses apparitions plus ou moins feutrées dans d'autres oeuvres, et notamment dans le théâtre : le professeur F... de *Ce que*

1- "j'ai détesté ma personne, que je ne sais ni gouverner ni comprendre". *On vient chercher ...*, p.56.

2- "Celui qui croit parler de lui-même, aussitôt posé dans les choses, s'efface." *Pages d'Ecriture*, p.33.

parler veut dire; le "Johann Spätgott" présenté comme auteur de *Conversa-tion Sinfonietta* - où le passage par la langue étrangère constitue une mise à distance un peu plus qu'amusante- et, plus largement, le "présentateur" de nombreuses pièces, qui ne manque pas de faire intervenir sur scène une incarnation de l'auteur.

Et puis les double graves, affleurant parfois des textes pour servir de support à la rêverie sur l'identité. Citons d'abord ceux qui font face à un "interlocuteur", à un "brillant partenaire" qui, comme celui de *Monsieur Moi,* cherchent à le ridiculiser, le déstabiliser et lui faire perdre tout contrôle: "A", le poète d' *Une soirée en Provence,*"L'auteur" d'*Obscurité du jour,* etc...

Plus graves encore sont les doubles spécifiques auxquels un texte est parfois consacré, et par lesquels " je" cherche à se détacher de lui, à le nom-mer et le décrire, pour mieux dénoncer et désamorcer cet être "qui n'a d'autres préoccupation dans la vie que de me nuire" (*La Part de l'Ombre,* p.120).

En suivant toutes ces figures de l'autre moi-même, on ne peut s'empê-cher de comparer l'écriture à une tentative pour retrouver, quelque part, un personnage caché, embusqué dans les fourrés du réel, à l'image encore de ce jeu dont il est ailleurs question "qu'on trouvait dans les journaux d'enfants. On voit un paysage dont la légende est: Cherchez, il y a un per-sonnage dessiné par les linéaments"[1].

Jacques Réda[2], bon expert des paysages tardivins, a cru identifier ce personnage: celui qui manque entre les pages, serait "L'enfant resté au bord de la route"[3], à qui ne s'était pas encore imposée l'évidence de "l'Autre côté des choses", de la duplicité du monde, et qui n'avait pour cela aucune han-tise, ni aucun ennemi à combattre. A l'appui de cette thèse, un aveu déchi-rant de nostalgie :

> " *Comme je voudrais retourner vers l'enfant ! Il savait tout d'avance, - et c'est pour cela qu'il pleurait.*"

1- Entretien, in *Libération* du 14/3/84.
2- In *Europe*, n° spécial Tardieu.
3- Celui-ci apparaît dans *La première personne du singulier*, p. 119.

Voix

Le moi incertain du poète, et cette image n'a fait que se préciser avec l'âge, s'est perdu dans le cours du temps, au fil d'une vie marquée d'inter-rogations auxquelles ne répondait nulle voix, d'une vie effrayée par le mutisme du monde.

> *" J'ai l'impression d'avoir tourné en rond toute ma vie, de sorte que je ne sais pas du tout si je suis un enfant ou un vieillard. Ou un enfant qui parle déjà de sa vieillesse, ou un vieillard qui parle encore de son enfance. "*
> (Causeries, *p. 120)*

Perception cyclique ou contractée du temps dans laquelle, en l'absence de certitudes, tous les repères se sont effondrés. Seule, aux deux extrémités de ce temps, subsiste la mince croyance en un possible apaisement et en l'abolition des doubles et des contraires .

Du temps d'avant la naissance, de cette époque où, n'ayant pas encore de nom, il n'y avait pas de place pour la peur de le perdre; où n'ayant pas de parents, il ne ressentait encore aucune "jalousie" à l'endroit de leurs arts, apparaissent, en quelques détours de l'oeuvre, ces "souvenirs mnésiques" identifiés par Anne Clancier[1] à "une nostalgie de l'immensité, souvent représentée par l'océan, symbole de délivrance, de liberté, tantôt une angoisse devant cette même immensité."

Tardieu y fait directement allusion, parlant de ce " secret qui se dérobe(...) ce que peut-être j'ai su dans un autre temps, sous une autre enve-loppe et que je recherche sans relâche et que j'ai oublié" ("Mon théâtre secret" in *L'accent grave,* p.164).

A une autre occasion, il le développe avec plus de précision . Il y situe même le moment de totale harmonie avec le monde, dont la découverte et le récit doivent être le but de l'existence à venir. La nécessité de dire, et donc la vocation de poète, est ici perçue comme l'émanation d'une expé-rience de "l'en deça" de l'existence:

> *"je compris le devoir douloureux et sacré de communiquer avec mes sem-blables et que ce devoir entrait en conflit avec l'unité de communion que j'avais connue jusqu'alors, et que je n'aurais de joie et de répit qu'autant*

1-"L'écriture de l'abîme" *in Europe,* p.101-106.

que je pourrais traduire en paroles pour les autres ce qui s'était passé entre
le monde et moi dans le silence d'une signification antérieure et parfaite."

Evacuant toute l'importance de l'éducation et l'influence parentale
dans la naissance du besoin d'écrire (le titre du texte est "Mémoires d'un
orphelin"), celui-ci est alors montré dans tout ce qu'il contient d'authentique et d'inné, il est indissolublement lié à la "décision de vivre", et la
recherche d'une "signification parfaite" est une fois pour toutes posée comme son objectif .

Quant à la pensée de la mort , définissant le lieu d'un "l'au-delà" de
l'existence, elle se laisse apprivoiser elle aussi sans angoisse, comme une
délivrance, une accession aux certitudes recherchées.
Plutôt que d'en défendre une conception chrétienne, Tardieu fait siens
"certains aspects des religions de l'Inde. C'est la vision d'un univers où le
cycle sanguinaire de la vie et de la mort fait obstacle à la recherche du vrai,
d'une vérité pressentie et transcendante où, par delà toute raison et toute
déraison, l'être et le non-être se tendent la main. Franchir ce cycle serait le
seul recours, la seule issue vers "la région où vivre "dont parle Mallarmé."[1]

Alors une autre clef de cette dualité serait à trouver encore du côté de
ces philosophies orientales vers lesquelles Tardieu se tourne lorsqu'il
cherche chez d'autres des répondants à ses propres obsessions. A travers
l'idée, notamment, d'un temps élastique, aux imprévisibles rebonds, permettant à l'occasion quelques "contacts" avec les morts.
Ce qui le rend imaginable , c'est par exemple un dialogue avec l'outre-
tombe, par l'entremise d'une" table tournante"[2] , et la fusion de son enfance
avec celle de sa mère, dans cet édénique jardin d'Orliénas qui situe aussi
bien le passé idéalisé que le proche et inéluctable "avenir".

Ou encore cette curieuse fascination (identification ?) pour un poète du
dix-septième siècle, Etienne Durand, dont le souvenir le poursuit depuis
plusieurs décennies sans qu'il ait jusqu'ici réussi à lui "régler son compte",
dans la longue pièce de théâtre où il envisage, en y mêlant des souvenirs
personnels, de raconter son destin.
En attendant, une seule mention en est faite dans l'oeuvre, ce bref
article de *Pages d'écriture* où est tiré de l'oubli l'auteur des "Méditations"

1- "L'ascenseur", in *On vient chercher..*, p. 25.
2- Ibid, p.35-37.

et des "Stances à l'Inconstance", découvertes et admirées dans une édition critique du début du siècle.

En ce génie précoce, ami des peintres, poète attaché aux jeux prosodiques, Tardieu a de quoi reconnaître quelques traits familiers. Mais parmi les raisons de cette attirance, on en relèvera d'autres, nettement plus étonnantes : mort sur la roue à vingt-huit ans pour avoir conspiré contre Louis XIII, Durand était capable de prendre un parti et de s'y tenir jusqu'à la mort. Séducteur, amant clandestin, la légende lui attribue même une tragique descendance, en faisant de lui le père d'une autre victime de Louis XIII : Cinq-Mars. Ambitieux fils de bourgeois, il risque sa vie afin de s'élever à une plus avantageuse position sociale et ne cache pas ses goûts du luxe; écrivain "engagé" enfin, il périt pour avoir écrit certain livre mal reçu.

Ce double là, qui provoque et fascine, le seul qui ait existé, a bien les allures d'un contraire, et sa recherche à travers l'épaisseur des siècles peut se comprendre comme un essai pour rejoindre l'"Autre" complémentaire, celui qui appelle et qui manque.

*

Traçant son chemin entre tous ces doubles, conversation avec l'Autre en soi-même, le texte adopte alors naturellement, et tous genres confondus, la forme si caractéristique du dialogue ou de la conversation.

A commencer par le théâtre, bien sûr, qui n'est souvent que dialogue, sans action dynamique ni décor, entre deux personnages antagonistes. Ce sont par exemple le "client" et ses trois interlocuteurs dan la "Trilogie" consacrée à ce personnage-type ; le client encore, et le docteur de "La consultation" censée restaurer la continuité défaillante entre le monde et le moi[1]. Ou bien les deux personnages d'"Une soirée en Provence", devisant à n'en plus finir sur la représentation poétique du monde, ou bien encore ceux de "La Galerie" à propos de sa représentation picturale. L'espace théâtral y prend l'aspect du champ de bataille intérieur où s'affrontent certitudes et objections, en un combat dont l'issue serait une hypothétique conviction de l'auteur et du spectateur, ou peut être du premier par le second.

1-"Oui, l'univers et moi, docteur, l'Univers et moi, cela ne va pas très bien". *La comédie de la comédie*, p. 92.

C'est encore la poésie, souvent formulée en un " Monologue à deux voix" (sous-titre de la " Nouvelle énigme pour Oedipe", entre" il" et "je", "tel" et "moi", "tout ceci" et " je" , " vous" et encore "je"[1]. Le dialogisme y sert à la fois, en alternance, les formes interrogatives et affirmatives, comme en un raisonnement à haute voix par lequel l'un cherchant l'ascendant sur l'autre, et celui - ci s'y dérobant, le texte n'était rien d'autre que l'exhibition de ce clivage. C'est, bien entendu, un moule formel privilégié qui ressurgit à travers quantité de titres, en particulier les plus célèbres, ceux qui nous invitent à considérer une fracture entre "Monsieur" et "monsieur", entre "Monsieur" et "Moi" ou, plus récemment, mais c'est encore la même, entre "Monsieur" et "Jean" .

Il n'est pas jusqu'au métatexte qui ne s'inscrive sous cette forme : le "dialogue entre l'auteur et un visiteur", déjà mentionné[2] où sont exposées quelques-uns des aspects essentiels du projet d'écriture, adopte ainsi cette dualité apparente et affecte l'allure d'une "maïeutique tardivine" par laquelle il lui est sans doute plus aisé de faire comprendre ses obsessions.

C'est aussi par là, en répondant à l'attitude normalisée et incrédule d'un interlocuteur anodin, que l'auteur parvient à affirmer l'originalité de son propos.

Par où qu'on la prenne, par quelque face que l'on choisisse d'aborder cette oeuvre aux formes si variées, c'est bien d'une même source que jaillit l'écriture, du même besoin de conjurer l'angoissante évidence d'une existence sans contours, d'une conscience sans certitude, plongées dans un monde sans voix.

L'écriture étant le seul moyen de lutter contre "l'envahissement des ténèbres" - qu'on se gardera bien de confondre avec la seule perspective de la disparition physique -, on ne peut s'étonner de la voir emprunter tous les aspects possibles, du théâtre au poème ou à l'essai, et tous les tons du "burlesque" au "lyrique".

La variété des formes y apparaît comme le meilleur moyen de répondre à une menace elle-même unique mais polymorphe .

1- Respectivement in *L'Accent grave et l'accent aigü*, p.113, et *Le Fleuve caché* pp.152,137, 126 et 120.

2- *On vient chercher,* p.108 sq.

Mieux, elle offre la possibilité de multiplier ses armes, et devient une "catégorie mentale" qui entretient, provoque et même encourage la production des textes :

> " *En ce qui me concerne, c'est dans cette liberté que j'ai puisé mes contraintes.* " (*préface à* La comédie du langage, *p.V*)

Chapitre trois

Au défi des mots

Depuis l'angoissant silence du monde, tôt perçu comme la question qui conditionnait toutes les autres, jusqu'au besoin d'écrire pour le faire reculer, et pour en exprimer le contenu, l'énigme du langage prend tour à tour un aspect passif et actif, extérieur et intérieur, et comme englobant le sujet dans une dialectique de type "question-réponse" qui ne lui laisse guère d'autre alternative qu'une permanente vigilance aux signes que lui envoie le réel. La nécessité d'écrire est directement issue de ce contact avec le "murmure incessant des choses au sein d'elles-mêmes", idée fortement récurrente sous ses diverses formulations, mais dont on trouve une explication détaillée dans l'avant-propos de cette "somme poétique" que constitue *Margeries*, recueil anthologique de toute une vie d'écriture, placée rétrospectivement sous cet unique éclairage:

> *Une voix secrète, que j'ai entendue très tôt et qui m'a parlé toute ma vie, m'ordonnait avec une autorité douce mais sans réplique, de chercher, sinon à comprendre, du moins à "traduire" la langue inconnue que cet univers confondant semble nous faire entendre sans nous en donner la clé.*
> (Margeries, *p. 8*)

Si l'écriture est une quête, son objet est donc clairement défini. Et l'image de la clé ici employée donne prise à toutes celles qui, de la "grille" (présente, entre autres, dans le titre de l'une des toutes premières proses) au "coffre aux cauchemars" (partie de *Margeries*) jalonnent comme on le sait cette vie d'écriture et en figurent les principales obsessions.

On comprend avec cet aveu que l'attention aux choses du monde prenne la forme inéluctable d'une "lecture du réel" qui ne s'arrête pas aux seuls énoncés explicites. Parce que tout objet est signe, l'appréhender consiste à le déchiffrer, usant pour cela du seul moyen dont dispose le poète: son langage. Et la méthode consiste alors à traquer la présence de ce langage au sein du réel, sous toutes les formes possibles[1].

Le procès des mots

Cet impératif justifie à lui seul la fascination pour toutes les formes linguistiques , qu'elles soient ou non déchiffrables:

> *Idiographique(sic) ou phonétique, hiéroglyphique ou alphabétique, comme il est fascinant, le pouvoir qu'exerce, sur nous , tout écrit, même si nous ne le comprenons pas.*   (Obscurité du jour, *p. 65*)

Et qu'elles soit écrite ou bien orale, messages considérés en dépit de leur sens pour leur seule ressemblance phonique avec des énoncés linguistiques, la même curiosité s'avive, à l'égard de ce qu'il faut bien appeler la "matière verbale". Et l'on songe encore au garçonnet isolé dans sa chambre, à l'écoute des propos de ses parents, tels qu'ils lui arrivent déformés par l'intermédiaire du tube acoustique .

Lorsqu'il se met à écrire, à lui-même utiliser ces mots, le sujet captivé répercute son admiration en faisant du langage-objet un personnage ou une entité concrète. Et le métalangage (qui consiste à parler des mots) se fait "autonymie" (parler du mot "mot").

1- Une autre confidence nous apprend que la curiosité pour les phénomènes linguistiques aurait également pu être à l'origine d'une toute autre carrière. Lorsqu'il lui propose, en 1975, de faire connaissance avec un linguiste de ses amis, Jacques Heurgon se voit en effet répliquer, avec la modestie et l'auto-dévalorisation coutumières:

" J'ai vraiment honte, devant lui et toi, des facilités puériles de mon Froeppel- lequel n'est autre chose, peut-être, pour moi, que l'expression d'un regret, d'une impuissance irrémédiable car, de toutes les sciences dont je vois briller les lumières éclatantes bien au-dessus de ma tête, c'est justement la linguistique qui m'aurait le plus passionné si j'avais eu les moyens intellectuels de la cultiver! C'est ainsi qu'on se venge bassement de ses impossibilités."

Les mots sont présentés comme des substances solides dans un poème de jeunesse inédit[1] qui commence ainsi : "conduisant trois mots le long d'une pensée, un vieillard un jour s'égara..." ou dans "Le mot et la chose" (le titre n'est pas innocent): "J'imagine quelque chose qui commencerait par une phrase et finirait par une corde" (*La Part de l'Ombre*, p. 203)

Mais être séduit ainsi par les caractères, par l'écriture vue sous son aspect physique, graphique ou sonore, c'est nier qu'elle soit un système de signification. Ou c'est, du moins, ne pas le considérer comme une évidence, mais comme une découverte, consécutive à cette fascination :

> *Je trouvai d'abord sur la table des alphabets ouverts. Je mis longtemps à*
> *deviner le sens de ces étranges signes. Un jour, la clarté se fit dans mon*
> *esprit : le sens, le son, la lettre se rejoignirent.*
> (La Première personne du singulier, *p. 16*)

Une telle sensibilité aux choses du langage (sans doute aussi le besoin de dire et d'être compris) lui fait également constater le nombre et l'ampleur des défauts des mots. C'est que le mot n'est pas un outil, mais une gêne, dont il faut, malgré tout, et en l'absence d'autres outils plus parfaits, tâcher de s'accommoder :

> *J'écarte en vain cette irritante mouche*
> *des mots, ce grain qui grêle dans la bouche(...)*
> *le choc inégal des syllabes, frein*
> *collé aux pas innocents du matin*   (Le Témoin Invisible, *p.60*)

Où réside la tromperie ? Quelles erreurs les mots nous font-ils commettre ? Que piègent-ils ? Que déforment-ils ?Le procès du langage s'instruit à plusieurs titres.

Les mots ne sont pas, dans le langage ordinaire, assez consistants, assez solides, assez forts pour pouvoir assumer la tâche qu'on leur confie :

> *Quant aux mots de notre langue, ils me parvenaient éclatants et sonores,*
> *mais souvent vidés de toute signification et toujours prêts (même les plus*

1- Cité in *Obscurité du jour*, p. 51.

simples) à exprimer autre chose que l'usage : poreux et disponibles, ils
étaient faits pour être traversés...
(Les Portes de Toile, *p.10)*

De là vient, puisqu'on est habitué à leur faire confiance, qu'ils peuvent
dire autre chose que ce que l'on désirait, se dressant alors en obstacles véritables à la communication, prêts qu'ils sont à magnifier à leur gré un message, à "faire prendre un murmure pour une pensée". (*Pages d'écriture*,
p.32)

C'est dire si , par leurs caractéristiques propres, ils influent sur le
contenu du message. Ils "déteignent" sans qu'il soit possible de les en
empêcher. La "modification des choses par la parole", à laquelle F. Ponge
consacre un texte (cf. *Proêmes,* coll. Poésie/Gallimard, p. 122) justifie, ici
aussi, la défiance.

Autre objection, familière aux linguistes : le champ lexical, l'ensemble
des mots, le dictionnaire, ne couvrent pas un champ aussi étendu que la réalité. Pour le poète, usant de l'effet grossissant de l'humour, c'est autant une
invitation à déborder les limites de la langue qu'un défi à la raison lorsqu'il
lance :

> *Trouvez un seul verbe pour signifier l'acte qui consiste à boire un verre de*
> *vin blanc avec un camarade bourguignon, au café des Deux-Magots, vers*
> *six heures, un jour de pluie, en parlant de la non-signification du monde,*
> *sachant que vous venez de rencontrer votre ancien professeur de chimie et*
> *qu'à côté de vous une jeune   femme dit à sa voisine : " je lui en ai fait voir*
> *de toutes les couleurs, tu sais !".* (Un mot pour un autre, *p.125)*

Enfin, et surtout, l'unité et la validité du mot reposent sur une convention à laquelle le poète se sent très largement réfractaire. L'arbitraire du
signe, loin de lui paraître une nécessaire concession aux lois de la communication, lui semble à l'origine de la méprise, de l'antagonisme irréductible
entre soi et le monde.

> *Si ce monde était cohérent*
> *je ne pourrais pas dire : il pleut*
> *sans qu'aussitôt l'averse tombe*
> *("Le traquenard"in* Monsieur monsieur)

Dès lors, et ce procès une fois mené, l'entreprise d'écriture trouve naturellement sa voie, qui doit la mener par tous les moyens disponibles à un redressement de ces apories. A Ponge qui se donne pour conduite de "relever le défi de choses au langage" dans un creusement systématique de l'écart entre le mot et la chose ("L'oeillet", in *La Rage de l'Expression*), Tardieu répond par une démarche à l'intérieur même du langage et de ses formes figées, dans et par les outils de la parole. Et puisque les mots en sont les unités minimales les plus communément admises, et donc les plus "coupables", la tâche la plus urgente consiste à les disséquer et les transformer afin de leur faire rendre gorge.

Le poète dispose alors de toute une panoplie de procédés d'altération lexicale, qui lui offrent dans un travail de la matière verbale une chance d'aboutir à cette correction souhaitée des mots.

L'invention peut aller, plus ou moins volontairement, jusqu'à produire des entités para-lexicales, sortes de "mots à côté des mots" (de paragrammes) ou de semblants de mots, issus d'un modèle existant. Mais le nouveau signifiant désigne alors, explicitement, la même chose que l'ancien; ce n'est, à tout prendre, qu'une déclinaison du nom, qui ne touche pas à sa signification.

En d'autres occasions, la modification du signifiant s'accompagne d'un glissement du signifié, et l'opération met à jour une parenté secrète des paronymes.

Dans "les dernières notes du journal intime", le paragramme devient ainsi "'hypogramme" (mot caché sous les mots) sous une forme accidentelle : la faute de frappe. Mais bien vite, l'accident devient procédé. Et les réactions du personnage à cette découverte confirment qu'il est le masque du poète, du travailleur des mots :

> *Si, racontant un voyage en bateau, j'acris (sic) : "La mère" était houleuse, il est bien évident que mon inconscient entend comparer la tempête sur l'océan à l'agitation d'une mère en proie aux douleurs de l'enfantement. Si j'écris : "la moer" était "mouleuse", je veux, par cette belle allitération, évoquer à la fois le vol des mouettes et les rochers couverts de moules.*
> (Un Mot pour un Autre, *p. 23)*

Freud est ici parfaitement assimilé, récupéré, pourrait-on dire, par la littérature qui promeut le lapsus au rang de procédé d'écriture. Et de nous indiquer que toute exégèse est décryptage, et tout décryptage, révélation d'une signification inconsciente portée et reproduite par les mots. Ils sont plus que motivés, puisque chaque emploi qu'on en fait contient et renvoie à des connotations particulières.

Pourtant, et là encore la dérision nourrit la pertinence, cette découverte ne va pas sans une discrète réserve sur la "fécondité du procédé", laquelle s'annule au moment où elle s'annonce :

> *Allons, décidément, ne nous privons pas d'une telle source de poésie. A force d'être métriculeux, l'esprit risque de mourir d'onanition. (ibid. p. 24)*

Ainsi, dans *Monsieur Monsieur*, les altérations parcourent le recueil d'une manière systématique. Mais à la différence de l'énoncé oral et spontané, la poésie le dompte et en fait un usage calculé. Car si certaines fautes de frappe - celles notamment du texte de leur "découverte" - exhibent une faille sans la combler aussitôt d'une signification précise, un véritable "art poétique" en illustre et en annonce la portée. Et l'on pourrait en recenser les figures :

-l'epenthèse:

> *C'est-i l'bureau*
> *C'est-i la porte*
> *C'est-i l'parquet*   *p. 38*

-à laquelle répond directement la syncope

> *et v'là la terre*
> *et v'là la porte*
> *et v'là l'parquet*   *p. 38*

ou encore le fameux

> *adit rin... a fait rin...a pense à rin...a 'xiste pas*   *p.31*

-la métanalyse :

> *sous le premier empire*
> *y avait des habitants*
> *sous le second rempire*
> *y en avait tout autant*   *p. 99*

-et sa version chronique, le pataquès :

> *Le marchand le passant*
> *le parent le zenfant*
> *le méchant le zagent.*   *p.95*

Tous ces procédés d'altération lexicale s'inscrivent dans un même dessein, qui est l'une des dimensions dominantes du recueil : la reconstitution des déformations liées à l'oralité, et des parlers tels qu'ils sont affectés par l'âge ou la classe sociale. Le mot est marqué non par un jeu de l'énoncé, mais par les traces que lui laissent les circonstances de son énonciation. Au-delà du phonème, l'altération atteint le lexique, la syntaxe :

> *Les autos fait vou-hou*
> *le métro fait rraou*
> *et le nuage y passe*
> *et le soleil y dort*   *p. 95*

et des fondements de la grammaire, comme la conjugaison :

> *L'étoile qui tombit (...)*
> *La branche qui cassit (...)*
> *La dame qui passit (...)*   *p.112*

Pourtant, l'argument du recueil nous retient de ne voir là que fantaisies verbales, ou expériences amusantes : il situe ces "pantomimes" et ces "grimaces (...) au carrefour du Burlesque et du Lyrique", et les espère capables de produire des "tics nerveux, annonciateurs d'une gesticulation libératrice".

Vers une autre langue

Ces jeux de langage sont autant d'avancées, de points de repère sur un chemin qui aboutit peut-être aux limites de la poésie, mais qui, certainement, illustre l'une de ses facultés propres : la possibilité d'atteindre, dans la langue, la multiplicité *des* langues qu'elle recouvre.

Le pas franchi dans ces différentes pratiques de l'altération lexicale permet de deviner la multiplicité des mots qui se cachent derrière "l'écran-langage" (*Margeries*, p.60) ou encore la (les) véritable(s) langue(s) constituée(s) par "les mots en-deçà" (*Obscurité du jour*, p.49) .

En même temps qu'il donne à la poésie les moyens de les créer, il invite à les explorer en-deçà de leurs formes, dans leurs sources et leur évolution.

Dans leur identité même, c'est ce que propose "Un mot pour un autre". Dans cette courte pièce, comme on le sait, tout mot peut "prendre le sens" d'un autre mot sans pour cela nuire à la signification d'ensemble de l'énoncé. L'auteur ne se défend pas d'avoir voulu créer là une "vraie langue étrangère"(*Obscurité du jour,* p.53) au sein et avec les éléments mêmes de la langue française.

Certes, les trouvailles s'accommodent souvent d'une homophonie qui permet, sous le mot utilisé, de retrouver celui qu'il remplace :

C'est tronc !... Sourcil bien	<	*C'est tout ! Merci bien*
Eh bien ma quille !	<	*Eh bien ma fille*
Pourquoi serpez vous là ?	<	*Pourquoi restez-vous là?*
Madame, c'est pas trou	<	*Madame, c'est pas tout*
Salsifis !	<	*Ça suffit !*
je vous le plie et le replie	<	*Je vous le dis et le redis*
Laissez - moi saôule	<	*Laissez moi seule*
Je n'ai pas une minette à moi	<	*Je n'ai pas une minute à moi...*

Elles s'accommodent aussi bien d'une métaphore amusante, comme celle du "petit soutier d'en face" :

> *c'est le moins foreur du panier*   <   *c'est le moins cher du quartier*

ou encore de la reproduction d'un "doublet" aisément déchiffré :

> *la poterne vient d'élimer le fourrage*   <   *la concierge vient d'apporter le courrier*

Mais, ce faisant, on s'éloigne peu à peu de toute forme reconnaissable, de toute possibilité d'analogie avec le mot initialement chargé de sens. Et l'on en arrive très rapidement à reconstituer la logique du discours, indépendamment de la signification des mots employés.

Même hors du contexte, des extraits prennent sens. Que ce soient les récriminations de la domestique :

> *j'ai pas de gravats pour mes haridelles, plus de stuc pour mes bafouillis de ce soir, plus d'entregent pour friser les mouches*

ou les compliments à la visiteuse :

> *Chère, très chère peluche ! Depuis combien de trous, depuis combien de*
> *galets n'avais-je pas eu le mitron de vous sucrer !*
> (Le Professeur Froeppel, pp.51-54)

Quel sens exactement ? A la place de quels mots ? On pourrait les retrouver, il y en aurait plusieurs (ainsi, pour ce "sucrer" : voir, embrasser, serrer dans mes bras, etc...), mais, en fin de compte, relativement peu.

Car la syntaxe et les conditions de l'énonciation restreignent le nombre de possibilités, et suffisent à produire une signification satisfaisante, vraisemblable. Nul spectateur, quelles que soient ses références culturelles et l'étendue de son vocabulaire, ne s'y trompe.

Si le sens persiste après que les mots l'ont quitté, s'ils ne sont plus que des détails dans le processus de signification, c'est bien que le fonctionnement du langage indépendamment des mots est en lui-même générateur de sens. Que le lien arbitraire du signifiant au signifié est mobile, déplaçable, remplaçable. Et que le langage conventionnel n'est qu'une fragile et incomplète palissade placée devant l'immense et inquiétant empire des sens.

Le "récit mangé de rouille", dont Tardieu reprend le principe aux "Fanfreluches antidotées" de Rabelais en est ailleursune confirmation. Et il démontre aussi que les mots ne sont pas seuls à "dire" quelque chose. De la même manière, avec "Les mots inutiles", il démontrera quelques années plus tard que les mots peuvent n'ajouter aucun surcroît de signification à un dialogue, lorsque celui-ci se ramène à une profération brute et prisonnière des conventions linguistiques et sociales. C'est dire si "le sens se joue de nous: quand on le chasse par la porte, il revient par la fenêtre" (*Margeries*, p. 255), et l'alliance naturelle du mot à la chose en prend un sérieux coup. Car, avec ces procédés, la motivation des mots ne doit plus rien à l'étymologie, ni à l'histoire. Elle survit dans la langue, par des projections entièrement subjectives ou habituelles.

A rechercher la motivation dans la langue existante, à l'état où on la trouve chaque jour, et dont on sait qu'il est par essence arbitraire, on en vient à atteindre un but opposé à celui que l'on cherchait.

Depuis la polysémie jusqu'à la négation complète du lien mot / chose, la recherche d'un "autre sens des mots" bute sur la mobilité du rapport signifiant / signifié. Le "vieux mot", à force d'être séparé de son sens usuel, finit par perdre tout sens et par mettre à nu un langage qui fonctionne, à la manière d'une autre pièce, "Finissez vos phrases", sur des structures d'autant plus vides qu'elles ne doivent plus rien à l'arbitraire. Confirmation, s'il en fallait une, qu'on ne refait pas la langue à partir de ses unités existantes, et que le poète est mis au défi d'en créer de nouvelles.

Au dernier stade d'indépendance vis-à vis des formes existantes, la "langue-moi" du Professeur Froeppel ne possède plus ni lexique ni syntaxe reconnaissables :

> *Supprimons les derniers risques d'erreur. Construisons la LANGUE MOI !*
> *La seule qui soit universelle ! la seule qui ne serve pas à déguiser la pensée,*
> *la seule qui soit pure effusion, dialogue direct et immémorial entre le sujet*
> *et l'objet, entre la créature et Dieu!...Dès demain, je ferai mon cours en*
> *Langue MOI. Je débuterai ainsi :*

> *Progak, némjé,*

> *Stréphou, loès grévorax n'alou, fannfaru géomadill : sèv, mèv, ramèv, eï*
> *ravarbek silli. Guénestep ? Fréguéver amdi sia sahapp ohé pénanndou...*
> (Un mot pour un autre, *p. 25*)

La question de la "littérarité" de cet extrait ne se pose pas, puisqu'au contraire il rejoint un topos de la littérature, pas nécessairement "fantaisiste" (puisque Rabelais, Molière ou Swift y appartiennent), mais "illettrée", pour reprendre le terme que propose la revue *Bizarre*[1]. En revanche, il est moins évident d'y voir l'aboutissement d'une démarche poétique. Pour Breton et Eluard qui se livrent à un exercice tout à fait comparable dans leur "Essai de simulation de la démence précoce", c'était une expérience dont l'enjeu théorique dépasse le peu de lignes sur lequel elle s'étend, puisque

> *à nos yeux, "l'essai de simulation" de maladies qu'on enferme remplace-*
> *rait avantageusement la ballade, le sonnet, l'épopée, le poème sans queue*
> *ni tête et autres genres caducs*[2]

1-*Bizarre* n° 32-33 " La littérature illettrée"-1° Trimestre 1964.

2- Paul Eluard, *Oeuvres Complètes*, t. 1 Gallimard, coll. la Pléiade, p. 332.

Mais pour lui assurer véritablement cette postérité, sans doute faudrait-il donner à ce produit les moyens d'une langue, un fonctionnement, une structure, des règles. Car si son existence est la preuve qu'un énoncé peut se passer de grammaire, c'est du même coup la démonstration qu'il en revient à n'être qu'un assemblage de lettres sur du papier.

De la grammaire, il ne subsiste que la ponctuation. Celle-ci, bien entendu, est un élément de décryptage. Mais il ne porte que sur les phénomènes dits "supra-segmentaux" du langage. Son code est extrêmement restreint. Sans grammaire, la langue se prive de toute possibilité de développement, en même temps qu'elle se prive de tout moyen d'économie : il faut un mot différent pour chacune des choses à dire. Cette utopie de la "précision" suprême, ultime évacuation du "risque d'erreurs", des homonymes, synonymes et autres paronymes, est la garantie d'une langue inefficace. A la manière de la carte géographique imaginée par Borgès, si précise qu'elle recouvre tout le territoire, la langue qui veut recouvrir exactement la pensée ne parvient qu'à l'étouffer. Et des mots, il ne reste que l'unité conférée à un groupe de lettres par le blanc qui l'isole des autres : condition nécessaire, mais ô combien insuffisante pour produire du sens. Sans mots, cette langue évite les ambiguïtés des rapports son / sens, en les supprimant. Reste le son, mais en l'absence de tout référent, il n'est plus ni signe, ni vecteur, ni symbole : il existe pour lui-même.

De cette extrême poétique, on pourrait rapprocher la poésie phonique, dont Todorov analyse aussi bien l'intérêt que la limite : "la poésie phonique n'est intéressante qu'en tant qu'elle constitue une limite de la poésie (du langage); on doit pouvoir l'atteindre, mais non la pratiquer de manière indépendante : elle s'intégrerait alors à la musique ou à la peinture; mais c'est une pauvre musique et une peinture bien limitée. C'est ce qu'ont senti Khlebnikov comme Artaud. "[1]

Le texte de Tardieu ne se donne d'ailleurs pas comme poétique. Il figure dans un ouvrage qui se veut une réflexion burlesque sur le sérieux problème du langage, et une illustration par l'exemple et l'outrance. Cette découverte du professeur Froeppel le mène d'ailleurs, comme on peut s'y attendre, à une complète régression mentale :

---

[1]-T. Todorov" Le sens des sons" in *Poétique* n° 11-p. 458.

19 novembre : Mibig docteur. Pratév el poto beg'necou caostirdi eg Alpes
og Pyrénées. Fodos peppig, ô muspig
Ida !

2O covembre : NIANN !

21 corembre: NIANN, NIANN, NIANN !
(Un Mot pour un Autre, p. 27)

   prélude immédiat à un séjour de six mois en clinique[1]. Là , il est vrai,
le "dialogue direct entre la créature et Dieu" ne souffre pas d'obstacles.

   Pourtant, à travers son "cas", qui pousse à bout les expériences de bien
d'autres, on mesure la minceur du territoire sur lequel s'avance celui qui
touche aux structures et aux unités de la langue. Non qu'il ait, tous les
exemples précédents le montrent "autre chose" à dire; mais qu'il cherche à
dire quelque chose avec une précision et une exactitude inexistantes dans
l'usage habituel des mots. Et sans parler de folie, le risque est, bien sûr, que
ce désir aboutisse à son contraire, à savoir l'inintelligible, le morcellement à
l'infini du sens.
   C'est pourquoi l'exutoire de ces écritures ne peut se trouver dans une
ou des langues imaginaires, ni le néologisme dans la perte de toute référence. Même et surtout si elle atteint le point de la "rage de l'expression",
elle ne peut faire l'économie de la communication. Prise entre la nécessité,
spécifiquement poétique, d'employer un signifiant chargé de valeurs subjectives, et celle, propre à tout texte, de produire un signifié recevable par la
collectivité, l'écriture doit rechercher un équilibre, une correspondance.

Dictionnaires

   C'est en ce sens que l'entreprise poétique de notre auteur peut s'apparenter, dans son but mais parfois également dans ses formes, à l'établisse-
ment de dictionnaires. Dans tous ces cas, le choix de la forme du texte est

---

   1- Une fois de plus, la preuve est faite que la recherche poétique d'une autre langue
bute, dès qu'elle atteint ce point, sur le risque de la folie. A vouloir modifier son approche du
réel en modifiant ses moyens de le nommer, à vouloir s'évader des "mots des autres"
(H.Michaux), c'est une exclusion sociale qui est promise. Ce qui suffit à saisir la réalité de la
" sirène ou du minotaure " qu'est, selon Paulhan, le "pouvoir-des-mots".

AU DÉFI DES MOTS

toujours conditionné par le désir de filtrer la polysémie, et de ne laisser passer qu'un sens exact parmi tous ceux qui coexistent dans le mot. C'est également, mais de façon encore plus implicite, une façon de supprimer la part
de responsabilité du lecteur, toujours libre d'attacher sa propre subjectivité à
la valeur d'un mot, et de "tromper" ainsi celle de l'auteur .

Le poète est alors un "guide" à travers la forêt des sens, autant qu'un
inventeur de formes signifiantes. Et ce qui l'y autorise, qui lui confère ce
pouvoir, ce n'est rien d'autre qu'une perception et une expérience plus vives
de l'éparpillement du sens

> *Il faut tant de "non-sens" (en deçà ou au-delà du sens) pour nourrir les*
> *significations!*
> (Pages d'écriture, p. 31)

"L'en deçà" et "l'au-delà" du sens : deux directions dans lesquelles un
rassemblement est nécessaire, dans l'esprit sinon dans la forme exacte du
dictionnaire.

Avec une précision accrue, Tardieu indiquera dans les toutes premières pages d'*Obscurité du jour,* le lieu où doit se trouver ce "sens" inédit
qu'il peut éveiller à partir du "non-sens", de ce qui n'en a pas encore :

> **En deçà du Sens,** *il y avait par exemple **ce bruit énigmatique et inquiétant***
> ***que font les mots,** un murmure qui n'a pas de signification par lui-même*
> *(sauf une poignée de sons imitatifs) mais qui, à supposer que je ne*
> *connaisse pas la langue que j'entends parler autour de moi, peut servir*
> *de signal instinctif, au niveau de l'émotion, par le ton de la voix*
> *(ibid. p. 7)*

Et le poète, "supposant" qu'il ne connaît pas la langue se dirige vers
tout ce qui bruit, tout ce qui souffle ou sonne, tout ce qui semble ou qui
paraît, sans que l'on sache ce qu'il dit, dans l'espoir d'en reconstituer le langage.

> **Au delà du Sens,** *je ne voyais rien que de flou, d'incertain et de douteux,*
> *mais ce brouillard était sans bornes, car il contient **tout ce que l'on a cru***
> ***bon, autrefois, de désigner par cet affreux mot d'"ineffable" qui n'est, en***
> ***définitive, que le possible infini du langage***

et là, la traque du sens sera une tentative de répertorier ce possible, en épuisant toutes les ressources signifiantes du langage.

A la lumière de ces indications, nous voici une fois de plus, de "bruits" en "murmures", amenés à traquer les limites du domaine poétique en des régions d'où il est traditionnellement exclu.

Hors de la langue, d'abord. Pour Tardieu tout est, virtuellement, signifiant. S'il n'en fait pas, du moins explicitement, le credo fondateur de son oeuvre poétique, c'est qu'il se trouve pour cela en Froeppel un alter-ego sémiologue et érudit, qui va s'avancer, avec tous les risques que cela comporte, dans les dédales de la signification universelle. On peut parcourir son "journal intime"[1] comme s'il était un premier répertoire de toutes les langues dont le dictionnaire reste à établir :
-les "infiniment petits du langage", ou les gestes machinaux auxquels seule la psychanalyse, humour en moins, accorde, jusqu'ici, une valeur signifiante

> *Agitation du pied (attention soutenue, mais soupçonneuse). Grattements de tête suivis de l'observation étonnée du produit infinitésimal de ce gratte-ment (méditation métaphysique), le retroussement de la barbe (suffisance), la fausse poussière dans l'oeil (embarras), etc... (p. 14)*

-l'infra-langage, qui augmente ces derniers de tout ce que le langage oral compte d'accidentel, de "phatique" ou de peu signifiant, à la manière de :

> *Pfuitt! (vulg.) : Appel, injonction (Voir aussi: Hep!)*
> *Ppe-pp': Doute sur l'importance, l'opportunité, la valeur d'un être ou d'une action.*
> *Ss-SS! : Interjection par laquelle on fait connaître à un interlocuteur que l'on se rend compte de l'importance ou de la gravité d'une situation qu'il vient de vous exposer.*
> *(p. 16)*

-Les langages familiaux, ou micro-dialectes, parmi lesquels :

1- In *Un Mot pour un Autre*,1951, réed 1978 sous le titre *Le Professeur Froeppel*.

le patois conjugal! Le sabir amoureux! Les dialectes maternels! L'argot d'appartement! La tendance à l'ésotérisme. Le galimatias, thermomètre de l'affection, etc... (p.17)

qui se subdivisent en autant de langues qu'il y a de familles, et de fantasmes. Citons : le Langage-Jaguar , la Langue-Auguste, le patois "Champagne-nature, "d'origine érotico-cubilaire", qui renvoie à l'utilisation du mot "catleya" chez Proust...

Le rêve de Froeppel est, effectivement, un "Dictionnaire de la Signification universelle", qui inclut les langages-animaux, et même le "patois-petits-arbres", sur le chemin duquel, victime d'un refroidissement, le professeur trouvera la mort.

De toutes ces explorations, il ressort cependant un véritable dictionnaire, celui des "mots sauvages de la langue française"[1].

Sur près de 35 pages , sont recensées et déchiffrées les interjections, les onomatopées, les "expressions enfantines ou gâteuses, mots et grommellements imitatifs" par lesquels l'Homme s'exprime "en deçà" de ses instruments habituels de communication.

Autant, sinon plus que les autres, ces "mots sauvages" sont polysémiques. Car ils ne sont ni la déformation d'un mot existant, ni son abréviation, mais la preuve de son absence. C'est le mot "chose" (ou son masculin, le "machin"), dont les sens sont si nombreux qu'on y retrouve, habilement mêlés, "la chose en soi", terme de métaphysique" et "la chose en soie", terme de lingerie. Ils sont inédits, car personne n'aurait songé à se questionner sur leurs sens, les prenant peut-être pour des évidences.

Ainsi la

Gnognotte : Dire d'une chose: "ce n'est pas de la gnognotte", signifie: "c'est important, beau, remarquable." D'où il suit qu'une "gnognotte" doit être quelque chose de mesquin, de médiocre, d'insignifiant, de raté. Mais, à vrai dire, personne n'a jamais vu de "gnognotte".

1- Qui rappelle, tout en fonctionnant exactement à l'inverse, le *Dictionnaire des onomatopées* de Nodier. Ce dernier montre l'origine onomatopéique des mots français, alors que Tardieu, donnant le sens des onomatopées, en montre la nature foncièrement lexicale.

ou bien encore ils sont des adaptations, à l'aide de lettres ou de sonorités non-lexicales : "Drelin", "hi-hi!", "Oua-Oua", "pif-paf" ("paire de gifles"), etc...

Au total, le dictionnaire insère dans le code linguistique de nouvelles unités. Il transforme par là ce code, puisque ces unités sont directement issues de sonorités, sans passer par l'intermédiaire d'une histoire, d'une évolution phonétique ou morphologique, etc... C'est un nouveau moyen d'enrichissement de la langue.

Mais, en même temps, ces "mots sauvages" ne lui appartiennent pas . A la manière des bandes dessinées, qui ont leurs mots et leur code (et auxquelles fait allusion une note dans la réédition de 1978, p.118) ils sont autrement codés et autrement signifiants, et leur fonctionnement n'est aucunement superposable à celui de la langue.

Celle-ci se montre décidément inapte à saisir la surabondance de sens qui compose l'univers. Elle demeure close une fois de plus, et sa clôture est bien ressentie par le poète comme l'insupportable marque d'une indispensable évasion , à l'intérieur cette fois de la langue et des langues.

Ce véritable travail du sens à l'intérieur de la langue n'est pas dissociable de l'écriture poétique. Car les poèmes de forme plus traditionnelle reposent eux aussi sur des expériences aux limites du code, et sur des unités particulières. C'est, par exemple, l'utilisation des "mots les plus simples, les plus usés, les plus plats" (*Pages d'écriture* p. 32), c'est l'expérience des "mots nuls" par lesquels, les contraintes sémantiques s'effaçant, le lyrisme se développe en marge du fonctionnement habituel des mots, dans une dimension musicale qui n'exclut pas, contrairement à la poésie phonique, la reconnaissance :

> *O toi ô toi ô toi ô toi*
> *toi qui déjà toi qui pourtant*
> *toi que surtout.*
> *Toi qui pendant toi qui jadis toi que toujours*
> *toi maintenant (...)*   (Monsieur monsieur, *p. 87*)

Le poème ne "dit" rien, n'a aucun contenu narratif ou descriptif, n'est réductible à aucun équivalent prosaïque mais, ce faisant, il élargit les virtualités du mot, en multiplie les valeurs, en propose chaque fois une nuance, et donc une signification légèrement déplacée par rapport à l'occurrence précédente.

Ainsi prémuni du côté des mots, par cet arsenal de significations et de relations intra-linguistiques, le poète n'a plus à craindre l'impossibilité de nommer, ni à fléchir devant l'effarante tâche qui aurait consisté à traduire le réel dans une langue exacte dont il aurait été l'unique et privilégié détenteur. Ces deux hantises à présent caduques, la contemplation sereine redevient possible, enrichie qu'elle est de cette nouvelle certitude :

> *Il me sembla que l'incommunicable n'était pas dans les choses et qu'au contraire les spectacles de la terre et du ciel s'offraient à qui les voulait saisir, comme **un parfait langage qu'il eût été vain et puéril de "traduire"**.*
> (La Part de l'Ombre, *p. 133*)

Si le langage forme "écran"(*Pages d'écriture*, p.79), s'il dissimule, s'il est une "puissance trompeuse", ce n'est pas qu'il éloigne de la réalité, c'est qu'il éloigne de cette portion de réalité dont le poète a l'intuition et dont il cherche la connaissance. La lutte, l'effort du poète hors ou aux franges de la langue, visent avant toute chose à reculer les frontières de l'inconnu, de l'innommé de cette "part de l'ombre" honnie mais sans cesse rencontrée: il ne s'agit pas tant de Révélation que de Nomination. Le poète cherche à "donner un sens à ce que je vois, j'entends" (*Obscurité du jour*, pp.39-40). Et cette part du réel obscurcie par les mots est à portée des hommes, pour autant qu'ils se donnent les moyens de sa nomination .

Le poète n'est donc pas un maître à penser. Tout au plus offre-t-il une alternative, une possibilité pour échapper à une vision rétrécie du monde. Et sa propre difficulté à être au monde ne tient pas à la perception d'un Ailleurs, d'une frange inconnaissable de la réalité, mais à l'impossibilité de la connaître par le moyen des mots. S'il est un sujet fragile, soumis au doute, ce n'est pas par ce qu'il voit, mais par ce qu'il ne peut exprimer. Là est la menace qui conditionne son existence de poète. Il ne s'agit finalement pas, pour lui, d'améliorer par un usage approprié des mots la connaissance du réel qui l'entoure. D'où le défi, la nécessité de reformuler, la recherche non pas d'une autre langue, mais de la langue Autre :

> *Je ne sais plus qui parle par ma bouche,*
> *je ne sais plus quel nom je porte encore(...)*
> *je suis sans voix, je n'ai plus de langage*

plus de bateau pour un si long voyage
L'oeil fixe, je me tais en attendant
d'apprendre enfin la langue du néant
(Le Témoin Invisible, *p. 37*)

Le Moi dépossédé cherche à travers la langue le moyen de la certitude et de l'identité.

Et la poésie est un moyen de faire se trahir ce monde, d'abattre les masques, de montrer sous la vérité objective, une multiplicité d'autres vérités possibles qui suffisent à invalider la première, dans un double et réciproque mouvement de dialogue entre soi et le monde organisé selon le double impératif suivant:

-" Tuer l'autre qui règne et se tait dans les profondeurs " (*Le Fleuve caché*, pp. 44-45), c'est à dire annuler la duplicité du moi et la fracture entre moi et le monde, en se donnant les moyens d'atteindre cet autre, en abolissant les frontières qui nous en séparent. C'est assurer la réconciliation, l'identité du *je* et de l'*Autre*, la continuité et la transparence de nos relations jusqu'alors opaques avec le monde.

-"Donner de l'être à ce qui n'existe pas encore" (*Pages d'écriture*, p. 83), en dénonçant les insuffisances de la nomination et du déchiffrement du monde, en inventant le nom ou, mieux encore - car le nom reste inerte et donc ambigu - en inventant une manière de nommer libératrice, authentique et non-conventionnelle, susceptible de délivrer "la chose sans nom" de ses chaînes de paroles, et de la faire exister pour elle-même, hors des systèmes imparfaits d'expression.

De leur vérité nominale ou langagière, la poésie débarrasse les choses pour tenter de leur rendre une vérité objectale : c'est dire qu'elle est langage hors des limites du langage, incursion des mots dans le monde des choses.

Et c'est dire si l'écriture qui la porte peut être amenée à transcender les formes habituelles - des textes notamment-, à les détourner comme elle le fait du langage, en amplifiant leurs lacunes et expérimentant l'élasticité de leurs frontières.

Chapitre Quatre

Le gauchisseur de poèmes

La bibliographie nous enseigne que l'essentiel des publications de Tardieu durant les vingt premières années se compose presque exclusivement de vers : de 1933 à 1954 ont paru quelques 6 recueils ou plaquettes qui constituent alors la part majeure de cette oeuvre, à la suite de quoi le genre est presque totalement délaissé au profit du théâtre, de quelques proses narratives, et surtout de proses consacrées aux oeuvres de peintres. Il faut attendre 1976 et 1979 pour que paraissent de nouveaux recueils de vers, complétés en 1986 par la publication d'un fort volume de poèmes pour la plupart anciens mais demeurés inédits. C'est dire si la forme versifiée correspond à une longue "première période", connaissant une " résurgence tardive" (encore le "fleuve caché"), mais qu'elle ne rend pas compte d'une autre part de l'oeuvre, quantitativement plus importante (du moins si l'on considère le nombre de pages, ce qui n'est pas un critère indiscutable). On serait alors tenté de parler d'une " évolution" , d'un "abandon" provisoire des vers, rentrés en grâce beaucoup plus tard. Mais à étudier la part primitive, on en vient vite à concevoir que cette évolution s'y trouve programmée, car l'emploi des vers n'y est pas en soi un enjeu essentiel de l'écriture. Il paraît s'imposer davantage comme une question de tradition, de réflexe culturel, d'influences littéraires dont progressivement et par un certain nombre de retournements, de remises en cause, la nécessité va de moins en moins s'imposer, et la limite apparaître.

Par delà le classicisme.

Au seuil de l'oeuvre, et comme pour en préfigurer ou expliquer la dimension essentielle, deux influences contradictoires.

Hormis le souvenir des lectures paternelles et maternelles (qui dessinent déjà, on l'a dit, les prémices d'une ambivalence), la première, la plus volontiers évoquée dans les entretiens ou les écrits autobiographiques, c'est le mot en liberté, le poème de la page voire de la ligne, c'est la revue *SIC* dirigée par Pierre Albert-Birot entre 1916 et 1919, dont le jeune lycéen de Condorcet admirait les numéros qu'il rêvait de s'offrir en passant devant la vitrine du libraire Simon Kra. On sait que, ouverte aux expériences des futuristes italiens, dont elle constitua l'un des prolongements les plus représentatifs en France, cette revue ouvrit ses pages à ceux qui allaient très bientôt faire les beaux jours du mouvement dada, puis du surréalisme; qu'elle fit également paraître des textes nombreux et importants de Pierre Reverdy, Max Jacob et surtout d'Apollinaire (notamment plusieurs calligrammes). Remarquable par le soin apporté à sa mise en page, à la typographie, à la mise en valeur des textes par toutes les ressources disponibles en l'état actuel des techniques d'impression, cette revue frappait essentiellement le tout jeune Tardieu par l'absolue liberté formelle qui y était de mise. Des "vers phoniques" à une prose parfois fort proche de "l'automatisme" surréaliste, de la reproduction de partitions musicales à celles de nombreuses gravures sur bois, toutes formes se conjuguaient et s'agençaient dans un feu d'artifice de gaieté et de rythme pour animer cette publication dédiée, d'après son titre, aux " Sons, Idées, Couleurs, Formes".

Quant à la seconde influence notable, ce fut incontestablement, à partir de 1922, la fréquentation du "milieu" de la N.R.F. à Pontigny, celle de Paul Valéry et avec lui d'une poésie de l'exigence, de la précision langagière et de la rigueur formelle héritées de Mallarmé. De Charmes (paru en 1922) , Tardieu parle comme d'un nouveau bouleversement après la découverte de *SIC*:

> *"...après Apollinaire, après tous les poètes qui avaient libéré le vers français, qui avaient, semblait-il à ce moment là, été très loin dans une totale libération prosodique, poétique même après les débuts du surréalisme, ce retour volontaire à une tradition du vers français était très étonnant, parce que cela ne nous a pas donné à ce moment là l'impression d'une "réaction", d'un retour en arrière; il y avait une telle impression de fraîcheur dans ces poèmes que nous en étions tous bouleversés."[1]*

1 - *Causeries devant la fenêtre,* p. 32-33.

Une "fraîcheur" à laquelle n'allaient pas se montrer aussi réceptifs André Breton et ses comparses, puisque le *Manifeste du surréalisme* paru l'année suivante proposait une esthétique assez peu conforme à celle de l'auteur du "Cimetière marin". De là, sans doute, le premier des grands virages qui éloignèrent Tardieu de certains mouvements d'avant-garde contemporains.

A ces jeux d'influence s'ajoute une disposition particulière à l'égard de la poésie, qu'il explique à un certain moment comme le meilleur remède contre un penchant trop facile pour ... le roman !

Dans une lettre amusante adressée à Jacques Heurgon, dont il loue à plusieurs reprises les talents de narrateur et les qualités d'écrivain, il s'explique en effet sur ce qui le pousse à la poésie, et même à la poésie "valéryenne" qu'il pratique alors (nous sommes en 1927):

"Tu me dis un peu plus loin que tu n'es pas du tout observateur dans la vie. Mais avant d'avoir entrepris une oeuvre, peux-tu savoir en quelle mesure tu es riche ou pauvre de remarques enregistrées dans la mémoire à ton insu ? Tu "ne vois rien de ce qui se passe sous tes yeux" ? Tout de même, tu n'es pas aveugle! Ne serait-ce pas plutôt que dans ce qui se passe sous tes yeux, tu ne vois rien de plus que ce qui est, tu te refuses à toute imagination arbitraire- et cette soumission au réel n'est-elle pas la qualité première d'un bon romancier ? Pour moi, je diffère de toi absolument sur ce point, ce qui me fait présumer que je ne serai jamais romancier. J'ai en moi une grande ennemie; une imagination sans frein, sans mesure, qui fonctionne à tous les moments de ma vie, à propos du moindre objet. C'est indépendant de ma volonté : je ne puis parvenir, moi, à voir les choses telles que vraisemblablement elles sont. "Ce qui se passe sous mes yeux" à moi est aussitôt happé par cette machine à nuages qui goulûment, sans avoir le temps de traiter différemment les choses différentes, les enveloppe toutes d'un halo inconsistant et flou. Et les images qui se présentent alors à mon esprit n'ont bientôt plus aucun lien logique avec l'objet qui les a fait naître.
En promenade, j'entre dans une auberge. Une femme au visage las et ridé me sert. Il n'en faut pas plus pour que la machine se mette en mouvement:
" Cette femme a quarante ans, mais une étrange maladie, inconnue des médecins, l'a rongée jusqu'à lui donner une apparence de nonagénaire. Elle était autrefois riche et heureuse- mais cette maladie bizarre provoquait, entre autres effets terribles, chez cette malheureuse, des crises de somnambulisme, de sorte qu'une nuit, au milieu d'un cauchemar déterminé par la lecture d'un feuilleton, Mme X..(car c'était elle) est allée

empoisonner successivement son mari, sa fille, son fils et sa nièce. On l'arrête. Cour d'assises. Elle est acquittée. Mais les frais du procès ont mangé toute sa fortune. Depuis ce temps, elle erre de ville en ville, gagnant sa vie comme domestique, mais chassée tous les huit jours parce qu'elle, cette douce et honnête femme, sert de complice, pendant la nuit à tous les voleurs qui passent....etc... Toute une succession de puérilités qui vont leur train sans que j'intervienne , ne me mènent à rien et me font perdre mon temps- j'ai toutes les peines du monde à lutter contre cette tendance fâcheuse. C'est pourquoi je m'applique parfaitement cette autre très bonne phrase de ta lettre : " la vie et la réalité, cette ligne, mobile, insaisissable, par rapport à laquelle on se trouve toujours en deçà ou au delà, jamais de niveau." Il n'y a pas longtemps que j'ai fait la découverte en moi de ce défaut, et cela m'explique en particulier ce goût que j'ai comme antidote et contrepoison, pour une poésie dure et sèche, de forme rigide et autant que possible (!) précise. ...."

La poésie comme " antidote et contrepoison" à une imagination trop vive, une "machine à nuage" qui camoufle la réalité sous un déferlement de récits invraisemblables : on conçoit qu'il s'agisse bien d'une prédisposition naturelle ... et d'une contrainte. Cette confidence, en outre, fait du recours à la poésie le moyen presque thérapeutique d'un retour à la "perception ordinaire" du réel, jusque là troublée et confuse. Par la poésie, il s'agit bien de parvenir à "voir les choses telles que vraisemblablement elles sont", "traiter différemment les choses différentes", ce qui semble rien moins qu'évident à une conscience nébuleuse, présentée ici, au seuil de l'oeuvre, comme prisonnière d'une redoutable spirale imaginative.

Ainsi posé, s'explique en tout cas le choix de l'esthétique appréciée dès ses premières manifestations par Gide ou Paulhan : "Couple en marche", le plus remarqué des poèmes de l'époque, est une suite fortement symétrique et mesurée de décasyllabes rimés, groupés en distiques autour d'un sizain central, où se multiplient les effets d'allitération ("une grêle de grain"[1]), les élégances d'articulation ("Sur l'oeil goulu demi-jointes paupières") et les métaphores brillantes ("l'intime tonnerre /Mineur du ciel et du sol coup par

---

1- Expression que l'on retrouvera d'ailleurs bien plus tard dans un texte dédié ...à Paulhan : "j'écarte en vain cette irritante mouche des mots/ ce grain qui grêle dans la bouche".

coup"): nulle fantaisie, nulle hardiesse si ce n'est dans la tentation de l'hermétisme, rien en somme qui ne pose ni ne pèse....Le jeune homme se fait poète en se coulant dans la forme si brillamment magnifiée par l'illustre maître, et voit dans cette forme même le supplément de rigueur qui lui fait défaut, comme le souligne la formule alors employée :

> *Entre les quais de deux vers nus*
> *Je veux ce fleuve contenu.*
>
> *Distique ! volonté cruelle*
> *Et droite comme un javelot.*
> *("Seuil", 1924, in* Margeries*)*

En revanche, et c'est non moins remarquable, certains des thèmes majeurs de l'oeuvre - et même des images-fétiches porteuses de ces thèmes- sont déjà présents dans les textes de cette première époque. On vient de reconnaître celle du " fleuve" dans l'extrait précédent, mais *Accents* en recèle bien d'autres, qui sont depuis devenus familiers aux lecteurs des recueils ou des volumes postérieurs. Il en va ainsi de la craintive curiosité pour les bruissements du monde, dont l'origine reste indéterminée: le premier recueil s'ouvre même par ce vers : " ce qu'on entend à travers les plafonds/ Ce qui vient des étages profonds". Ce sont encore les inconnaissables manigances de ce qui se passe " de l'autre côté" : "Moi cependant, derrière la porte/ je vois le présent fuir avec ses secrets"; la conscience douloureuse de l'ambivalence fondamentale : " l'instable est mon repos" ou "Pièges de la lumière et de l'ombre sur l'âme" ou enfin le lyrisme même, par la réitération de ce qu'il nommera, bien plus tard, les "grands mots vides", et avec lesquels renoueront en particulier les derniers recueils:

> *"ce qui n'est plus*
> *ce qui n'est pas encore,*
> *Tombant sur ce qui est lentement nous dévore*
> *C'est de là haut que pleut notre irréalité!"*

Il faut pourtant faire la part, dans cette production qu'on pourrait qualifier de "classique" ou d'académique (notamment au regard de celle qui la suivra) d'une véritable innovation formelle tentée, non sans persévérance, par le jeune poète. La traduction du long poème " L'Archipel " d'Hölderlin, poème dans lequel l'auteur cherche à adapter à la prosodie allemande l'hexamètre grec, donne à son traducteur l'idée d'en faire de même avec la prosodie française. Il imagine alors, pour rendre compte plus fidèlement de l'entreprise originale, de la traduire en employant un vers où l'unité syllabique serait remplacée par une "cellule rythmique" fondée sur l'accent tonique. Des vers d'inégale longueur, au regard de la métrique traditionnelle, seraient ainsi harmonieusement juxtaposés et rendus équivalents par le temps mis à les dire avec l'accentuation convenable.

Convaincu par la validité de cette trouvaille, il entame même des recherches historiques qui renforcent sa certitude, en lui fournissant quelques repères incontestables: les poètes de la Pléiade eux-mêmes, et notamment Baïf ou d'Aubigné, n'ont-ils pas cru eux aussi à la possibilité d'imiter la prosodie antique ? Et s'ils ont échoué, pense t-il[1] ce n'est pas par inaptitude de fait de la prosodie française, mais plutôt parce que, trop prisonniers de l'habitude syllabique, ils négligeaient le rôle de l'accent tonique.

A partir de ce modèle, ce "vers imaginaire", ailleurs nommé "mon simili-hexamètre français", Tardieu s'essaie alors à des poèmes qui lui fournissent l'occasion de prendre, dans une direction inédite, des distances avec le vers syllabique .

La tentative est reconnue, mais c'est peu dire qu'elle ne fait pas école. Pour la faire remarquer, il est parfois obligé (dans *Accents*, p.50) de glisser une note en bas de page. Ou bien (dans *Margeries*) d'expliquer son principe en avant-propos. Et l'auteur comprend d'ailleurs fort bien les raisons d'un tel accueil :

5 sept 39:

> *J'ai l'embryon d'une plaquette[2] qui je pense sera plus homogène, tout étant écrit dans ce rythme que je m'obstine à poursuivre bien qu'il semble ne rencontrer ici et là que méfiance et scepticisme. "A quoi bon, pense-t-on sans doute, s'efforcer de forger de nouvelles chaînes alors que l'on a eu*

1- On trouvera les traces de cette réflexion dans le court essai théorique qui prélude à sa traduction et présente bien celle-ci comme une expérience avant tout formelle : " A propos de la traduction d'un rythme" ou encore dans divers prolongements récents de cette tentative, dont l'aboutissement est sans aucun doute constitué par la publication, en format de poche bilingue, des poèmes de Goethe, en 1993.

2 - Il s'agit alors du *Témoin Invisible*.

tant de mal à briser les anciennes." Sans doute mais pour moi, aussi las
d'une liberté totale que d'un retour à l'hugolisme à la façon d'un Audi-
berti, je ne puis plus me contenter d'une poésie qui ne serait faite que de
signification pure, donc désincarnée."

et sans doute faut-il voir dans cette dernière assertion, plutôt que les limites d'un nouveau système prosodique, la ligne directrice d'un projet poétique dont ce système ne fut que la première expression. Ce qui anime la recherche poétique de Tardieu, bien au-delà de la création d'un vers nouveau, c'est l'idéal poétique d'une expression dans laquelle forme et signification s'enchevêtrent et se complètent de façon inextricable. Ou encore, comme l'exprime déjà la présentation du poème traduit d'Hölderlin, la certitude que " la musique des vers est déjà elle-même près de la moitié de leur signification, en même temps que la signification entre pour plus de moitié dans l'enchantement musical que procurent les oeuvres de poètes."[1]

Cette capacité exclusive de l'expression poétique à transcender les attributions conventionnelles du langage, à réconcilier ses aspects phoniques et sémantiques dans un processus inédit de production du sens est alors perçue comme la seule voie apte à délivrer cette "parole du monde", cet "informulé", cet "indistinct murmure des choses au sein d'elles-mêmes", l'"indiscernable" perçu précocement comme le seul objectif à atteindre, à la fois hantise et défi de toute une existence.

Mots égarés

Si c'est là le principe essentiel de la démarche poétique, il reste à l'appliquer, c'est-à-dire à fonder une poésie qui se donne les moyens de le mettre en oeuvre. Et c'est là qu'à nouveau on peut s'interroger sur l'utilisation spécifique des formes poétiques dans l'oeuvre de Tardieu. Car l'exigence de départ suppose et induit une utilisation adéquate du vers, du rythme, de la rime, et de tous les agents de la langue poétique.

C'est là encore qu'on peut faire intervenir l'autre pivot de la "culture poétique" tardivine après Valéry, et que ressurgissent les acquis de la lecture

---

1- Cf. infra chap. 1.

de *SIC,* d'Apollinaire et des toutes les tentatives faites pour s'affranchir des schémas traditionnels[1].

La variété, la multiplicité des formes poétiques - jusques et y compris dans l'emploi de la prose, qui en est une de plus- est alors à comprendre comme l'élargissement d'un dispositif pour mieux piéger l'ineffable. Il s'agit des "feintes nécessaires" pour triompher de "l'ennemi sans visage et sans nom" ou mieux, des "mailles du filet" dans lesquelles on espère le voir tomber, se découvrir : il faut les multiplier et les resserrer. S'il s'agit d'armes de paroles, c'est que l'ennemi - l'inconnu- est parole; s'il faut dépasser le cadre des paroles conventionnelles et quotidiennes, c'est qu'il s'y dérobe; s'il faut employer une démarche poétique, c'est parce qu'elle seule offre peut-être la possibilité de le cerner, le rattraper, c'est à dire de "traduire en paroles pour les autres ce qui s'était passé entre le monde et moi"[2].

Mais elle assouplira, déformera, asservira à son objectif propre les procédés traditionnels, pratiquant ce " gauchissement " des formes où l'on est tenté de reconnaître une dominante stylistique majeure .

Ainsi retrouve-t-on la trace des recherches menées dans les années 30 sur la création d'une prosodie tonique, dans des textes rédigés une vingtaine d'années plus tard.

L'"Etude de rythmes à six temps forts" de *Monsieur Monsieur,* elle aussi précédée d'un paragraphe expliquant la marche à suivre pour la lecture du poème, en est une réminiscence évidente, même si elle s'insère alors dans un ensemble d'"Etudes" ("de pronom", "en de mineur", "en à majeur",...) qui confirme le rôle des " simili-hexamètres" parmi d'autres essais rythmiques fondés sur d'autres procédés. Sur les six textes, la moitié renoue en effet avec le modèle syllabique le plus traditionnel, l'alexandrin, mais en le découpant : ce sont des vers réguliers, mais seulement des hexasyllabes,

---

1- A l'exception notable cependant de l'écriture automatique, dont on mesure bien que l'objectif avoué -une "écriture de la pensée", "sous la dictée de l'inconscient"- est trop exclusivement tourné vers l'investigation du moi, alors que chez Tardieu , prime celle du monde, de ce "monde muet" dont il faut déchiffrer l'énigme.

2- *La Part de l'ombre,* p. 134. On remarque l'emploi du plus-que- parfait qui, dans le contexte, renvoie de façon plus ou moins tacite à la "crise" du printemps 1921, date fixée dans l'esprit de l'auteur comme obsédante, et indéfectible révélation de cet "autre aspect des choses".

des hémistiches. Et les deux autres jouent le plus souvent sur l'alternance 6/8 mais sans schéma rigide ni application régulière. Le principe de recherche formelle s'est ainsi déplacé ou élargi, depuis la recherche d'un vers nouveau jusqu'à la recherche d'une nouvelle voix, ainsi que l'indique le titre de l'ensemble. Une "voix seule" qui est déjà une "voix sans personne" (le recueil ainsi nommé est quasi-contemporain) c'est-à -dire livrée, par un effacement mallarméen du sujet, au jeu autonome des formes langagières[1].

De l'exploration du rythme on passe alors, dans un naturel mouvement d'élargissement, à celle des formes syntaxiques. Un autre poème du recueil, simplement intitulé "verbes" symbolise ce passage, en recourant à nouveau à la prosodie la plus classique -quatrains d'alexandrins à rime croisée, plate ou embrassée- mais emploie un autre procédé pour atteindre le même point: à l'aide de métaphores et de comparaisons, il s'agit de redéfinir le sens de quatre infinitifs (attendre, dormir, rêver, agir) avant de les situer, par un dernier quatrain, dans la décevante progression vers la découverte d'un terme à la fois salvateur et hors d'atteinte:

> Mais le verbe le vrai n'est pas encor trouvé
> pour défoncer la porte où je l'entends qui gronde
> et frappe, le terrible Inconnu de ce monde,
> -la clé du Roi, le mot des derniers conjurés.

Et ce "grondement" lui-même est représenté quelques pages auparavant par un " orage de mots pleins d'éclairs", une cascade de " mots égarés" face auxquels le sujet se retrouve aussi démuni et inquiet que Panurge subissant en mer l'éclatement des " paroles degellées", échos miraculeusement préservés d'une parole venue du fond des âges, ou d'au-delà des cieux.

Mais cette voie nouvelle est, significativement, presque aussitôt délaissée. En effet la composition du recueil traduit le temps d'arrêt marqué par l'expression poétique sous sa forme versifiée: les 18 poèmes avec lesquels il s'ouvre sont suivis de deux parties d'importance équivalente, l'une constituée par le texte éponyme "Une voix sans personne" (dont le sous-titre

1- La référence implicite dans le titre du recueil deviendra explicite lors de sa réédition au format de poche (1968) puisque les deux textes liminaires y sont présentés comme "variations sur deux locutions mallarméennes".

ambigu "pièce à jouer et ne pas jouer" souligne sans y succomber l'hésitation de l'auteur à "passer à l'acte" en passant .... à la scène) et la dernière,
"Formes et figures" se compose de proses consacrées à l'évocation de trois
séries d'objets fortement antagonistes, mais totalement similaires si l'on
considère l'objectif visé à travers eux . Ce sont d'une part les "objets incom-
mensurables " (le ciel, l'espace, le soleil, la musique), ceux précisément
dont la définition laisse la plus grande place à l'indéterminé, ensuite au
contraire, des objets finis, mais non plus aisément discernables, puisque leur
limite contient virtuellement une autre forme d'illimité: il s'agit de
masques mortuaires. Enfin les oeuvres de quatre peintres, troisième biais
pour atteindre, dans la réalité, " ce qui n'a pas de nom", en partant cette fois
de sa représentation par autrui, et par des moyens non verbaux.

Rassemblant comme à dessein, à la suite de poèmes en vers, une scène
théâtrale, et des proses évocatoires, le recueil paru en 1954 ouvre la voie à
toute la production des vingt années suivantes, et la situe dans le prolongement direct d'une recherche dont le rythme et les vers ont été les premiers
éléments. C'est pourquoi, sans doute, lorsqu'à nouveau paraîtront des textes
versifiés, on y retrouvera, exactement au même point, la suite de cette
recherche: le poème d'ouverture de *Formeries* (1976) propose à sa façon une
nouvelle déclinaison de l'idéal mallarméen et de la "voix sans personne." A
ceci près qu'elle passe à présent par l'intermédiaire d'une vision matérialiste
du poète, qui renonce à son pouvoir de nommer et de reconnaître au profit
des mots laissés libres : " Mes outils d'artisans/sont vieux comme le
monde(...) Je les pose sur la table/ Ils parlent tout seuls je m'en vais."

L'assemblage cocasse

Mais alors, et c'est remarquable, cette manière de libération du lexique
se   trouve pratiquée par un ordonnancement rigoureux des autres points
d'ancrage du langage articulé. Lorsque l'exploration poétique commande de
délaisser la recherche du "verbe, le vrai" dans le creusement du lexique ou
la multiplication des vocables, l'effort d' organisation du discours se trouve
aussitôt reporté sur les principes "d'encadrement" ou de régulation de la
langue : schémas syntaxiques figés ("Interrogations et négations"), catégories grammaticales ("Participes", "Epithètes") et tous les paradigmes
ouverts par l'existence de structures grammaticales : conjugaisons ("Complainte du verbe être"), déclinaisons (" Cascade de génitifs"), etc...

Revendiqué, dès le titre du poème, comme principe unique de son organisation, le schéma linguistique en question se déroule autour d'un mot ou d'un principe lexical de base (toujours l'un de ces mots "nuls" c'est-à-dire vidé de tout sens propre par sa banalisation: "être", "avoir", jamais", "rester", "partir", "blanc", " caillou",...) et nous offre un déploiement lyrique incontestable, rendu même enivrant par l'insistant martèlement de la réitération. Autour du mot ou de sa racine, identité fragile et instable, obsessionnellement répétée sous des formes diverses, le poème s'épanouit par l'exercice du pur jeu de la langue, dans la mouvante constellation que dessine l'expansion à l'infini de ses règles, ses schémas, ses contraintes et ses conventions. Eclairé et comme revitalisé par le tournoiement de ses formes multiples, le mot s'épanouit à son tour et se laisse gagner à une existence propre, comme le fait entendre ce murmure du verbe au début de la " Complainte du verbe être":

> *Je serai je ne serai plus je serai ce caillou*
> *toi tu seras moi je serai je ne serai plus*
> *quand tu ne seras plus tu seras*
> *ce caillou.*

Et la simplicité si fréquemment revendiquée du lexique tardivin[1] se laisse alors comprendre comme la concession logique de cette liberté accordée au langage de prodiguer le lyrisme par ses moyens propres. Fût-ce en encourageant et en multipliant les effets de réitération sonores ou les sentiments de piétinement du sens, dans une poésie dont la force semble parfois se dégager des charmes entêtants et des infinies nuances de la redite, comme l'illustrent les derniers vers du même poème:

> *j'étais je serai je suis déjà*
> *la pierre solitaire oubliée là*
> *le mot le seul sans fin toujours le même ressassé*

Etude de rythme, organisation du vers, tension du mot : ces trois constituants de la démarche poétique sont donc travaillés dans le même et unique élan vers une auto-production du texte, et vers le jeu autonome des

---

1- Cf le titre d'un entretien avec M.Pétillon, in *Le Monde* 29/2/1980 : " J'ai une prévention contre la somptuosité du verbe".

vocables, et tous trois se voient particulièrement chargés de mettre à jour, dans les plis de l'apparente unité, les multiples formes du même.

Aussi, et comme pour confirmer la prééminence de cette tension, convient-il d'examiner le sort réservé à cet autre vecteur (essentiel?) de l'écriture poétique, celui qui de tous repose le plus nettement sur la répétition différenciée du même, à savoir la rime.

En l'employant dans ses premiers recueils, il s'est très vite essayé à en faire jouer la diversité. C'est la multiplication - voire la superposition - des systèmes classiques en un espace minimal : "Le masque" (in *Jours pétrifiés*, p.68) présente ainsi une combinatoire des possibilités sur 8 vers, selon une disposition sophistiquée : a-b-c-c-b-d-a-d .

Mais on voit tout de suite que, sur 8 vers, la redondance sonore se limite à 4 occurrences. Sobriété de bon ton dans un recueil emprunt de gravité et qui, composé en majeure partie sous l'occupation, se veut porteur d'un message d'où les fantaisies verbales, fussent-elles sérieuses, cèdent le pas à une teinte pathétique.

Très vite cependant, et dans une autre partie du même recueil, l'homophonie finale est pratiquée comme une souche ferme sur laquelle viennent se greffer d'autres effets sonorcs, ceux par exemple de l'isolexisme - ou reprise d'un schéma lexical :

> *Un de ceux qui passent passent*
> *un de ceux qui passeront*
> *l'un premier l'autre second*
> *le troisième vient ensuite*   (Jours Pétrifiés, *p. 41*)

et l'on n'est pas surpris de constater que dans le même temps, la régularité de la rime se trouve affectée, par un schéma bancal du type (a-b-b-c).

C'est que la rime, par son inamovible position finale autant que par la brièveté de l'homophonie dont elle se contente, opère entre les deux mots qu'elle joint, un rapprochement jugé sans doute encore trop insuffisant.

Il faut, s'en aidant, parvenir à une plus grande confusion des signifiants, confusion dont le modèle idéal serait alors donné par la "métamorphose" de l'un en l'autre, par une hésitation, par une suite de quiproquos comme en présentent "Les erreurs" :

Je suis ravi de vous voir
bel enfant vêtu de noir.
- Je ne suis pas un enfant
je suis un gros éléphant.

Quelle est cette femme exquise
qui savoure des cerises ?
- C'est un marchand de charbon
qui s'achète du savon...   (Monsieur Monsieur, *p. 32*)

Comment mieux montrer la rime en puissance trompeuse, machine à provoquer des rencontres impromptues entre les mots, à fabriquer des images, mais à éloigner d'autant d'une représentation exacte, voire d'un sens recevable

La dérivation, à l'inverse de la confusion, témoigne d'une autre façon de détourner le sens à partir de la rime, lorsque s'installe une continuité de forme et de sens entre les mots qu'elle rapproche. Un vers est d'autant plus la suite et la conséquence de celui qui précède, que la rime fait déduire un mot du précédent, l'en extrait - ou y renvoie. On citera ici la totalité de ce bref et délicieux poème, entièrement composé d'après cette volonté de prolonger la contiguïté sonore par une convergence sémantique :

LES PREFIXES

A mesure que je vois
j'oublie j'oublie
j'oublie tout ce que je vois.

A mesure que je pense
je dépense je dépense !

A mesure que je vis
je dévie je dévie !

Mais à mesure que je meurs
je demeure je demeure.   ibid. *p.37*

Là encore, l'effet de répétition phonique de la rime est doublé, enrichi par d'autres procédés: l'itération, le rythme ternaire, la formule syntaxique

elle-même fortement allitérative puisqu'elle confine à l'anagramme
(mesure-meurs), préparant ainsi dans tout le poème la force du concetto, et
surtout le procédé qui donne son nom au poème et qui le fait se présenter
comme un déroulement naturel de la langue, un jeu interne des mots par
leurs complicités propres.

Ainsi mise à nu, poussée à cette extrémité, la rime n'est plus qu'un pro-
cédé- parmi d'autres- pour favoriser une sorte "d'auto production du sens"
par le langage seul et par la seule exploitation des failles -ou des hasards- de
la morphologie. Elle devient un révélateur des connivences entre les mots.

Cela ne se vérifie jamais aussi bien qu'au moment où (au défi des
règles classiques : Vaugelas interdisait semblables "facilités") les mots
accouplés s'englobent, s'identifient (c'est alors la diaphore) ou, mieux
encore, combinent ces deux effets :

> *Dépêche-toi de rire*
> *il en est encore temps*
> *bientôt la poêle à frire*
> *et adieu le beau temps*   *ibid. p.99*

Un mot en comporte un autre, le prépare, le fait naître, comme s'il en
était l'émanation ou l'invisible double. C'est le mot lui-même, l'unité lexicale, combinant son et sens, qui est alors à l'origine du déroulement du
poème. D'où le désordre et l'absurde apparent des images qu'il engendre
(rire-frire), ou la fausse redondance jouant sur la polysémie du mot "temps".

Mais on le voit, la rime ne suffit pas à contester l'unité du mot, à le
défaire en ses seules composantes phonétiques.

Ou bien, devenue un objet de dérision, elle amène un rapprochement
trop facile de deux mots qui appartiennent à des registres tellement différents que ne subsiste entre eux, hormis les similitudes phoniques, aucune
communauté :

> *..Cette idée originale*
> *étrangement analogue*
> *à la thèse fondamentale*
> *du philosophe Descartes*
> *me vint en jouant aux cartes...*   *ibid. p.53*

Plus souple et mobile que la rime, intervient alors la paronomase (ou
forte ressemblance phonique entre deux mots). C'est elle, probablement, qui

porte le mieux cette "joie d'assembler les mots sans lien logique et d'écouter sonner leur assemblage cocasse"[1] recherchée par l'auteur, alors même que dans son exercice, il ne peut se défendre d'en ressentir le piège et d'y voir une prison. Car elle allie des mots trop similaires, et elle risque alors d'enfermer le sujet dans une spirale logophilique, au lieu de l'ouvrir sur un surplus de signification, fraîchement découverte :

> *J'ai vu des barreaux*
> *je m'y suis heurté*
> *c'était l'esprit pur*
>
> *J'ai vu des poireaux*
> *je les ai mangés*
> *c'était la nature*
>
> *Pas plus avancé.*
> *Toujours des barreaux*
> *toujours des poireaux !*   ibid. p. 64

C'est le danger de la méprise, de la confusion, qui répète celui des "erreurs" de la rime, si proche.

Aussi, à multiplier les échos et les effets de sons, en vient-on rapidement à quitter le domaine du sens et à montrer que "nous parlons bien souvent pour ne rien dire"[2], ce qu'illustre avec fracas l'"automatisme sonore", ou enchaînement de mots :

> *On parla d'abord de la question des ponts, puis de la question des ponts de bois, puis des bois de pins, puis des sapins, puis des lapins, puis de la jungle et des ours"*
> *("Les surprises du dimanche" in* La Première Personne du singulier)

et le principe poétique jusque là employé dans les vers se prolonge alors naturellement hors d'eux, dans une prose qui convient tout aussi bien à illustrer, à pourchasser cette duplicité des mots et cette trompeuse fuite du sens hors de ses limites assignées.

1- *Obscurité du jour*, p. 51.
2- Préface à *Un mot pour un autre*, p.53.

C'est dire si la question poétique, au delà des principes formels (rythme, mesure, lexique, rime) d'un choix esthétique (jeux sonores, production d'images) ou culturels (vers ou prose) et en même temps par eux, relève avant tout d'un défi et d'une investigation à l'égard du fonctionnement conventionnel du discours, qui transcende et rend inopérantes les habituelles distinctions de forme entre les genres littéraires.

Et l'on n'aura dès lors guère de peine à convenir que cette poétique de l'excès formel et de la fuite hors-cadre dessine les tendances du même élan primordial dont relèvent, autant que les poèmes, des textes en prose ou des pièces de théâtre.

*

TROISIÈME PARTIE

LE CLAVIER BIEN TEMPÉRÉ
DE L'ÉCRITURE

Chapitre 5

Musiques de scène

Sous ses trois aspects, le théâtre est placé chez Tardieu sous le signe du plaisir.

Plaisir de spectateur d'abord.

Chronologiquement, l'un des premiers souvenirs liés à l'art dramatique est, vers l'âge de neuf ans, une représentation du *Malade Imaginaire* à la Comédie-Française où l'avait emmené son père. Grande partie de rire, de complicité filiale, et début d'une sensibilisation à l'humour verbal, souligné et magnifié par le jeu des comédiens. Le théâtre, c'est avant tout une occasion de rire, grâce à des personnages loufoques comme ce Thomas Diafoirus dont la niaiserie n'est jamais mieux rendue que par son embarras dans l'usage de la langue, celle en particulier des compliments amoureux. C'est aussi, comme il l'analysera a posteriori, un étonnement et un ravissement provoqués par les jeux mêlés des niveaux de langue, "les métaux opposés du langage français, les raffinements d'une culture littéraire déjà presque parvenue à son apogée et, avec l'accent faubourien de Paris, l'inépuisable et inventive cocasserie du parler populaire"[1].

Plaisir de lire ensuite : aussitôt après cette sortie, et dans son prolongement, c'est encore au théâtre que sont liés les plus émouvants souvenirs de lecture. Molière, naturellement, lu et relu clandestinement, de bout en bout, jusqu'au milieu de la nuit. Plus tard ce sera Labiche, revendiqué comme un

---

1- In *On vient chercher Monsieur Jean*, p. 27.

maître ès-cocasserie. Le paradis enfantin et ses quelques interdits délicieu-
sement bravés a déjà quelque chose d'un "théâtre secret".

Enfin, le théâtre est encore et surtout l'occasion de découvrir le plaisir
d'écrire. Très tôt d'abord puisqu'à cette phase de découverte enfantine corres-
pondent quelques "pochades", riches en inventions verbales, qui firent les
belles heures de l'appartement familial et des goûters entre lycéens, et assurè-
rent au futur homme de lettres ses tout premiers succès d'estime, et ses premiers encouragements. Puis, après-guerre, lorsque débutera véritablement sa
carrière dramaturgique, l'écriture théâtrale apportera une sensation qui peut-
être n'avait guère eu l'occasion d'apparaître dans l'activité poétique antérieure : "Ce plaisir particulier (...) le plaisir de voir surgir de la page des personnages autres que soi-même et qui se mettent à vivre et à dialoguer. C'est
vraiment le plaisir démiurgique que connaît tout auteur dramatique, je suppose."[1]

Les "voix intérieures" entendues depuis l'enfance trouvent dans l'exercice d'écriture théâtrale un visage et un corps, et l'on peut supposer que cela
contribue à dissiper l'inquiétude, et à autoriser sa transmutation en rire.

Une autre donnée biographique doit être mentionnée, qui explique également l'affection pour ce genre littéraire devenu, à partir des années d'après-
guerre, un pôle majeur de son activité d'écriture. Répondant à une demande
de Francis Ponge, qui avait alors pris la tête de l'hebdomadaire *Action*,
organe culturel du Parti Communiste, Tardieu, beaucoup moins directement
engagé que son ami dans le débat politique, avait cependant accepté de se
charger de la rubrique théâtrale. Ce qui le conduisit à fréquenter assidûment
les salles de spectacle et à faire un complet tour d'horizon de la production
dramatique contemporaine. Il en retire un très grand désenchantement :

> *"J'ai été frappé du retard de l'art dramatique sur les autres arts en tant*
> *que style, forme et contenu, du moins dans ce que l'on jouait à ce moment-*
> *là. (..) A part de très grands noms de dramaturges qui ont toujours été des*
> *novateurs (par exemple Strindberg, Pirandello, ou Giraudoux) dans*
> *l'ensemble des représentations auxquelles nous assistions tous les soirs, il*
> *régnait une espèce de banalité, de faux-réalisme, de formalisme acadé-*
> *mique, surtout dans la comédie de boulevard, qui me paraissaient presque*
> *monstrueux (...) L'ambiance du théâtre d'après-guerre me semblait grise,*
> *retardataire ou même d'une grande vulgarité !"[2]*

1 - *Causeries*, p. 45.
2 - Ibid. p. 46.

On se doute que cette insatisfaction a pu nourrir le désir d'occuper une place dans le paysage littéraire vide et disponible, qui allait subir dès le début des années cinquante les bouleversements que l'on sait.

De fait, sa réputation a subi l'attraction du nombre, et il s'est vu, à son corps défendant, apparenté à une génération d'auteurs tenue pour responsable du renouveau théâtral sous l'étiquette générique de "théâtre de l'absurde" proposée par Martin Esslin. Mais, au sein même de ce que, faute de regroupement effectif des personnes, on nommera plutôt une "tendance", l'oeuvre de Tardieu occupe une place marginale. Plus qu'une communauté de formes ou thèmes, elle partage, c'est vrai, avec la majorité des auteurs concernés (Ionesco, Beckett, Audiberti, Obaldia,...) eux aussi soucieux de bousculer des conventions alors épuisées, la faculté de traduire par l'humour la hantise de l'anéantissement, du vide et de l'absolue dissolution des valeurs morales qui s'était ancrée dans les esprits créatifs au lendemain de la guerre.

Mais l'approche spécifique de Tardieu s'est trouvée conditionnée par la conception d'un vaste projet d'ensemble, qui permet de comprendre aussi bien sa diversité et sa multiplicité que sa relative marginalisation.

Dans plusieurs textes en effet (pour la plupart des préfaces et avertissements en tête des volumes où sont regroupées ses pièces) il a eu l'occasion de décrire son approche du théâtre comme étant guidée par la volonté d'épuiser les possibilités formelles du théâtre, en construisant de façon systématique de brefs "objets scéniques", successifs et parents, consacrés chacun à l'exploration d'un unique aspect du rituel théatral. Dans cette démarche, la volonté formelle prend la priorité sur la signification, le message ou les valeurs s'inscrivant à chaque fois dans un cadre préalablement déterminé. Dans son esprit, il s'agissait d'établir un "catalogue des structures, des moyens et même des effets (anciens et nouveaux) où l'on serait parti des thèmes les plus simples pour arriver aux plus complexes"[1]. L'oeuvre ainsi constituée n'aurait aucune limite quantitative précise ("j'aurais voulu en faire une centaine sur les différentes formes du théâtre...")[2] et offrait l'avantage de solliciter l'imagination à partir de contraintes formelles indéfi-

---

1- Avant-propos au *Théâtre de chambre*, p. 9.
2- "Et Jean Tardieu recréa le théâtre", entretien in *Le Matin* , 11/3/1983.

niment multipliées : "c'est pourquoi j'ai un moment songé à classer ces esquisses ou " études" par catégories telles que : Comédies du langage, Comédies de la Comédie, monologues et dialogues, Rêves et cauchemars, en donnant à chaque pièce un sous-titre qui la situait dans sa série." Le projet s'inspire d'un modèle musical et se donne pour référence idéale le *Clavecin bien tempéré* de Bach .

Après avoir été plus ou moins laissé de côté dans les années 60 et 70, ce projet de systématisation des pièces a été remis à jour à l'occasion d'une redistribution des textes pour leur édition dans la collection "folio". Mais il n'en marque pas moins l'ensemble de la production théâtrale tardivine, aussi bien pour ce qui est de sa composition et son organisation qu'en ce qui concerne le contenu des pièces, nécessairement affecté, relégué au "second plan" par la priorité donnée à l'exploration formelle. D'une certaine manière, cette volonté explique également l'accueil fait à ce théâtre et sa notoriété toute particulière.

La réalisation d'un tel projet passe en effet, préférentiellement, par une utilisation accrue des formes brèves. Les pièces se sont ainsi accumulées dans le registre du texte court, de la saynète ou de l'élément de spectacle, encourageant leur utilisation dans des spectacles composites, ou bien dans le cadre d'écoles, de troupes d'amateurs à petits budgets.

D'autre part, et parce qu'il s'agit le plus souvent de s'en prendre à une convention théâtrale, en la parodiant ou en la poussant à l'absurde, parce qu'enfin une part importante de l'humour des pièces repose sur des jeux verbaux d'une efficacité toujours garantie, ces pièces ont eu - et continuent d'avoir- un succès considérable, et de figurer parmi les plus fréquemment représentées du répertoire français contemporain. On est en effet surpris d'apprendre qu'une pièce comme *Un mot pour un autre* a été jouée près de 1.000 fois pour la seule période 1979-1988, et que, dans le même temps, la SACD[1] a enregistré au total près de 6.000 représentations de ses pièces, ce qui n'est pas loin d'en faire, en stricte valeur absolue, l'auteur dramatique le plus "vivant" de son siècle !

Paradoxalement, si la renommée de Tardieu lui vient surtout de cette part de son oeuvre, il n'est pas reconnu comme l'un des grands auteurs dramatiques, comme l'égal des dramaturges contemporains cités auparavant, et

1- On trouvera le décompte exact de ces représentations dans *L'Herne*, bibliographie, p. 437-438.

qui contribuèrent, en même temps que lui, à renouveler les codes et les thèmes de la scène depuis 1950. Il est significatif de constater que G. Serreau[1] ne le mentionne que très brièvement au cours de son étude sur le "Nouveau théâtre", où elle le situe aux côtés de Boris Vian, " dans la région de Ionesco" ou que Georges Versini, auteur d'un "Que-sais-je" sur *Le théâtre français depuis 1900* , l'expédie en 4 lignes, n'y voyant (si l'on peut dire...) " qu'un jeu, trop souvent gratuit, sur le langage". Le rire est-il à ce point dévalorisé chez nos éminents critiques, qu'on ne le juge pas digne de sortir du ghetto des "café-théâtres"? Est-il une denrée trop vulgaire et populacière pour conférer à son auteur une part de la "noblesse" ou tout simplement de reconnaissance qu'on réserve à l'homo litterarius academicus ?

Second handicap face à la reconnaissance, la forme brève ne jouit pas d'un prestige suffisant. Considérée comme marginale, voire inachevée, elle souffre d'un mépris sur lequel l'auteur ne s'illusionne pas: " Pour accéder au véritable titre d'auteur dramatique, il faut aller à des formes plus classiques et plus amples, et qui utilisent les ressorts (plus classiques aussi) de la continuité d'une pièce, de son argument"[2] . Si cela est, il faut aussi faire la part, dans la relative indifférence qu'affecte la gloire à l'endroit de cette oeuvre, d'une personnalité très peu encline à se mettre en évidence et à rechercher, comme on l'a vu, les occasions de notoriété.

Ce qui ne l'empêche pas de rêver à des mises en scène de grande envergure - notamment à propos des quelques pièces, moins parodiques, qui possèdent la durée et les éléments d'intrigue jugés "nécessaires"- mais le fait néanmoins s'insurger contre certaines opinions partielles et rapides qui, ne retenant qu'une partie de son travail sans forcément en saisir les intentions[3], s'empressent de lui attribuer une place à la fois très honorable mais inamovible, rigide et réductrice parmi les fantaisistes du langage et les spécialistes de la brièveté "humoreuse".

Ainsi se reproche-t-il le titre qui a le plus fait pour sa réputation - et pour l'erreur dont elle est entachée- "ce malheureux sketch *Un mot pour un autre* qui fait mon tourment, car on me le jette à la tête comme si c'était le

---

1- G.Serreau, *Histoire du nouveau théâtre,* Gallimard 1966; coll.Idées, p. 148-149.

2-Entretien, in *Europe* p. 52.

3-Il en va ainsi de sa plus "grande" pièce, *La cité sans sommeil,* dont il veut régulièrement préciser que, malgré la présence d'un dictateur et de résistants, elle n'a aucun caractère allusif ni politique.

fin du fin de ce que j'ai écrit, alors que je n'y attache pas plus d'importance qu'à un exercice, dans le contexte d'une investigation plus générale et plus variée sur les ressources d'un théâtre alors futur (c'était vers 1950) et sur les formes à détruire."[1] Préférons, quant à nous, voir dans cet aveu , en même temps qu'une marque du dépit de l'auteur, une invitation à examiner ces "investigations" et ce travail des "formes à détruire".

La comédie du répertoire.

Qu'en est-il aujourd'hui du projet initial?

L'ensemble du théâtre aujourd'hui publié tient en 43 textes distincts parus dans quatre volumes entre 1955 et 1984, et dont la plus grande part est reprise dans trois volumes de la collection folio. Mais l'on s'autorisera à dénombrer 38 pièces ou " exercices" théâtraux, en considérant d'une part que les trois "livrets d'opéra de chambre" sont à voir sous un aspect un peu différent puisque, textes de commande ou bien réalisés en collaboration avec un musicien, on ne saurait y voir des oeuvres intrinsèques[2], et d'autre part que trois pièces particulières ont entre elles un lien trop fort pour qu'on les distingue, celles que l'auteur lui-même regroupe sous le titre générique de "La triple mort du client".

On peut sans difficulté retrouver dans ces 38 pièces la présence (sous-jacente ou affichée par les sous-titres) de la classification évoquée précédemment. Encore faut-il pour cela éclaircir quelques contradictions qui, d'une édition à l'autre ou d'un préambule à un autre, font glisser tel texte dans une catégorie différente. Mais l'enseignement principal d'une telle typologie est de constater que près de la moitié des pièces échappent, en fait, à la systématisation proposée.

Un tableau récapitulatif permet en effet de distinguer trois grandes familles de textes : celle des " exercices de style" en regroupe une ving-taine, sous les trois "têtes de colonne" suivantes : La comédie de la comédie (7 pièces), la comédie du langage (7), la comédie des arts (6).

Le groupe le plus nombreux est celui des "Poèmes à jouer"(14), vaste

---

1-*On vient chercher Monsieur Jean*, p. 115.

2- Le troisième, en particulier, existe sous deux titres différents, " Le souper" dans sa version scénique et musicale et "Joyeux retour" dans une version publiée, sous la forme d'un "projet de scénario" in *Théâtre III*.

ensemble composé des pièces pour lesquelles cette formule est explicitement employée par l'auteur, soit qu'elles figurent dans le volume ainsi
nommé (9), soit dans la partie du second volume folio qui la reprend (les
5 supplémentaires). La préoccupation formelle y est cette fois seconde par
rapport à l'expression, au thème ou à la recherche proprement dramaturgique.

Enfin, s'insèrent encore moins dans le projet de départ, quatre
"grandes pièces" de plus vaste ampleur, reprises notamment dans le troisième volet : La comédie du drame, et dans lesquelles s'exprime davantage
la volonté de construire une intrigue, d'approfondir le contour des personnages, de développer une situation ou de multiplier les thèmes.

TYPOLOGIE DES PIÈCES DE TARDIEU : voir
page suivante.

TYPOLOGIE DES 38 PIECES

1°-"Exercices de style"	*Objet*	*Procédé parodique*

A-La comédie de la comédie

Il y avait foule au manoir	monologue	abus systématique
Oswald et Zénaïde	apartés	abus systématique
L'Archipel sans nom	gestes	substitution
Eux seuls le savent	implicite	abus systématique
La mort et le médecin	style enfantin	abus systématique
Une consultation	définition des rôles	inversion
Faust et Yorick	durée	concentration

B-La comédie du langage

Un mot pour un autre	lexique	substitution
Finissez vos phrases	clichés	abus systématique
Les mots inutiles	logorrhée	abus systématique
Ce que parler veut dire	infra-langages	démonstration
De quoi s'agit-il?	euphémisme	hypertrophie
Conversation-Sinfonietta	musicalité	dérision/sens
Une soirée en Provence	métatexte	

C-La comédie des arts

les arts:

La sonate	musique	imitation
La galerie	peinture	évocation
La Société Apollon	sculpture	dérision

les techniques

L'Ile des lents...	rythme/cinéma	"mise en pratique"
Un film d'art ...	illustration pict./diapos	dérision
Les oreilles de Midas	enregistr.sonore	dérision

2°-Poèmes à jouer   *Thème*

Une voix sans personne	la présence absente
Qui est là	la fin de l'Homme
La politesse inutile	les valeurs morales
Monsieur moi	la raison
Le sacre de la nuit	la paix retrouvée
L'epouvantail	la solitude, le temps
Malédiction d'une furie	le temps
Trois personnes entrées...	Arts, peinture
Rythme à trois temps	paysage/danse
Tonnerre sans orage	Solitude/dieux
Des arbres et des hommes	Amour-Nature/menace
L'ABC de notre vie	Temps/naissance/Verbe
Les temps du verbe	passé, langage, folie
Les amants du métro	Amour, ville , communication

3°-"Grandes pièces"   *Intrigue*

La cité sans sommeil	cauchemars, pouvoir
Le rite du premier soir	peur, couple
Pénombre et chuchotement	retrouvailles, souvenirs
La triple mort du client	absurde, extrême

Le premier groupe de pièces est essentiellement de nature parodique. Sur un canevas volontairement réduit au minimum, il met en scène non des situations mais des variations, jusqu'à épuisement, sur un principe désigné dans le sous-titre ou repérable dès les premiers mots. Le modèle de référence de la parodie est presque toujours le même : la comédie de boulevard (combien d'amoureux impatients, d'interdits parentaux, de retrouvailles, de disputes, de ruptures et de raccommodements; combien de salons bourgeois...).

Dépouillée de toute intrigue significative, la pièce adopte pour unique centre d'intérêt l'application et le développement d'une hypothèse expérimentale, du type : voyons ce qui se passerait si ....les personnages ne parlaient qu'en aparté (*Il y avait foule au manoir*), s'ils inversaient ou bouleversaient l'ordre établi du sens des mots (*Un mot pour un autre*) ou des conventions mondaines (*L'archipel sans nom*); s'ils ne s'exprimaient que par clichés ou implicites (*Finissez vos phrases*); si l'on privait le spectateur de la scène d'exposition traditionnelle, censée lui permettre de rattraper son déficit informatif sur les personnages (*Eux seuls le savent*) , etc.... Ces expériences étant limitées à trois champs d'investigation : les codes dramaturgiques, l'exercice du langage, l'expression artistique.

Outre cette manière d'approcher le théâtre à la façon d'une déclinaison du même sous ses formes multiples, la volonté de simplification et d'unicité ajoutent encore à l'empirisme de la démarche.

Unicité : chaque pièce est une étude autonome et reconnaissable, l'exploitation d'une seule hypothèse, menée à son plus ample développement, c'est à dire jusqu'au moment où, la démonstration étant faite, le comique de répétition ou d'insistance ayant joué, la fable revient au premier plan pour fournir une pirouette ou une formule de conclusion logique ou simplement acceptable.

Simplicité : évacuant tout centre d'intérêt secondaire, la trame est uniquement constituée par la "mise en pratique" d'une idée formelle, d'un principe théorique. Quitte à prendre le risque de la lourdeur et de la redite, les procédés les plus fréquemment employés pour s'y tenir sont l'abus systématique (on ne trouvera *que* des apartés, *que* des monologues, *que* des énoncés vides de sens, etc...) et l'hypertrophie : les apartés *les moins* discrets, les énoncés *les plus* vides , etc..., si bien que, pour le spectateur, l'intérêt de la pièce dépend exclusivement du pouvoir qu'a le procédé choisi de provoquer des effets comiques ou, plus rarement, lyriques.

Si le défi à l'inventivité qui consiste à remplacer dans la langue un vocable par un autre est une source quasi-inépuisable de surprises et de comique, celui au contraire qui prétend faire "comme si" la pièce avait été rédigée par en enfant - et s'y tient- a vite fait de révéler ses limites dramatiques.

C'est pourquoi le recours parodique à un modèle, fut-il une combinaison de stéréotypes, est d'une précieuse utilité : il offre un squelette, un semblant de consistance à des énoncés qui en sont la négation. On s'en rend compte notamment par les quelques pièces qui échappent au modèle vaudevillesque. Deux substituts se dessinent alors :

- l'aventure solitaire, lorsque la pièce tourne autour d'un seul personnage, plus ou moins entouré : *Faust et Yorick*, ou *Les oreilles de Midas*. Dans les deux cas, on retrouve la figure du savant aveuglé par l'objet de sa recherche, qui en oublie de vivre et rate son existence au nom d'une vérité suprême ou d'une découverte révolutionnaire. Le propos, pour peu hardi et novateur qu'il soit, prend tout de même l'allure d'une dénonciation, d'une "thèse".

- le dialogue, et cette fois, facilitée par l'échange des répliques entre deux antagonistes, la thèse, prenant une plus forte consistance. Avec *Une consultation, La galerie, Une soirée en Provence*, on touche progressivement, et dans cet ordre, aux thèmes fétiches : doute sur l'identité, traduction par le langage des émotions artistiques, et réflexions sur le sens de la vie, la faculté d'agir sur le monde. Dans ces trois cas, l'auteur traite ses sujets à la manière d'une "étude de cas", et joue alors de la facilité offerte par le théâtre de produire une réalité factice, se prêtant idéalement à des expériences "à blanc" : que se passerait-il si....le doute identitaire était présenté comme une maladie, et traité comme tel par un médecin? .....si l'on était mis en demeure d'exprimer l'émotion procurée par différents tableaux ou encore, comment se comporteraient deux philosophes antagonistes en face d'un cas concret, le spectacle d'un suicide par exemple (même si le propos d'*Une soirée en Provence* excède largement ce seul épisode).

Dans tous ces cas, l'absence de forme dramatique de référence, voire d'élément parodique, se traduit par un renforcement du contenu. Avec le dernier exemple cité, notamment, on entrevoit les limites d'une classification qui repose sur des critères exclusivement formels. Bien que située par l'auteur parmi les "Comédies du langage" (on y aborde, c'est vrai, avec insistance la question du langage poétique) la pièce *Une soirée en Provence* tient des trois "familles" existantes : elle est aussi bien un poème à jouer qu'une "grande pièce" suffisante pour constituer à elle seule un spectacle, comme l'ont prouvé Gérard Lorin et Claude Aufaure en 1987 .

La forme théâtrale est ici exploitée comme un moyen supplémentaire de poser des questions, qui figurent ailleurs sous forme de poèmes, de proses poétiques et d'essais, avec l'espoir que cette démultiplication de l'interrogation est déjà un pas vers la réponse. C'est dire si ces pièces, données comme de pures applications de procédés, contiennent cependant des éléments caractéristiques de l'oeuvre entière. Le théâtre en donne une version le plus souvent ludique, comme s'il s'agissait d'en exploiter ici le potentiel humoristique, alors que l'essai ou le poème en développent la gravité .

Si l'intention initiale est - à peu près- couverte par les 7 pièces de "la comédie de la comédie", l'existence même de deux autres registres, le langage et les arts, tendent à conforter cette impression, en confirmant que le théâtre n'est ni séparable des autres écrits, ni aussi purement formel que le laissait entendre son organisation primitive en un système.

De fait, un seul domaine est abordé exclusivement par le biais théâtral, alors que, absent du reste de l'oeuvre, il occupe une place importante dans la vie de Tardieu : l'intérêt pour la radio. Avec *Les oreilles de Midas* et *Le Haut-Parleur* s'exprime la défiance à l'égard de la communication indirecte et factice assurée par les enregistrements sonores, et *L'ile des lents et l'ile des vifs* tire son principe (Accélération/ ralentissement du rythme de la vie) des curieux jeux sonores auxquels tout visiteur d'une cabine de montage est invité à assister. C'est que la radio offre une alternative à la scène, ou en est une variante, et dès lors, dans une démarche expérimentale, mérite d'être explorée.

Les "Pièces radiophoniques", parmi lesquelles figurent ces deux derniers exemples, explicitement conçues pour ce moyen de diffusion, constituent la majeure partie du troisième volume de théâtre paru en 1975[1].

D'autre part, ces nombreuses exceptions à la règle parodique nous invitent à relativiser le poids des préoccupations présentes dans les diverses pièces. Si le théâtre est bien un champ d'expérimentation supplémentaire, il ne traite cependant pas chaque question avec la même intensité, ni ne lui accorde la même importance. Et de leur traitement burlesque à leur traitement sérieux, on retrouve bien une certaine hiérarchisation des valeurs. Sur deux thèmes également représentés ailleurs, on constate par exemple que le souci de "traduire en mots l'émotion provoquée par le peintre ou le musicien" débouche, avec *La sonate...* ou *La galerie*, sur un défi d'une ampleur nettement plus conséquente que celui de déchiffrer les "infra-langages" dans *Ce que parler veut dire*.

Avec les " Poèmes à jouer", l'ambiguïté du recours à la scène est encore mieux démontrée. Cette fois, la volonté parodique ou les expériences formelles sont totalement éclipsées au profit d'un discours plein, où se retrouvent, par phases ou par sous groupes, avec croisements et récurrences, tous les éléments thématiques de l'écriture tardivine.

Quelques textes datés de l'immédiat après-guerre, parmi lesquels on compte les premières pièces représentées, font entendre l'écho des drames et des angoissantes frayeurs alors ressentis par le poète. *Qui est là?, La politesse*

---

1 - Il s'agit bien entendu de l'édition initiale, les rééditions en collection "folio" ne tenant, une fois de plus, pas compte de la classification première.

inutile, Le sacre de la nuit portent la trace de l'épouvante à peine surmontée, et illustrent le partage, entre visions d'horreurs et cris d'espoir, d'une conscience douloureusement et miraculeusement sortie d'affaires. On peut supposer que la forme scénique y est préférée d'une part parce qu'elle lui permet d'élargir son audience, mais aussi qu'elle se prête à sa volonté de "transposition" du réel, entre symbolisme et réalisme, faisant du temps de la représentation une excursion hors de la réalité. Par les possibilités de transformer le rythme, les couleurs et les décors de la vie réelle, les conditions du spectacle sont les mieux adaptées pour rendre compte et faire partager l'atmosphère des cauchemars ou des rêves, faire voir et entendre une représentation du réel, des personnages et non des individus, bref exprimer un espace intérieur qui ne se limite pas à l'exploration du moi de l'auteur, mais où évoluent les multiples visages et les sensations issus de sa vision du monde.

C'est aussi pourquoi cette partie de l'oeuvre théâtrale comporte quelques textes à l'allure de réflexions métaphysiques. Incapable de rédiger des traités approfondis sur la question, ce poète qui aime à se présenter comme un "philosophe du dimanche" et dont l'esprit est en permanence agité par les énigmes du monde et de la nature, utilise les moyens de l'expression dramatique pour en faire résonner l'accent. *Tonnerre sans orage, Des arbres et des Hommes, Malédiction d'un furie, Monsieur Moi* ou, plus récemment, *L'Epouvantail*, dessinent ainsi un second sous-ensemble marqué par les grandes interrogations sur le temps, la solitude de l'homme et les menaces qui pèsent sur lui. L'emphase et le soliloque tragiques y permettent de souligner la gravité des enjeux.

Plus nettement encore, la forme théâtrale sert la volonté du poète lorsqu'elle lui donne les moyens de réaliser de véritables morceaux de poésie scénique, où le pouvoir évocateur des mots est souligné ou redoublé par la mise en scène. *Une voix sans personne, L'ABC de notre vie, Rythme à trois temps* témoignent ainsi de tentatives pour donner à voir les sensations de démesure, de déséquilibre ou d'équilibre du sujet perdu dans l'espace. *Trois personnes entrées dans des tableaux* reproduit sur scène, et par l'entremise de locuteurs désincarnés, les essais effectués dans de multiples proses pour métamorphoser grâce au lyrisme l'atmosphère particulière liée à l'univers d'un peintre.

Enfin, si les deux pièces *Les temps du verbe* et *Les amants du métro* font également partie, d'après la classification de l'auteur, de ces "poèmes à jouer", elles se situent à un tout autre degré d'utilisation de la scène.

Moins chargées de lyrisme que les précédentes, construites autour de personnages aux contours plus précis, elles explorent chacune une situation de communication perturbée. Dans la première, le personnage central est muré dans le passé, son univers mental est brisé à la suite d'un accident de voiture où périrent sa femme et ses trois enfants. Sa réaction à la suite du drame consiste à se figer dans le temps de l'accident et, à l'image d'une horloge brisée et indéfiniment arrêtée sur l'heure du choc, de laisser fuir un présent qu'il ne peut plus vivre ni même nommer, puisque désormais il ne parle plus qu'au passé. La pièce le trouve au moment où un médecin tente sa rééducation.

Quant aux "amants du métro", séparés par des représentants de la "foule anonyme", ils doivent en subir les bavardages ou les intempestives réactions avant de pouvoir retourner à leurs amoureuses niaiseries.

Pièces "à thèse", beaucoup plus proches que les précédentes de références au réel (même si, là encore, il n'est pas question de véritable réalisme), leur position parmi ce groupe de pièces est ambiguë. L'auteur n'a sans doute pas échappé à cette difficulté puisque l'une, publiée initialement dans le volume consacré aux " Poèmes à jouer", est parue ensuite sous la bannière de "La comédie du langage", alors que l'autre, bien que souvent portée à la scène, n'a même pas été reprise dans le dernier volume des rééditions (*La comédie du drame*). Hormis leur durée peut-être un peu plus courtes, on les apparenterait en effet plus volontiers aux "grandes pièces".

Ces dernières ne constituent pas à proprement parler un groupe cohérent puisque, là plus qu'ailleurs, chacune est à considérer séparément. Plus achevées dans leur déroulement, et distinctes de toute "famille" constituée sur une identité formelle, elles sont construites cette fois comme de "vraies" pièces et non plus des exercices. Elles comportent une distribution élaborée, n'excluant pas toute psychologie; les personnages peuvent avoir une consistance véritable et la situation dans laquelle ils se trouvent est considérablement plus développée. Chacune est centrée sur une frayeur ou un fantasme : la vie affective ratée à la suite d'un amour de jeunesse interdit, qui est cruellement révélé lors de tardives retrouvailles (*Pénombre et chuchotement*); la ridicule "peur du voleur" chez un couple de banlieusards, totalement sublimée par la complicité inattendue de la victime lorsque l'incident redouté se produit (*Le rite du premier soir*) ou encore la hantise de voir apparaître dans la réalité les créatures issues du cauchemar, dans un monde absurde et tyrannique d'où le sommeil, l'apaisement et les rêves sont bannis (*La cité sans sommeil*). Cette fois la justification de la forme théâtrale tient, plus que de la parodie, d'une mise à distance et d'un besoin d'exorcisme assurés par la représentation sur scène de ce fantasme.

*

La comédie de la parodie

L'importance du travail de Tardieu sur la forme théâtrale repose, bien plus que sur tout essai de classification, sur une pratique spécifique des différents codes du genre.

Pour "inventer les formes d'un théâtre à venir", il ne lui suffit pas en effet de multiplier les effets comiques liés à divers aspects de la parodie, mais il faut surtout creuser, détourner, épuiser les formes existantes, faire craquer définitivement les anciennes habitudes théâtrales pour que s'affirment les possibilités d'un nouveau théâtre, aussi bien sur le plan textuel que scénique.

L'élément parodique porte avant tout sur la part textuelle, et s'applique au premier chef à une dévastatrice "révision" des concepts d'intrigue et de personnage.

S'il peut paraître plus facile de résumer une pièce de Tardieu que de Beckett, il suffit pourtant de tenter l'expérience pour réaliser qu'on passe à côté de l'essentiel, et qu'on ne peut se fier à l'intrigue pour rendre compte de l'intérêt du texte. Parce que le "principe" qui l'anime est indépendant de celle-ci, et qu'elle ne lui sert tout au plus que de support.

A lire les pièces les unes à la suite des autres, on a souvent l'impression de retrouver les mêmes lieux (le salon parental, la salle de conférences, l'appartement du couple), les mêmes moments (la demande en mariage, les retrouvailles, les disputes) ou les mêmes états (la maladie, l'impatience, l'enthousiasme béat). Ces données volontairement isolées contribuent à centrer la courte pièce autour d'une "tranche de vie" dont la banalité est l'une de conditions requises par la visée expérimentale de l'auteur : il s'agit de se débarrasser de tout fait original, de tout élément pouvant susciter la curiosité du spectateur, afin d'accorder la plus large amplitude au développement du

principe d'écriture désigné. La dimension parodique n'est qu'une conséquence de cette visée expérimentale, et doit ainsi être perçue au second
plan, tel un effet secondaire. Ce qui n'est pas toujours accepté par le public,
et peut donner l'occasion de quiproquos assez savoureux, comme en fut victime cette spectatrice de *La sonate et les trois messieurs* entendue par
l'auteur, laquelle, passant totalement à côté de la dimension musicale
(puisque le principe en est que les trois personnages essaient de "raconter"
ce qu'ils ont ressenti lors d'un concert) croyait assister à la représentation
un peu bavarde d'une partie de pêche infructueuse.

   C'est notamment ce que confirme l'existence, à côté de ces pièces d'allure redondante, de celles qui ne reposent sur aucun support diégétique.
Quelle intrigue, en effet, dans des textes comme *La galerie, Un film d'art
et d'aventures, La mort et le médecin , Une consultation, Une voix sans personne*, etc....? Tout au plus un lieu, un sujet de discussion; dans le meilleur
des cas, un ou deux personnages, et c'est tout. Il ne reste plus qu'à assister
au déroulement du texte et aux effets d'animation scénique, seuls chargés de
le supporter et le dynamiser.
   A la notion de "sujet" de l'oeuvre, Tardieu préfère ainsi celle de
"thème" qui, empruntée à l'univers musical, a l'avantage de détourner
l'intérêt de l'intrigue vers le principe d'écriture, et nous indique aussi que ce
dernier n'est pas forcément et invariablement de nature formelle. Avec
L'ABC de notre vie, par exemple, l'intrigue est ainsi définie, à l'occasion de
la présentation du personnage : " le protagoniste est "l'homme de tous les
jours" - peut-être un employé, peut-être un ouvrier- qui va vivre devant nous
sa journée de congé". Piètre compte-rendu, qui laisse il est vrai la porte
ouverte à toutes les interprétations.... et à toutes les méprises, alors que la
présentation des "thèmes " de la pièce, dans l'avant-propos, est on ne peut
plus directive et explicite :

> *"Il y a trois thèmes dominants: le premier souligne l'illusion fondamentale
> et en quelque sorte vitale, que nourrit chacun de nous, de constituer une
> entité distincte de l'ensemble de la société. (...) Le second thème exprime le
> pouvoir que seul possède l'amour, de nier ce passé et cette présence et de
> créer le splendide isolement du couple(...) Ce thème conduit au troisième
> (...) en dégageant le commentaire perpétuel de l'homme par l'homme..."*

   Enfin, le primat du "thème" sur l'intrigue se trouve encore confirmé
par la finesse éditoriale qui a fait placer ce texte, dans son édition originale,

à la suite immédiate de *Les amants du métro*. Cette dernière pièce, contrairement à *L'ABC*, possède bien un semblant d'intrigue, mais on peut surtout y voir développés, sous une forme extrêmement différente, exactement les trois mêmes thèmes.

La notion de personnage constitue l'autre support expérimental, soigneusement dépossédé lui aussi de ses attributs conventionnels.

Dans les pièces de Tardieu, on trouvera de tout peut-être, mais certainement pas d'investigations psychologiques. Le premier signe de la jubilation dans l'écriture théâtrale se trouve peut-être dans le soin presque maniaque mis à le déposséder de toute identité, et de toute apparence réaliste.

Ainsi la question du nom propre est- elle rapidement évacuée.

Par l'anonymat conventionnel : personnages au "nom" de A,B,C,D etc... dans *Finissez vos phrases, Une soirée en Provence, La sonate* ou *Rythme à trois temps*; ou par la dépersonnalisation extrême dont s' accompagne la désignation de leur fonction strictement utilitaire : B1, B2, C1, C2 sont les seules concessions à l'identité auxquelles ont droit quelques-unes des voix de *Conversation-Sinfonietta*.

Plus savoureux, dans *L'ABC*... s'expriment "Monsieur Mot" et "Madame Parole", chargés tous deux de "prononcer les mots du dictionnaire avec le maximum d'impersonnalité". "Lui" et "Elle" suffisent à nommer les amants du métro ou ceux de *Des Arbres et des Hommes* qui deviennent, encore plus dépouillés d'individualité, "L'homme" et " La femme" dans *Trois personnes entrées dans le tableau* ou *Le sacre de la nuit*.

Leur fonction purement "technique" est ailleurs confirmée, avec une désinvolture qu'on peut prendre pour une marque d'ironie violente, par "Le personnage" de *Joyeux retour* ou "Le protagoniste" de *l'ABC*...

On reconnaît pourtant volontiers l'humour de Tardieu dans cette naïveté burlesque et désuète qu'il pratique à travers son affection pour les patronymes caricaturalement français, plus ou moins démarqués de Labiche : les époux Redadon (*Le rite du première soir*), Madame de Perleminouze (*Un mot pour un autre*), Monsieur Pomméchon (*L'ile des lents...*) ou encore les identités faussement emblématiques, résumant par un nom ridicule la platitude de leur rôle : Monsieur et madame Pérémère (*Les mots inutiles*) ou un semblant de personnalité : Miss Issipee (*Il y avait foule ..*), le comte Von Schwirigkeit, Mrs Steaple-Chase (*Le club Archimède*) et enfin celles, définitivement ludiques, qui achèvent de faire sombrer leurs déten-

teurs dans l'univers de la farce : l'amiral Sépulcre, Madame de Saint-ici-
bas, Mademoiselle Cargaison (tous de *L'archipel sans nom*).

Le contour social des rôles n'est guère plus développé que la nomination des personnages. Là encore, le stéréotype est la règle la plus fréquente :
on compte au moins cinq occurrences du savant ou du professeur[1], des
groupes de touristes ou visiteur[2], quatre du "charmant petit ménage" dont la
danse éthérée veut symboliser l'harmonie[3] et plus encore de couples déchi-
rées ou raccommodés[4]. Mais le plus souvent, la désignation du personnage se
limite à l'attribution d'une vague et schématique fonction sociale : le repor-
ter, la patronne, le juge, le docteur, etc... ce qui ramène la question de l'identité à celle du rôle et du costume, et met à nu la seule fonction "actancielle".

C'est que le nom résume à lui seul une attitude et presque un rôle.
On en a encore la preuve avec le personnage féminin du *Rite du premier soir*, qui se transforme au cours de la pièce, passant d'épouse craintive,
faible et figée dans la passivité à une redoutable "chef de gang" clandestine,
autoritaire et sans pitié. Ce faisant, elle révoque son premier prénom,
"Marie" et devient, sans transition, "Justine": "c'est mon second prénom, il
me plaît davantage". On ne peut mieux démontrer que le nom, immanqua-
blement porteur de connotations faciles à déchiffrer par le public, épouse
l'esprit du personnage, traduit sa personnalité, révèle son tempérament et
donc, peut en tenir lieu.

Quant au psychisme, il est lui aussi rapidement évincé des pièces, à
l'aide de comportements stéréotypés : les amants réconciliés d'*Oswald et
Zénaïde* expriment ainsi leur vision des relations conjugales :

> *"Zénaïde (à part) : Le voilà qui se trompe encore d'heure, mais je dois
> apprendre à ne pas contredire mon époux.*
> *(haut) Eh oui, déjà le soir , Oswald!*
> *Oswald (à part) : Parbleu non, il fait encore grand jour, mais, il ne faut
> jamais contrarier les femmes"*

1- *La cité, Le meuble, Le club Archimède, Les oreilles de Midas.*

2- *La société Apollon, Pénombre et chuchotement, Le Club Archimède, Un clavier pour
un autre.*

3- *L' ABC, Les amants du métro, Des arbres et des hommes, Un clavier pour un autre.*

4- *Le souper, Des arbres.., Les amants du métro, Les oreilles de Midas, L'Ile des lents,
Pénombre et chuchotement..*

Ailleurs, la Lili de *L'Ile des lents* évoque son idéal de pacotille: "Plus tard, quand nous serons riches, nous nous consacrerons à la pauvreté!", résumant dans un plaisant paradoxe les aspirations les plus "élevées" des personnages tardivins.

Détachés de toute réalité, ils témoignent par leur stricte vacuité culturelle ou intellectuelle de leur statut de personnage théâtral, n'ayant par définition aucune existence antérieure au lever de rideau ni postérieure à sa chute.

Tout aussi transparent que le laisse entendre l'étiquette qui leur sert de nom, leur comportement se borne à reproduire des attitudes elles aussi stéréotypées, et la plupart du temps exprimées directement par l'auteur à travers ses très nombreuses didascalies : " avec tristesse", "sur le ton du commandement", "négligemment", "avec véhémence", "conciliant", "abasourdi", "stupéfait", etc...

La comédie de la scène

Cette dernière remarque pourrait conduire à penser à une négation du travail des comédiens, purement voués à appliquer des directives précises et à bannir tout effort d'interprétation, afin de ne pas ajouter d'épaisseur à des personnages volontairement mis "à plat". Rien ne ressemblerait plus à un contresens, et il est bien des écueils à éviter pour que l'esprit expérimental de nombreuses pièces ne serve pas de prétexte à réaliser un sous-produit de spectacle, comme c'est souvent le cas. C'est pourquoi l'auteur prend en compte jusqu'aux conditions matérielles auxquelles sont confrontés le metteur en scène et les comédiens. Sa prévenance est même touchante lorsqu'il considère leurs légitimes soucis d'économie: à propos de *l'ABC*, ne précise-t-il pas en effet " cette "gymnastique vocale" a pour but d'éviter de mobiliser un choeur trop nombreux. Il est bien évident que, si l'on n'avait pas ce souci d'économie des moyens, on pourrait ...." (*La comédie du langage*, p. 280).

Mais surtout, les exigences novatrices de l'auteur nécessitent une virtuosité très particulière et très inhabituelle de la part des interprètes.

Ce peut-être dans les mouvements, notamment avec la très grande rapidité des changements de costume imposés par la multiplication des personnages dans *Il y avait foule au manoir*, ou dans un registre opposé, la lenteur nécessaire aux effets voulus par le *Rythme à trois temps*.

Mais, plus fréquemment, il s'agit de virtuosité vocale. Celle des intonations par exemple, sur lesquelles repose entièrement l'intelligibilité de *Un
mot pour un autre*, puisque le comédien doit parvenir à suggérer le "sous-
texte" (l'énoncé conforme à la langue) alors qu'il prononce des mots substi-
tués. Celle des rythmes, qui peuvent également assurer la réussite ou l'échec
de *La sonate et les trois messieurs*, ou de la redoutable et somptueuse
Conversation Sinfonietta, selon que la musicalité de l'ouvrage est ou non
maîtrisée. Celle de la diction, en particulier pour le choeur de *l'ABC* qui doit
être capable comme le précisent cette fois des "remarques préliminaires", de
faire saisir des paroles comme issues d'un murmure indistinct .

Si le souci réaliste doit être pourchassé, l'une des "difficultés essen-
tielles" pour les comédiens, est de parvenir à éviter tout aussi soigneusement la tentation du symbolisme facilement retrouvée dans un jeu neutre
et absent. Entre ces deux écueils se situe le fragile point d'équilibre
recherché par l'auteur à travers le terme mallarméen de *transposition*,
que l'on retrouve plus d'une fois sous sa plume[1] et qu' il impose comme
alternative au " faux réalisme, au formalisme académique" honni (*Causeries* p. 46) des pièces contemporaines. Il note ainsi, à propos de *l'ABC* :
"les interprètes dont les attitudes, les gestes et les déplacements doivent
être dirigés avec précision sont tantôt "impersonnels" comme les éléments d'un corps de ballet, tantôt expressifs et personnels comme les
mimes ou les danseurs incarnant des "rôles" et (...) tout cela doit se passer dans une atmosphère de transposition- et, si l'on veut, d'abstraction-
qui n'a rien de commun avec l'atmosphère habituelle du théâtre proprement dit...".
Les allusions au ballet et au mime situent de façon éclairante le
domaine de référence. Elles nous rappellent ce désir de proposer non des
pièces de théâtre mais des "objets scéniques", où sont exploitées à partir du
texte, les ressources propres de la scène.

C'est pourquoi une part importante du texte théâtral réside dans les
didascalies. Et c'est à travers elles le plus souvent que Tardieu occupe la

---

1-Notamment : préface à *Théâtre I*, note in *La comédie du langage*, p. 279, *Causeries*
p.47.

"place d'auteur dramatique". Il confie en effet (*Causeries,* p. 49-50) prendre peu de part à la préparation des spectacles, à la mise en scène et aux répétitions. En homme tolérant et en auteur discret, il sait reconnaître et respecter la liberté du metteur en scène et des comédiens dans la "création collective" qu'est la représentation théâtrale.

Il s'en tient donc aux notations dans les textes pour toutes les précisions jugées utiles à la représentation. Et on a parfois l'impression qu'elles sont elles-mêmes objet d'expérimentations formelles, tant sont variés leurs modes de présentation: des classiques indications de décor, éclairage, tonalité ou jeu, jusqu'aux paragraphes entiers, rédigés en colonne en regard du texte, en passant par l'avant-propos, l'argument, la "note complémentaire", le texte à lire (ou à dire) en lever de rideau... toutes les formes possibles d'intervention de l'auteur figurent dans - ou en marge des textes.

Il n'est pas surprenant, vu la teneur de l'ouvrage, qu'il sente la nécessité de préciser par une sorte de schéma, au début de *Conversation-Sinfonietta,* l'emplacement exact que doivent occuper les différents "instruments" de l'orchestre. En revanche, fait sans doute assez rare, on dispose avec *Rythme à trois temps* de deux versions données successivement dans le volume : le texte seul, tel qu'il pourrait figurer dans un recueil de poèmes, et une "partition pour la scène" dans laquelle le même texte se retrouve découpé par des indications de jeu et de rythme, et surtout accompagné, dans une colonne à part comptant beaucoup plus de mots que le " texte" lui-même, d'une véritable scénographie, où sont définis à la fois les éclairages, les entrées-sorties, tous les mouvements, les voix, l'occupation de l'espace, etc.... L'auteur y dessine avec précision toutes les images scéniques, offrant, en même temps que le texte, une mise en scène prête à emporter. Signe qu'il redoute les méprises, se préoccupe des conditions de la représentation, et accorde une grande importance à l'exacte reproduction sur scène de ses intentions.

La comédie... musicale

Quel que soit le degré et l'importance des expérimentations, par rupture ou innovation, dans les formes théâtrales, il faut bien se garder d' y voir l'unique motivation de cette part de l'oeuvre. L'adoption du genre théâtral a également été perçue par l'auteur comme un moyen privilégié pour faire aboutir ses tentatives en matière d'"écriture musicale" par où il a toujours souhaité exprimer "à plein (son) penchant pour la démarche créatrice des musiciens"[1] ou la "jalousie admirative qu'(il a) toujours éprouvée pour l'art des grands compositeurs "[2] . Et c'est bien là que l'on rencontre les plus nombreuses tentatives d'établir un parallèle entre ces deux types d'écriture.

La forme des compositions musicales est souvent la référence principale sur laquelle s'ordonne la structure des pièces, qui en titre ou sous-titre, se donnent explicitement pour des essais d'équivalence. On pense bien entendu à *La sonate et les trois messieurs,* dont l'argument est que les personnages " se racontent sur le ton de la conversation la plus banale, " ce qui s'est passé" dans un morceau de musique qu'ils ont entendu au concert."[3] ou à *Conversation-Sinfonietta* dont Jacques Bens[4], après s'être lui même vainement attaché à produire semblable " équivalence" note que "c'est une véritable cantate" ; mais on trouve encore , à propos de *L' ABC* que " sa structure formelle est inspirée de l'art musical : il est conçu comme un concerto"[5], que *Des arbres et des hommes* porte pour sous-titre "oratorio profane", ou encore qu'*Une soirée en Provence* est également "composé à l'imitation d'une oeuvre musicale, en quatre "mouvements"[6] . Sans compter les trois "livrets d'opéra de chambre", dont la musicalité est sous-jacente puisque le texte y est conçu pour être accompagné.

D'après ces indications, l'équivalent musical offert par les textes reposerait essentiellement sur la structure et sur l'argument ou le contenu du discours. Ce dernier aspect est le plus aisé à reconnaître, puisqu'il repose sur l'évacuation des références au réel et la démolition des éléments propres à l'esthétique réaliste. C'est avant tout par l'absence d'intrigue, de personnages et de discours "pleins" que Tardieu essaie de rejoindre l'univers éthéré des pures sonorités. On a remarqué de surcroît comment l'utilisation de l'espace, la répartition précisément codifiée des comédiens sur la scène pouvait tendre (notamment dans *La sonate* ou *Conversation-Sinfonietta*) à reproduire les configurations matérielles du concert. L'utilisation "instrumentale" des comédiens participe de la même volonté, totalement explicite lorsque, dans *L'ABC*, la présence d'un choeur emprunte à la source antique

---

1- Avant-propos au *Théâtre de Chambre*, p.9.

2- Avant propos de *La comédie de la comédie*, p. 7.

3- *La comédie de la comédie*, p.121.

4- In *La N.R.F.* n° 291, mars 1977 p. 87.

5- *La comédie du langage*, p. 203.

6- *Ibid.*, p. 155.

non la teneur de son discours, mais la formulation chantée, en faisant moins penser à un choeur tragique qu'à une chorale lyrique, ce que confirme l'appellation de ses membres: des "choristes". C'est aussi pourquoi les critères de choix des comédiens reposent parfois non sur leur physique ou la qualité de leur jeu, mais sur leur tessiture : basse, contralto, soprano ou ténor sont, dans la liste de personnages de *Conversation Sinfonietta*, des spécifications plus précieuses que leur âge, costume ou état sentimental ou civil.

Quant à l'organisation du texte en partition, elle peut s'opérer au moyen de la division en "mouvements" rythmiques dont les indications de tempo sont directement issues du vocabulaire musical, comme le soulignent les didascalies de *La sonate* (largo, andante, finale), de *Conversation* (Allegro ma non troppo, Andante sostenuto, Scherzo vivace) ou celles, plus étonnantes, d'*Une soirée en Provence* dans la mesure où la référence musicale ne figure pas dans le titre et n'est pas non plus dominante dans le texte, pourtant organisé en Adagio maestoso, Andante sostenuto, Dramatico et Finale. C'est que même l'échange de paroles pleines peut se faire sur un mode musical. Dans *l'ABC* ou *Rythme à trois temps*, ces notations rythmiques ou tonales sont moins rigides, et simplement évoquées dans les indications de jeu : "A, d'une voix timbrée, un peu forte, sans excès; A, d'une voix nette, sans éclat; D, d'un ton méditatif, comme un écho," etc...

Ces indications ne sont ni gratuites ni indépendantes du corps du texte. Elles conditionnent encore la syntaxe de chacune de ces parties : la longueur ou la brièveté des phrases, le rythme de leurs enchaînements doivent souscrire aux indications données, qui dessinent autant de contraintes formelles. Ici, elles induisent la répétition, là, la stychomythie, ailleurs, l'écho, le relai, la progression ou la forme en "canon"[1] de phrases destinées à se laisser recouvrir les unes par les autres.

Si bien que, se poursuivant dans chaque direction et sur chaque objet que se porte le travail de l'écrivain, l'exigence de musicalité commande sous tous les aspects, l'usage de la langue.

1- Respectivement dans"Conversation-Sinfonietta", *La comédie du langage*, p. 100-101;"La sonate et les trois messieurs,"*ibid*. p. 127; p. 132; in *La comédie de la comédie*, p. 130; "L'ABC de notre vie" in *La comédie du langage*, p. 236-237.

A commencer par les plus classiques : et l'on voit ressurgir, inattendus dans le contexte mais nécessaires pour le principe adopté, le vers mesuré et rimé. Ainsi de ces octosyllabes réguliers de *Conversation Sinfonietta*: (on supprime par commodité les didascalies) :

> *Qu'il soit froid ou bien qu'il soit chaud*
> *J'aime un perdreau sur canapé.*
> *Un rôti sur un artichaut*
> *Une cervelle un velouté*
> *Les pommes de terre au gratin*
> *Un steak au poivre, un coq au vin*
> *Un chateaubriand mais à point*
> *Et deux ou trois éclairs au loin*
>
> (La comédie du langage, p. 97)

ou bien les procédés rhétoriques habituels d'expansion phonique, l'assonance:

> *Sicile! Sicile*
> *Syracuse, Sélinonte,*
> *Ségeste*
> ("Rythme à trois temps", La comédie du langage, p. 341)
>
> *Stromboli..Satisfecit...silicate*
> *Sinn...Sonne...Semiramis....souffler...*
> ("Une soirée en Provence", ibid. p.199)

et la paronomase:

> *si je sens que de tout ton pouvoir ta stature*
> *embrasse ma vie et que ton sang*
> *ruisselle dans mon sang*
> *Feuilles froissant ton feuillage(...)*
> *Oui de tout frôlement je m'enivre, de tous les souffles*
> *qui font pencher nos frondaisons l'une vers l'autre*
> ("Des arbres et des hommes", Poèmes à jouer, p. 248)

La musique se fait par et à travers les mots, rendant caduque ou pour le moins délicate la question de l'accompagnement musical des spectacles. Laissée la plupart du temps aux soins du metteur en scène, celle-ci est encore, à deux reprises, l'occasion d'un clin d'œil discret à la démarche de l'auteur, puisqu'il y impose le choix du.... " Clavier bien tempéré" !

L'ultime degré où conduit cette exigence, après la syntaxe et la rhétorique, est la prise d'assaut du lexique par la perspective musicale. Considérés comme des notes, les mots s'égrènent en chapelets, en énumérations où se répandent les prétentions mélodiques de l'alphabet:

> - *Armures! Bandits! Caravanes! Clameurs!*
> - *Anneaux! Bijoux Buissons! Cerises!*
> - *Aboiement! Abandon! Abolition! Bombardement! ,....*
>
> *("L'ABC..",* La comédie du langage, *p. 217)*

et l'on retrouve au coeur des pièces de théâtre quelques - uns des motifs fétiches de la poésie tardivine, comme la propension particulière pour les "grands mots" conceptuels, vidés de leur sens par le contexte:

> *Clarté-Ombre*
> *Chemin-Abîme*
> *Raison-Mystère.*
> *Un - Solitude.*
> *Deux- Absence.*
> *Trois- Espace...*
> *("Rythme à trois temps",* La comédie de la comédie, *p. 342)*

ou les déclinaisons grammaticales:

> - *Je suis*
> - *J'étais*
> - *Je serai*
> - *Je vis, je vivrai..*
> - *J'ai vécu...*
> - *J'ai aimé...* (*"L'ABC",* La comédie du langage, *p.272)*

Le sens des mots est alors perçu comme un obstacle à la délivrance de leurs virtualités musicales, à la plénitude du texte - et du "personnage", et celle-ci comme un état de total abandon aux pures sonorités :

> *"J'ai oublié le sens des mots. Je ne suis qu'un murmure soulevé par la joie, serré par la douleur. Des mots ? Moins que des mots : des sons, des plaintes, des cris, des gestes de la voix, un murmure sans parole parmi d'autres murmures..."*
>
> *(excipit de "L' ABC",* La comédie du langage, *p. 277)*

Le sens est présenté comme l'ennemi à combattre.

Implicitement, par la parodie, l'absurdité ou l'évanescence de certains des énoncés ci-dessus. Explicitement, grâce à l'ambiguïté de la pièce *Une soirée en Provence*, qui allie le projet de transposition musicale à son expression métatextuelle. Et le projet musical retrouve là sa parenté avec l'autre grand "rival" de l'écriture, la peinture. Puisque c'est la description d'une toile imaginaire qui se résout dans:

> *- Un non-sens absolu ! Un dictionnaire déchiré!*
> *- Voilà le grand triomphateur : le vocabulaire en lambeaux! (...)*
> *- Trop de sens! Encore trop de sens! faites jouer le hasard, notre maître!*
> (La comédie du langage, p. 198-199)

Encore reste-t-il à savoir de quel sens il est question. Car ce n'est pas tout d'avouer que ces textes en sont totalement dépourvus: les mots sont là, la syntaxe est préservée, et par conséquent "du" sens aussi.

Pour avoir tenté avec succès l'expérience de leur traduction et de leur adaptation, le metteur en scène anglais, Colin Duckworth[1] s'est aperçu que toute la force de ces pièces "musicales" venait précisément de ce que leur musicalité n'était pas exclusivement, ni même essentiellement portée par le jeu avec les sonorités des mots. Si tel avait été le cas, les pièces seraient demeurées intraduisibles ou, du moins, leur traduction en aurait ruiné toute la dimension musicale : comment rendre en anglais tel jeu de rimes ou d'assonances? Comment faire ressentir l'exacte "couleur" sonore d'un mot, si on le "passe" dans une autre langue? En revanche, il a constaté qu'en préservant le sens sans chercher à imiter la forme de l'énoncé original, il ne les perdait pas, et que la mise en scène restituait exactement les impressions musicales initiales. Que celles-ci étaient donc portées, autant sinon plus que par la "musique de mots", par "le langage non verbal de la scène: mouvements physiques, gestes, réactions, bref, tout le côté mime, pantomime et ballet. On peut y ajouter l'harmonie vocale qui plaît à l'oreille, mais cela n'a rien à voir avec une soi-disant 'musicalité' textuelle."

Il va même au delà, avec l'exemple de *La Sonate*, expliquant que la dimension musicale y est également liée au sens de l'énoncé: la "description" en terme de paysage ("Une grande étendue d'eau dans le soir...."),

---

1- In *Sud*, n°50-51, p.222 sqq.

d'indications temporelles ("Ce n'était plus le soir/C'était même plutôt le matin/C'était bien ça, le matin....") s'ajoute aux effets de scène, de rythme et de structure pour bâtir avec succès un équivalent linguistique d'impressions purement musicales. La richesse musicale de ces pièces repose alors, toujours d'après Duckworth, non sur ce que l'on serait trop rapidement tenté d'appeler l'absence de sens, mais sur l'absence d'objet : un véritable texte musical n'est pas un texte "agréable à entendre", mais un texte qui, comme la musique, ne comporte pas d'objet. Dès lors, et puisqu'elles sont indépendantes de la sonorité des mots, les impressions musicales deviennent parfaitement transposables en n'importe quelle langue. C'est donc par les moyens du théâtre -et non des seuls mots; par les moyens du texte et non des seules sonorités, que l'auteur parvient à l'accomplissement d'un projet exactement poétique : faire "porter" le son par le sens des mots et réciproquement, faire produire au mots un sens indépendant de celui du dictionnaire....

On en vient alors à penser que cette oeuvre théâtrale n'est pas si loin d'avoir eu la destinée qu'elle méritait, ou plutôt, qu'elle recherchait. Car, si elle ne s'inscrit pas explicitement dans une perspective musicale, la pièce *Un mot pour un autre*, symbole s'il en est de cette destinée, retrouve elle aussi, mais par d'autres moyens, le même objectif. Et elle figure d'autant mieux un aspect primordial du théâtre tardivin, qu'on en retrouve les confusions délirantes à la fin d'une autre pièce, pourtant également "classée" dans une famille différente, *Le Rite du premier* soir qui s'achève en cette apothéose in-sensée :

> *-Gendarme! Vous mangerez bien une petite serrure avec nous?*
> *-Et moi, en attendant, je vais arroser le portefeuille...le portefeuille !*
> *(Théâtre IV, p. 161)*

L'oeuvre théâtrale apparaît ainsi éclairée a priori par l'étrange titre donné en 1924 à des essais burlesques d'épuisement du sens des mots : "Musique de scène pour une thèse", présentés comme " quelques divertissements musicaux à la surface d'un problème" (*Margeries*, p. 55). Car, dans l'ensemble, par la transformation des moyens, des codes et du langage théâtral, ces pièces en viennent à reproduire les étapes d'une transposition musicale: la scène est une fosse d'orchestre, les personnages, des musiciens ou des instruments; le texte, une partition; les phrases, des accord; les mots sont des notes et enfin le spectacle théâtral, un concert. Mais ce faisant,

l'écriture ne s'investit pas dans une direction isolée, et son apparent éclatement formel nous apparaît une fois encore renouer les fils d'une discrète
unité ou mieux, pour suivre l'analogie, définir la surface de ce "problème"

La comédie de la tragédie.

De même qu'il serait simpliste de réduire, au nom d'une volonté formelle, le contenu des pièces à l'évacuation du sens et à l'harmonie sonore,
l'idée de transposition va bien au delà d'un échange entre les langages
musicaux et articulés. Il s'agit aussi, avec le théâtre, de donner un moyen de
percevoir le décalage entre les divers "étages" de la réalité. Une indication,
en tête du *Rite du premier soir* précise l'atmosphère que veut produire
l'auteur : "Cette histoire, bien qu'ayant certains caractères de vraisemblance
empruntés à la réalité, doit, par des effets délicats et presque insensibles,
dûs en grande partie à la mise en scène et au "tempo" du jeu des acteurs
(lenteur, ton de la voix, silences, intervalles prolongés) se détacher de la réalité et glisser peu à peu vers l'insolite et le rêve". (*Théâtre IV*, p. 94).

C'est que le théâtre, parce qu'il ne peut prétendre donner mieux qu'une
représentation du réel, offre des moyens adéquats à qui veut explorer les
failles de cette réalité. Ainsi, dans la même pièce, - et c'est l'épisode dont
elle tire son nom- une scène "vécue" au premier acte devient l'objet d'une
représentation que les "acteurs" se donnent à eux même, et dans laquelle ils
trouvent (du moins la femme, qui en est le metteur en scène) un moyen de
concrétiser leurs fantasmes et de se convaincre de la maîtrise de leurs
angoisses. Cette scène de "théâtre dans le théâtre" exploite l'écart qui, du
réel à sa représentation, donne prise à un certain pouvoir d'exorcisme. On
en revient à la bonne vieille catharsis, et, ce faisant, après l'expérimentation
formelle et la comédie "musicale", à une donnée tragique. En tête de son
premier volume de théâtre, l'auteur ne précise-t-il pas les critères de son
esthétique théâtrale, reposant sur la volonté de laisser "toujours entrevoir
"autre chose" à travers les actes et les paroles en apparence les plus naturels"?
C'est bien confirmer que le naturel est un masque, et que le théâtre,
jeu des masques, jeu truqué et donné pour tel, est bien là pour le démontrer.
Ou bien, dans une autre formulation, que l'apparence des choses n'indique
pas leur vraie nature, de même que la rayonnante somptuosité d'un coucher
de soleil provençal peut servir de cadre à un suicide, et révéler alors seule-

ment sa vraie nature, en faisant comprendre que "vous aviez raison : le beau visage de votre Provence n'est qu'un masque tragique!" (*"Une soirée en Provence"*, in *La comédie du langage*, p.188)

Quant au meilleur procédé pour le faire apparaître, c'est encore d'exhiber le vide.

Selon le même principe exploité à l'égard du langage et de l'évacuation du sens, quand on ne montre rien, ça fait toujours voir quelque chose.

Le sous-titre initial (curieusement changé pour la réédition) de *Les oreilles de Midas* est "Comédie de la présence absente". Mais on pourrait aussi bien l'utiliser, ou son autre forme, l'absence présente, à propos d'*Une voix sans personne*, pièce sans personnage, laissant parler et vivre l'absence, ou *Le souper*, dans laquelle le personnage parle à la femme qui vient de le quitter, ou encore *Les temps du verbe*, dans laquelle il vit avec les morts, dans un passé qu'il s'efforce de faire durer jusqu'au présent. Dans *Tonnerre sans orage*, ce sont les dieux qui apparaissent comme des créatures factices, inventées pour servir de dérivatif à l'agressivité et à la force indomptables d'un Prométhée qui n'a sur terre aucun ennemi à sa mesure.

Sous une forme plus farcesque, *Les oreilles de Midas* dénonce l'illusion de réalité provoquée par l'enregistrement sonore. Ici, les hommes s'attribuent des prérogatives divines, puisqu'ils façonnent des images du monde destinées à passer pour authentiques :

> - *Monsieur le professeur, est-ce que je colle des applaudissements, à la fin de cette phrase, sur la bande enregistrée? Ca tomberait assez bien..*
> - *Heu!...non... un peu plus loin, s'il vous plaît. Ici, vous pouvez mettre quelques toussotements dans le public.*
>
> (La comédie de la comédie, *p.224)*

Partout, la "vie"des personnages semble décalée du réel, qui parfois se rappelle à eux sous forme d'une évidence parasitaire, telles les rumeurs de la ville, utilisées de façon récurrente pour interrompre, ponctuer ou mettre en perspective l'histoire vécue sur scène[1]. A l'image du malade de *Les temps du verbe,* ils sont affectés par " cet incompréhensible défaut de la réa-

---

1- Par exemple dans *"Le club Archimède"*, *"le Souper"*, *"les amants du métro"*, *"La cité sans sommeil"*, *"L'ABC de notre vie"*,...

lité, c'est peut être là que notre malade retourne lentement, sûrement, comme quelqu'un qui sait, qui a découvert le secret, qui est " de l'autre côté"[1].

C'est là ce " très léger décalage"[2] qui permet, autre dominante, le retour à la conscience - et parfois sur scène- des monstrueuses créatures issues des cauchemars. Celles, bien sûr de *La cité sans sommeil*, qui envahissent la cité, sèment la terreur, et parviennent à renverser le dictateur. Celles encore qui viennent chercher "l'homme" de *Qui est là*, avant de le rendre, transfiguré, à sa famille.

Mais, moins figuratives, elles assombrissent encore de leur " présence absente" bien d'autres pièces et personnages.

Ainsi "Monsieur moi" est-il à deux doigts de les apercevoir, lorsqu'il énonce son propre sentiment de réalité :

> *Oui, il y a dans ma vie je ne sais quoi d'incompréhensible et d'inacceptable, une chose peut-être grandiose, peut-être atroce - en tout cas sans commune mesure avec moi-même et autour de laquelle, cependant, toute ma vie, tu m'entends, toute ma vie est construite.*

Ce personnage dont on a ailleurs dit qu'il était sinon un double, au moins un porte-parole de l'auteur, fait semblant d'ignorer que ce "je ne sais quoi" est en face de lui, et qu'il prend forme, dans le contraste terrible qui oppose visuellement, dans l'image scénique, sa triste et vieille figure à celle, abrutie et joviale du "partenaire", miroir inversé, déstructurant, dans laquelle se laisse voir l'exacte image de tout ce qu'il n'est pas.

La totalité, l'harmonie, la sérénité naïvement symbolisées par ces images de couples dansant ou s'échangeant les plus navrantes niaiseries, n'est jamais qu'une victoire précaire sur la menace toujours tapie quelque part.

Des arbres et des hommes est entièrement construit sur l'impossibilité de fuir cette menace : même en se fondant à la nature, et se transformant en arbre, même en contemplant le cadavre du rival, celui là même qui figurait concrètement la menace, le couple n'échappera pas à la dislocation, et ne parviendra pas à se réunir ailleurs que dans la mort.

1-"Les temps du verbe", *La comédie du langage*, p. 143.
2-*Ibid.*p.119.

Plus chanceux, les stupides mais délicieux amants de *L'Ile des lents et l'ile des vifs* parviennent au bonheur, une fois déjouées les machinations parentales. Et soudain, dans les deux dernières répliques de cette pièce où la mièvrerie le dispute à l'inconsistance, se déploie l'espace poétique de l'auteur, dont on reconnaît au passage une formule clef : "Nous partirons suspendus à notre voix, qui a retrouvé l'équilibre humain, entre le grave et l'aigu!"[1]

Alors, parce qu'il représente sous des formes innombrables le "déséquilibre humain" (même, dans ce dernier cas, en le surpassant), qu'il multiplie les images d'une duplicité tant redoutée et terrible lorsqu'elle se nomme la réalité, le théâtre est peut-être le lieu privilégié de la quiétude et de l'apaisement ontologique. Il offre les moyens d'une mise à distance, "transposition", de ce sentiment d'étrangeté qui fascine et angoisse l'auteur lorsqu'il perçoit la réalité comme une face masquée, à deux visages. C'est un univers factice, dont l'auteur est maître, dont aucun secret ne lui échappe, alors qu'il est terrorisé devant le grand théâtre de la réalité, celui, sans auteur reconnu, dont pourtant la nature factice à chaque endroit lui apparaît.

L'apaisement et la sérénité prennent bien le visage d'un théâtre.

Le refuge du poète face aux énigmes du monde, c'est "Mon théâtre secret" (titre d'une prose de *Les tours de Trébizonde*) où surgit ce qui n'a pas trouvé de place dans la réalité, et qui s'avère soudain plus réel que nous: "tous les personnages dont nous ne sommes que les ombres (...), un faux malade crachant du vrai sang et qui, pour nous sauver, agonise dans son rire...", un gigantesque trompe-l'oeil dont "je ne saurais dire où est le Vrai, car l'envers et l'endroit sont tous deux enfants du réel..".Toute réalité tangible et pesante est abolie, toutes les inhibitions, toutes les limites aussi qui nourrissaient la crainte et l'incertitude. C'est là qu'on peut entrevoir le "secret qui se dérobe (...), ce que peut être j'ai su dans un autre temps, sous une autre enveloppe et que je recherche sans relâche et que j'ai oublié".

Plus qu'un laboratoire ou qu'un refuge, le théâtre, sous cette forme intérieure et fantasmatique devient alors le temple élevé à la seule divinité reconnue : " c'est que s'affirme ici, contre les désastres du feu, de la guerre et de l'eau, la toute puissance du Texte."

1- *La comédie de la comédie*, p. 199.

On est alors mieux à même d'interpréter le recours à la machine théâtrale, machine à détruire le sens, l'intrigue, la psychologie, par une réduc-
tion à leur plus petit commun dénominateur : l'expression, l'usage et
l'échange de mots. Mais cette machine, à l'instar du "Meuble" fantastique,
fruit d'une vie d'efforts et d'ingéniosité, mélange tous les mots, produit le
sens de travers, et laisse perplexe un spectateur à la fois séduit par son fonctionnement et forcément dérouté par sa cruelle inutilité.

Plus : face à ce spectateur/ client, désabusé et demandeur de clefs, de
repères, de certitudes, l'auteur se contente avec cruauté de révéler les déchi-
rures de la réalité, les interstices par où surgissent dans la veille, les terri-
fiantes créatures de la nuit, qu'elles soient filles du cauchemar ou de l'éclatement du sens.

Donnant à voir des inversions par rapport aux règles logiques ou
sociales en vigueur dans le monde réel, la représentation théâtrale la res-
taure en creux : le seul univers que donne à voir *Un geste pour un autre* est
celui où "ça ne se fait pas"; avec le le silencieux enjeu de *Eux seuls le
savent*, le spectateur est amené à reconstruire, selon ses propres modèles
culturels, une intrigue et un sens portés dans la pièce par les seuls indica-
teurs indéfinis d'un "là-bas", un "ça", un "le", un "il" qu'on ne connaîtra
jamais. Quelque fable qu'il parvienne à reconstituer, il sera toujours placé
devant ce constat hamlétien, fait ailleurs par l'un des personnages : " des
mots, toujours des mots, jamais la vérité"[1].

Quant à ces innombrables personnages privés de nom et de psychologie, dépourvus de tout poids, réduits à un vague cliché social, ils sont la
meilleure traduction imaginable - car on les voit sur scène- de cette "énigme
d'exister" évoquée par E.Kinds en titre de son essai, et dont l'expression est
partout diffuse, notamment dans cette prose de *La première personne du
singulier* qui s'achève par l'aveu suivant: "nous ne naissons et n'existons,
nous autres hommes, qu'autant que nous *figurons* sur des états civils, c'est à
dire dans la mesure où nous sommes appelés à jouer un rôle : notre rôle de
figurant"[2].

*

1-Eux seuls le savent, in *La comédie de la comédie*, p. 65.
2-*La part de l'ombre*, p. 146.

Présenté comme un exercice de pure forme, un moyen supplémentaire d'éprouver la résistance du sens en lui demandant d'éparpiller les conventions et les lieux communs de la tradition, le théâtre à la façon Tardieu devient une mécanique autonome. Le fruit qu'il offre alors au spectateur, le plaisir que celui-ci en tire est la conséquence d'un travail, d'un questionnement rendus nécessaires par l'absence de toute facilité interprétative et la déroute des codes. C'est précisément parce que le sens s'enfuit qu'il faut être à sa recherche et que le spectateur et le lecteur ne peuvent se contenter de suivre le discours ou l'action. Ainsi seulement s'enrichissent et se déploient, comme des dimensions résiduelles surgies du vide scénique, le lyrisme et l'humour qui, successivement ou simultanément, s'offrent comme les uniques reliefs de cette pauvreté dramatique.

En cela peut-être, et bien qu'il pratique un art qu'on a quelques raisons de situer diamétralement à l'opposé, Tardieu rejoint le prestigieux initiateur Molière, en qui il reconnaît ces charmes que l'on pourrait à notre tour être amenés à attribuer à ses propres pièces :

"L'oeuvre de Molière est un des grands moments d'une culture et d'un langage qui, parvenus à leur sommet, présentent deux faces complémentaires : la tragédie et la comédie; le délire et la raison, la préciosité et la parodie."
(On vient chercher monsieur Jean..., p. 30)

Chapitre six

...... Et moi aussi je suis peintre

Il est évidemment très tentant - d'ailleurs, aucun commentateur n'y échappe - de placer toute la part de l'oeuvre de Tardieu consacrée aux arts non verbaux, peinture et musique, sous le patronage de ses parents, et d'y voir l'expression de sa "jalousie" (le mot est fréquemment employé par l'intéressé) à l'égard de leurs domaines respectifs de compétence. Si, comme on vient de le voir, c'est au moyen du théâtre qu'il cherche une équivalence à l'expression musicale, l'attention aux oeuvres picturales - et donc, au "côté" paternel - s'investit également dans un genre littéraire de prédilection. Mais, à la différence du précédent, celui-ci n'offre à l'auteur aucune forme préexistante. Le nouveau genre qu'il faut créer est d'ailleurs, dès l'origine, placé sous le signe paternel: le premier texte qui en ressortit est en effet la prose sur Wang-Weï[1], peintre chinois découvert lors du séjour en Indochine. En effet, la préoccupation qui le guide dans cet exercice, cette recherche permanente des "secrets" de la signification, et du discours de "l'autre côté" rend impropre le recours à la critique d'art traditionnelle, toujours orientée vers le jugement ou l'explication. Mais c'est aussi la part de son oeuvre qui lui vaut la première reconnaissance à grande échelle de son talent : le petit volume *Figures* paru en 1944, et composé, outre un argument précisant ses intentions, de treize courtes proses, chacune consacrée à

1- Publiée pour la première fois dans *Le Miroir ébloui*.

l'oeuvre d'un artiste français (10 peintres et 3 musiciens) lui vaut de nombreux éloges dans la presse, émanant souvent de personnalités de tout premier plan dans le monde des lettres (Eluard, Follain, M.P. Fouchet, Queneau[1], ...). A partir de cet ouvrage, sa production dans ce domaine va en s'accroissant notablement, à travers de très nombreuses préfaces accompagnant un ouvrage ou une exposition, et allant jusqu'à constituer la matière de deux forts volumes : *Les Portes de Toile* (1969) et *Le Miroir ébloui* (1993, réédition fortement augmentée du précédent), auxquels il convient d'ajouter plus d'une douzaine d'ouvrages illustrés, de luxe et à faible tirage, écrits en collaboration ou en parallèle avec l'oeuvre de grands artistes contemporains.

La quantité de textes ainsi inspirés à Tardieu par des artistes est devenue considérable, et l'on peut même affirmer que, depuis les années 1970, la plus grande part de ses nouvelles publications appartient à ce domaine.

A tous ces textes préside une volonté commune, dans laquelle on reconnaîtra une autre expression du constant souci repéré jusqu'ici dans tous les aspects de l'oeuvre.

Car plutôt que de célébrer un artiste et son oeuvre, le projet, dans la diversité des textes, consiste à interroger l'art de la peinture en lui-même à travers l'art du peintre. C'est pourquoi on ne trouve guère sous sa plume de longue analyse consacrée à l'oeuvre d'un artiste en particulier, telles que purent en faire Aragon avec Matisse, Paulhan avec Fautrier ou Ponge avec Braque. Jamais il n'est question de la démarche spécifique d'un artiste, dans le but de le faire connaître ou apprécier. De même qu'il se distingue du critique, il n'est pas question non plus pour le poète de décrire une toile ou de la "faire parler". Car beaucoup plus qu'un mystère, qu'une image ou qu'une représentation, celle-ci est pour lui un signe -ou un ensemble de signes- qui l'invite à suivre un certain chemin. Le seul terme à cet égard qui soit éclairant sur la perception du tableau est celui qu'il prend pour titre la première fois qu'il regroupe ces textes en volume: les toiles sont autant de portes que le poète est incité à ouvrir, moyennant pour chacune d'elles qu'il dispose (on y revient toujours) de la clé adéquate. Car ce qui l'intéresse c'est, bien entendu, ce qu'il y a derrière la porte. Toujours la même chose -ou plutôt la

---

1- On trouvera quelques-uns de ces articles en annexe au présent volume.

même entité- à savoir, autre métaphore, le territoire de l'ombre[1], de l'informulé, de l'"innommable", de " l'inconnu sans visage et sans nom".

C'est dire que la complicité existant avec les peintres tient à une commune perception du réel comme masque d'une indicible mais essentielle vérité. La jalousie éprouvée à leur égard vient, plus que de leur talent ou de leur imaginaire, de ce qu'ils savent, eux, parce qu'ils en ont les moyens, aller au-delà de la trop évidente signification du monde :

> *Ils savent que, depuis toujours, le secret de la peinture n'était pas seulement dans l'éloquence des fables, ni dans la ressemblance des figures, mais dans une oscillation perpétuelle entre l'intelligence créatrice et la magie du sensible*
>
> (De la peinture qu'on dit abstraite, p. 12)

Enfin, ils disposent de ces moyens de transgression car leur art se passe de l'intercession trop contraignante et limitée du langage verbal.

> *Que de circuits, que de ruses pour fixer dans le langage les figures de notre fantaisie ou les décisions de notre rigueur! Il me faut une phrase tout entière et non pas un seul mouvement de la main, pour évoquer ce que fait un compas....*   (ibid.)

Figures-frontières

On voit que ce qui se joue pour Tardieu dans la peinture, et en particulier dans la peinture abstraite, va au coeur des deux motifs obsessionnels si fréquemment rencontrés depuis le début de notre parcours dans l'oeuvre : la perception d'un "ailleurs sous nos pas" - d'un infra-réel dissimulé au regard, encore désigné comme le "piège de l'apparence", et, consécutivement, l'impossibilité de le formuler tant le regard est tributaire des limites de nos moyens d'expression.

Le peintre, en revanche, donne l'impression de se mouvoir librement dans les deux catégories du réel que l'écrivain ne parvient pas à maîtriser : l'Espace et le Temps.

Le premier, à défaut d'être représenté, est du moins cerné par la surface de la toile et les marques qui la remplissent. Il y est comme apprivoisé,

---

1 - Un titre pressenti pour *Le Miroir Ebloui* était *Terre d'Ombre*.

et y perd son caractère insaisissable. Ayant ce privilège, le peintre possède
également le pouvoir de maîtriser les contradictions et les confusions issues
d'une impossible appréciation des choses dans l'immensité "le continu et le
discontinu (...) les dimensions de l'espace(..), les volume calculés et les
explosions imprévisibles(..), la ligne droite et la ligne courbe, .." qui lui
assurent un règne paisible sur "le royaume de l'antinomie" où se débat difficilement l'homme de tous les jours.

Quant au second, il est dompté par le fascinant geste du peintre qui lui
permet de traduire d'un seul trait sa "lente maturation intérieure"[1] et mieux
encore, par sa faculté de la communiquer parfaitement : le peintre, au
contraire de l'écrivain, peut dire:

> *Il suffira d'un regard entre deux battements de paupières, d'un seul regard
> qui ne couvre même pas un millième de seconde, pour saisir ce que j'ai res-
> senti, ce que j'ai souffert, aimé ou haï, ce que j'ai voulu dire, ou crier, ou
> murmurer"* (De la peinture abstraite,.... p. 17)

Alors l'expression picturale s'offre comme véritable modèle d'une
communication absolue, débarrassée tout à la fois des obstacles du langage,
des pièges du réel et des limites du temps : "C'est là l'écriture de Dieu, à la
fois visible et indéchiffrable, évidente et cachée."[2]

Et elle dessine par conséquent les formes d'un nouveau défi poétique :
écrire sur la peinture, c'est tâcher de lui "voler son secret", c'est suivre son
modèle, en donnant par l'affirmative une réponse à la seule angoisse qu'elle
suscite : " saurai-je peindre avec les mots?". Etant bien entendu que l'enjeu
de la question, et les raisons de l'angoisse, sont à comprendre comme -
l'expression se trouve plusieurs pages plus loin : " Serai-je donc un jour
semblable aux immortels?"

Une nouvelle fois, le salut doit venir du langage, et plus particulièrement
d'un usage-limite, qui amène à exacerber ses virtualités en lui faisant subir un
traitement inhabituel, pour lequel il n'a pas été conçu: peindre avec les mots,
comme plus haut les utiliser "comme des notes de musique", c'est jouer une

---

1- A propos d' Hans Hartung, *Portes de toile* p. 103.

2- A noter que cette expression de *De la peinture abstraite,* p.42, comme d'autres tout
aussi explicites, a disparu lors de la reprise du texte dans une édition courante. Une fois
encore, Dieu n'est jamais plus innommable que lorsqu'il est l'objet de l'auto-censure .....

fois de plus sur l'élasticité du rapport entre le signifié et le signifiant, et tirer celui-ci le plus possible hors de la convention, du côté de l'invention.

De nombreuses voies y mènent, dont la plus évidente a priori est le calligramme (on se souvient de l'influence d'Apollinaire et de la revue *SIC*). Mais, trop évidente justement, cette voie ne sera guère empruntée. Car à mesure qu'ils offrent à l'écrivain les moyens de réaliser de véritables tableaux, les mots y perdent une part du pouvoir d'évocation où réside leur spécifique mystère. C'est que le poète tient à conserver à son domaine et à son art leurs moyens propres. On connaît ses aptitudes au dessin, voire à la sculpture[1], mais c'est en faisant référence au plus " écrit" des tableaux sans doute, celui qui tire son effet du texte qu'il contient, le "Ceci n'est pas une pipe" de Magritte, que Tardieu ferme la porte au calligramme tel que l'ont pratiqué ses prédécesseurs, en notant que " la forme figurative abolit le sens en le suggérant"[2]. Enfin, parce que le calligramme est précisément un moyen de restaurer la figuration au moyen des mots, on imagine le contresens qui consisterait à l'employer s'agissant de peinture abstraite.

Restent donc à inventer des procédés qui, libérés du besoin de la figuration, puissent aussi bien rendre compte de toiles abstraites : un ou des moyens de "traduire en mots" ce qui participe d'une ré-invention du réel dans l'éclatement de la représentation. Et c'est d'une certaine façon ce que proposent nombre des textes sur les peintres. Etant bien compris qu'il n'existe pas *une* abstraction, mais une différente pour chaque peintre, sinon pour chaque tableau. Et que chaque texte, par conséquent, doit trouver pour en rendre compte, une poétique particulière[3]. Se racontant écrire face à un tableau, c'est le récit de cette adaptation du voir au dire qu'il décrit comme " chaque fois un problème différent, chaque fois la recherche d'un autre rythme, presque d'une autre langue"[4]. D'où une oeuvre qui, de *Figures* à *La*

1-Voir par exemple le dessin " ma main gauche par ma main droite" reproduit dans *Margeries*, mais de nombreux autres dessins de jeunesse témoignent d'un incontestable talent dans ce domaine. Il sait "trop bien dessiner, confie d'ailleurs son ami Jean Bazaine, pour pouvoir être peintre."

2- *Obscurité du jour*, p. 62.

3- On imagine dès lors le champ ouvert par cette part de l'oeuvre aux études littéraires et poétiques. Mentionnons notamment les travaux récents de Frédérique Martin-Scherrer et de Marianne Simon, dont on aura des aperçus dans le numéro spécial de la revue *La Sape*.

4- *Les Portes de toile* p. 11.

vérité sur les monstres ou de *L'espace et la flûte* au *Petit bestiaire de la dévoration* joue sur les formes et s'efforce de découvrir dans l'oeuvre picturale le moule dans lequel va se couler le texte : prose ou vers, sages paragraphes ou lignes en liberté, jaillissements de métaphores ou mots décomposés, à chaque fois le parcours de l'artiste sur la toile donne le ton d'un nouveau modèle d'invention littéraire, voué à servir "d'équivalence entre le modèle plastique et sa traduction poétique"[1]. Ce qui fait de ces textes un feu d'artifice d'expériences allant toujours plus loin aux limites de l'art d'écrire, et qui cherchent à parvenir au moyen des mots à ce point de satisfaction où s'exprime l'amour de la peinture ainsi défini : "Aimer un tableau, c'est croire qu'on vient de le peindre."[2]

Deux mouvements opposés, mais pas nécessairement antagonistes, rendent possible ce rapprochement souhaité entre l'art de peindre et celui d'écrire : soit tâcher de ramener la peinture à un système de signes, à une écriture non verbale possédant ses lexiques et ses grammaires propres, ou bien, à l'inverse, assouplir le langage verbal pour lui permettre de s'apparenter aux outils des arts graphiques.

Le geste du peintre

Pour échapper au sclérosant monopole de désignation exercé par les mots, il reste à s'en affranchir, en essayant d'exploiter les vertus proprement graphiques de l'écriture. C'est une première caractéristique des textes sur les peintres: celle qui conduit l'écriture à se rapprocher, par ses moyens propres, de la peinture.

Il semble bien que la tentation en soit aussi ancienne que l'envie d'écrire : "Tracer des mots sur le papier, c'est une volupté que j'ai connue très jeune, comme si ces mots, par le seul fait que je les écrivais, devenaient ma propriété personnelle"[3] . Et l'auteur se souvient encore que son tout premier poème, "La mouche et l'océan", était illustré d'un dessin, "simplement un point, crayonné au dessus d'une ligne horizontale"[4] : la mouche, au des-

1- *Ibid*, p.9.

2 - *Ibid.*, p.105.

3- "Notes et souvenirs", à l'occasion d'une exposition *Victor Tardieu*, galerie Jonas, Paris, 1977.

4- *On vient chercher Monsieur Jean...*, p.119.

sus de l'océan. Le principe n'est pas sans rapport avec *L'oeuvre plastique du professeur Froeppel*, parue pour la première fois en 1976. Celle-ci consiste en une multiplication de pages blanches simplement barrées d'un trait horizontal, qui tirent chacune leur vertu humoristique d'une légende à la manière d'Alphonse Allais, les présentant successivement comme "Femme enceinte vue par un citoyen unidimensionnel", "passage de l'Equateur"ou encore "Une des portées musicales où Beethoven écrivit la Sonate dite "Au clair de Lune". Par une intéressante réciprocité, c'est le plasticien qui alors prit la plume, puisque le court opuscule ainsi composé est accompagné dans sa version originale[1] d'une parodie de commentaire savant signée Pol Bury.

Sans aller fréquemment jusqu'à ce total échange des rôles, l'aspect plastique de l'écriture offre une tentation constante. C'est "L'écriture comme geste" évoquée dans *Obscurité du jour*, et dont on a déjà eu l'occasion de donner un premier aperçu. Elle cherche à retrouver dans le moment de l'inscription la jubilation du tracé et la liberté du mouvement[2].

C'est la volonté de croire qu'on peut " suciter les couleurs par le seul usage de l'encre noire"[3]. Et c'est par conséquent une tentative supplémentaire de confrontation avec les limites du langage écrit. Les traces en sont nombreuses dans l'oeuvre poétique, qui tire fréquemment des effets - comme on l'a vu avec le théâtre- de la mise en espace du texte. Un poème de jeunesse repris dans *Margeries*, " L'oiseau ici et l'oiseau là" nous est d'ailleurs présenté comme un exercice "autour du langage par lequel les mots, considérés comme des choses - en l'occurrence, les deux oiseaux nommés" "ici" et "là"-" sont disposés loin l'un de l'autre sur la page et, par la seule vertu de leur distance, font renaître le Ciel que la brume avait enfoui dans l'indiscernable"[4]. L'intérêt de ce commentaire est relevé par le dernier mot qui révèle, s'il le faut encore, la parfaite conscience de cette démarche expérimentale et de son objectif en quelque sorte métaphysique.

1- Dans la collection"Les poquettes volantes", Daily-Bul éd. La Louvière, Belgique.

2- Ailleurs, il est question de "la saveur tactile et ductile du texte, en le creusant avec un stylet (comme les anciens gravant les tablettes de cire) sur une planche de bois recouverte de terre glaise." *Poèmes à voir,* texte liminaire.

3-*On vient chercher*, p. 130.

4- *Ibid.*

Mais la force de l'oeuvre tardivine est sans doute de ne jamais rester figée sur une seule expérience, et de multiplier les formes de sa recherche.

Ainsi la même attention portée aux caractéristiques spatiales de l'écriture est-elle à l'origine de plusieurs essais distincts de mise en forme. Une section du recueil *Formeries*, intitulée " Dialogues typographiques", rassemble des textes conçus sur deux colonnes alternées, et font entendre deux voix distinctes, possédant chacune son propre lyrisme- et son propre rapport au réel. "Verbe et matière" répartit ainsi selon les deux catégories distinguées par le titre, deux énumérations -respectivement de verbes et de substantifs- dans l'alternance desquelles la mélancolie et la dialectique espoir-désespoir (induite par un jeu itératif des conjugaisons) trouvent plus qu'un écho, et comme une raison, dans la progression vers l'abstrait des noms et des notions qui, par l'autre voix, lui répondent.

Dans un tout autre esprit, *Un Lot de joyeuses affiches*, livre grand format conçu en collaboration avec le plasticien Max Papart, se veut clin d'oeil complice et amusé aux poèmes-affiches de Pierre Albert-Birot et autres trouvailles de sa revue *SIC*. On pourrait encore trouver ci et là quelques exemples de ces vers dits "rhopaliques", consistant, à la manière des "Djinns" de V. Hugo, à provoquer un mouvement de crescendo-decrescendo en jouant sur la longueur de la période utilisée. Et ce n'est certes pas un hasard si le plus rigoureux d'entre ces exercices se trouve dans un texte accompagnant des oeuvres plastiques, les dessins et aquarelles de *Hollande* de Jean Bazaine[1], dont l'influence se traduit pour l'écrivain en une incitation à multiplier les exercices formels les plus singuliers, nous y reviendrons. Mais notons cependant que c'est par leur variété sans doute, plus encore que par leur singularité, que l'auteur parvient là, selon l'expression de l'artiste, à "faire revivre, dans sa richesse et sa durée dramatique, au travers des " fourrés de la parole", ce buisson de gestes du peintre qui donne naissance à un tableau - hésitations, repentirs, attaques et fuites, mêlée d'abord confuse d'élans contradictoires (...) jusqu'à la respiration finale de la toile..."[2]

On serait alors tenté de voir en Tardieu le digne et méritant successeur d'un Apollinaire frustré par une mort prématurée de multiplier les procédés et artifices littéraires et typographiques par lesquels il espérait en 1917

1-Texte reproduit in *Les Portes de toile*, p. 120.
2- J. Bazaine, in la *N.R.F.*, n° 291, mars 1977, p.79.

"consommer la synthèse des arts, de la musique, de la peinture et de la littérature"[1] .

Le recueil *Poèmes à voir* ajoute dès son titre une forme nouvelle à la toujours plus riche déclinaison des "Poèmes à...." par laquelle se trouve fixée dans un répertoire inépuisable de genres littéraires la fécondité de l'auteur. Pourtant, il ne tire pas directement profit des considérables innovations accomplies, en particulier dans le domaine de la composition, depuis Apollinaire. Car, paradoxalement, si ce mince volume surprend par la qualité de sa mise en page et la finesse de ses choix typographiques, fruits des récents développements des techniques d'imprimerie, le texte est avant tout donné à lire sous sa forme manuscrite. C'est d'ailleurs la seule à figurer dans la première édition, en grand format. Et les jeux sur les graisses, les corps et les blancs ne proposent pas vraiment de formes inédites par rapport à celles d'Apollinaire.

Ensuite, et surtout, circonscrire la tentation de la peinture à ces séries de procédés plus ou moins imitatifs, ce serait faire fi du mouvement intime et même du moteur de l'écriture tardivine. Car celui-ci nous ramène à penser cette attirance pour l'univers pictural dans une optique plus philosophique que formelle et nous rappelle que cette tentation est le prolongement naturel du sentiment, précédemment apparu, de l'incomplète appréhension du réel par les moyens ordinaires de la sensibilité:

> *J'ai souvent pensé que l'univers visible était une langue oubliée, une "grille" dont nous avons perdu la clé. (..) Etait-ce donc la leçon de notre ignorance, que de nous suggérer un monde où tout se passerait en-deçà ou au-delà du langage?"*
> (De la peinture abstraite, *p.25*)

Alors, parce qu'elle montre autrement, qu'elle donne à voir plus que ce que les yeux et l'objective contemplation nous montrent du réel, la peinture est bien un langage, et le tableau un ensemble de signes. Dans son approche des dessins de Dufy, on trouve en effet des formules telles que:

> *En écrivant, en traçant les lettres de son langage personnel...écriture et dessin se rejoignent (..) il nous offre un réseau d'emblèmes et de signes, une*

1-Apollinaire, Conférence sur "L'esprit nouveau et les poètes", cité in J. Massin, *La Lettre et l'Image*, Gallimard 1970, p. 197.

grille (...) , un langage aux secrets enfantins, délices des comptines...
(ibid., p. 111)

Et la part du poète, en tant qu'artisan des mots, consiste alors, dans un mouvement qui ne doit plus guère aux expériences graphiques évoquées ci-dessus, à reconnaître ce langage et, en dégageant ses lois, s'apparente plus à la démarche du grammairien qu'à celle du peintre :

> *Il sait tout dire car il connaît les secrets du récit. Son dessin fixe un instant fugace et capte le geste sans le tuer, comme fait, dans le discours d'un nar-rateur, le temps du passé simple (...) Parfois aussi, ce qu'il évoque tourne au mode mineur, à la mélancolie. C'est alors le rôle de l'imparfait, celui de Flaubert son compatriote(..) Et plus loin, bien plus loin encore...le temps du verbe, alors, vire au passé composé " (ibid.)*

et, parce que le dessin se laisse lire comme un récit, l'artiste se révèle, jusque dans la comparaison avec le romancier, un nouveau double de l'écrivain.

Poésie picturale

Chargé, en 1966, de préfacer un ouvrage sur l'impressionnisme[1], Tar-dieu ne peut ainsi s'empêcher d'établir des relations qui, de la littérature à la peinture, lui offrent une vision de l'histoire de l'art sous l'angle du pan-esthétisme : déjà à l'oeuvre au début du XIX° siècle chez le moraliste Joseph Joubert, n'est-ce pas le même impressionnisme qu'on retrouve à l'autre extrémité du siècle dans tel vers de Mallarmé, ou plus tard encore dans une page de Proust? Littérature, peinture et même musique se rejoin-draient ainsi dans une même "façon de voir et d'entendre, de sentir, de com-prendre et d'exprimer" dans laquelle se reconnaît, outre la sensibilité d'une époque, l'absolue continuité entre les arts.

Même à propos d'une toile abstraite, l'attention peut être encore solli-citée par des signes. Il en va ainsi des toiles de Jean Cortot, interprétées comme

> *"autant de variations colorées sur des Lettres, mais sur des Lettres imagi-naires (...) Elles évoquent on ne sait quelle écriture mythique ou cryptogra-*

1- Jacques Lasseigne, *L'impressionisme*, éd. Rencontre, Genève.

phique (dont le secret ne nous est pas donné), bref une " écriture en soi",
cet anti-sens délectable au regard et le non-sens d'un signe sibyllin élargi
jusqu'au rêve."
(Obscurité du jour, p. 65)

L'attrait pour le tableau est alors d'autant plus grand[1] que l'attitude du grammairien ne suffit plus : le poète est mis en demeure de se faire traducteur, et son objectif consiste alors à faire passer les signes, pour les rendre intelligibles, d'une langue à une autre.

On retrouve cette volonté par exemple dans l'étude " Hans Hartung ou le signe inconnu"[2]. L'effort de lecture des toile consiste à y comprendre "les termes d'un langage au-delà du langage, comparable seulement à l'art calligraphique des grands chinois des âges classiques où l'art d'écrire, rejoignant d'un côté le poème et le chant, de l'autre côté l'art plastique, se concentrait en quelques caractères ambigus et savants..". C'est dire si très vite les caractères dont dispose le poète montrent leurs limites, et si "notre langage se révèle impuissant à donner une idée, même approximative, d'un tableau". Et l'évocation de l'oeuvre picturale, commencée fort classiquement à l'aide d'"explications biographiques, historiques, esthétiques ou techniques" doit aussitôt se tourner vers une autre méthode, un autre langage ou plus exactement "l'autre fonction du langage, celle qui se détourne de ses fins utilitaires et qui, elle même, tente d'exprimer plutôt que de s'exprimer", entendons sa fonction poétique. Et cette fois, dans un retournement complet de perspective, l'étude se transformant en poème, le texte bascule: de l'explication il verse dans l'évocation lyrique, en un véritable essai "d'équivalence"[3], et c'est à la langue du poète de se plier aux exigences du tableau pour à son tour tenter de l'approcher. Le lexique, la syntaxe, le rythme sont travaillés dans la langue, et non plus dans son dépassement plastique.

On pénètre ici un champ poétique différent, presque autonome, et en tout cas détaché de l'univers intérieur du poète, auquel il est uniquement

---

1-Et, de fait, la complicité entre Tardieu et Cortot est, depuis 1972, à l'origine de nombreux textes, et de tableaux plus nombreux encore.

2- *Figures*, p. 101sq.

3- Ce terme, on s'en souvient, dénotait déjà les virtualités musicales de son oeuvre théâtrale.

redevable de ce désir de comprendre le langage du tableau et, par lui, la réalité telle que l'a perçue le peintre.

Ainsi ce texte sur Hartung. Sitôt rebondi d'un langage conventionnel
et explicatif vers une prose libérée de toute obligation de "contenu", il
change subitement de repère énonciatif et de mode de discours, et les mots:
" Je vais...", introduisant dans le même temps sujet et mouvement, ouvrent
une forme inédite de récit d'aventure, dont le cadre serait le tableau lui-
même (mais lequel? tout tableau d'Hartung, ou bien son tableau "idéal"
dans l'esprit du poète?) et l'objectif, "les obscurs secrets de l'Etre", en ce
lieu de résolution des contraires "où le mouvement perpétuel des choses
s'identifie à la stabilité"[1].

Le principe conducteur du texte n'est plus le discours du poète, mais celui
du tableau, et l'on pourrait en dire de même des moyens rhétoriques et stylis-
tiques employés: on n'y "reconnaît" plus si aisément un "style" ou un "ton -
Tardieu", car il est comme sublimé par la volonté poétique de transposition.

Si l'on a constaté, par exemple, que la métaphore n'était pas une figure
de prédilection du poète, dans les textes sur les peintres en revanche, elle
devient presque le procédé le plus fréquent. C'est que, bien entendu, qu'il
s'agisse d'un toile abstraite ou non, elle lui offre une irremplaçable source
d' "équivalence": l'analogie. Non qu'elle permette d'exciter les facultés
visuelles du lecteur -qu'y a-t-il de plus écrit, de moins physiquement visible
qu'une image poétique?- mais parce qu'elle participe, comme le tableau,
d'une certaine "défiguration" du réel, de son appropriation par l'imaginaire
et la subjectivité d'un artiste.

Et l'on pourrait sans doute montrer que plus la toile s'éloigne de la
figuration, plus elle en appelle à la métaphore. Les "traitements" respectifs
d'Hartung et de Bazaine, sont à cet égard significatifs .

Dépourvu de tout référent extérieur, la peinture d'Hartung ouvre le
champ infiniment plus vaste des analogies imaginaires: "Le temps, secret
démon des astres", "une prison faite de nuages et cadenassée de tonnerre", "les surfaces veloutées du visible, le poudroiement de la pâleur, la
nuit semée d'une poussière de cristaux", "les chevelures lourdes et noires
que l'angoisse noue", etc... se multiplient en autant d'invitations à s'affranchir de toute réalité objective.

1- Ces deux expressions, dans un autre texte consacré au même Hartung, *Figures*, p.77-78.

En revanche, lorsque Bazaine rapporte des aquarelles et dessins inspirés par des paysages de Hollande, Tardieu, lui cause un bel éclat de rire en lui demandant s'il était nécessaire, pour entreprendre la rédaction du texte d'accompagnement, de se rendre sur place. Et de fait, rien dans son texte ne ressemble à une quelconque description ou désignation de paysage. En revanche, tout y est conçu pour rendre compte de la manière du peintre. Les images y traduisent l'éclatement des couleurs :

> *"Blanc veiné violet pâli*
> *Mauve gris mêlé brouillé*
> *Gris rose griffé strié..."*

ou la pluie des traits sur le papier :

> *"Il pleut des milliards de traits. Leur averse tantôt se concentre, noircit le dessin du littoral, tantôt se distend et s'éclaire pour former l'immense voilure des nuages"*

dans lesquelles la nature des analogies trahit qu'il s'agit non du littoral ou des nuages d'un paysage, mais bien de ceux du tableau. Et l'évocation se fait récit de voyage à l'intérieur de celui-ci, nous rappelant comment l'approche de l'art pictural se confond avec celle de la musique, elle aussi rendue connaissable au moyen d'une échappée dans son univers. Le "Dialogue pour un portrait de la musique" inséré dans les *Portes de Toile* (comme pour mieux insister sur la parenté des démarches) prend lui aussi l'aspect d'une relation de voyage aux confins de l'indicible, et ne renie pas jusque dans ses conclusions une évidente tonalité Baudelairienne. Rendre compte, avec les mots, de la peinture comme de la musique, c'est bien dans ce cas exprimer les impressions du voyageur, témoigner de ses hésitations, ses hypothèses ou ses constats, en jouant sur les verbes et leurs temps (sur Hartung : "J'avais été", "j'accumulerai", "Je devine"), la construction de la phrase ("je vis habité par la mort, je meurs habité par la vie", *ibid.*), ou bien encore en remplaçant les explications savantes par des énumérations sensibles.

*

Ainsi l'immense attirail rhétorique offre-t-il au poète les moyens de s'adapter différemment et, selon les cas, au toucher, à la matière, au rythme et même à la palette de l'artiste.

Les douze textes écrits sur douze dessins au trait de Picasso sont rapides, déliés, très peu ponctués, et reproduisent ainsi la vivacité du trait, rendant ailleurs par l'irrégularité de la rime l'approximation du dessin, par des jeux de mots leur fantaisie ("Pan dans la flûte et le chalumeau"), par des références répétées (à la musique notamment) la répétition des motifs figurés... Au contraire, le texte sur Van Gogh joue conjointement de l'éblouissement et de l'inquiétude, et choisit de rendre l'aveuglante énergie présentée sur la toile par une accumulation exclamative : "Le tourbillon! L'incandescence! La folie du soleil!.." Il n'est pas jusqu'à la musicalité du tableau qui ne soit rendue par un procédé rhétorique, et précisément par cet enchaînement d'allitérations que la rhétorique connaît sous le nom de musication , et qu'on retrouve encore dans Hollande :

> " *Frémit frissonne frôle file et défile plie déplie glisse fuit revient repart...* "

Toutes les ressources de l'écriture sont tour à tour convoquées par l'exigence du tableau et par les techniques qu'on y voit à l'oeuvre. Si bien que la rhétorique de la transposition devient celle de l'adaptation, non pas à l'autre Art, mais à l'art de l'Autre.

Un dernier exemple nous convaincra de la souplesse d'un telle écriture, qui parvient en un même mouvement à reproduire la matière et l'esprit de l'oeuvre "prétexte", c'est la désopilante "Nouvelle lettre à Pol Byru"[1] (sic), écrite en remerciement à cette série de photographies déformées, réalisées par P. Bury, et sur laquelle le visage de Tardieu apparaît hideusement grimaçant, selon le principe de miroirs déformants qui seraient enchaînés et répétés un nombre considérable de fois. Et que dire du texte lui-même, sinon qu'il déforme et torture les mots comme le photographe l'a fait des traits, et qu'il joue de l'humour et de l'auto-dérision, à l'exacte mesure des photographies.

Dans cette écriture d'une "poésie" appropriée à ce qu'elle évoque, l'analogie ne vise pas à réunir deux objets, deux idées, deux réalités plus ou moins éloignées, mais deux techniques de représentation, l'une graphique et l'autre textuelle. Elle est cependant la condition formelle par laquelle l'oeuvre littéraire abolit l'isolante distance qui la sépare de l'oeuvre picturale, et en acquière intrinsèquement les vertus, puisqu'aussi bien il est devenu possible de les comparer.

---

1 - Reproduite en annexe.

Mais à force de courir les analogies avec la peinture, l'écriture prend parfois le risque de verser dans le pléonasme : à trop proposer un "voyage" dans l'univers de la toile, le texte peut en arriver à la répéter à sa façon, et s'en fait une sorte d'imitation verbale.

C'est par exemple le cas du "dialogue à jouer" intitulé "Trois personnes entrées dans des tableaux"[1]: pour réussir la transposition scénique de l'univers pictural, le décor est constitué d'une toile blanche sur laquelle sont alternativement projetées les toiles en question. Et le texte devient une sorte de paraphrase du fond coloré, dans laquelle les images verbales se donnent comme de transparentes équivalences du tableau. Non sans lyrisme, et sans doute non sans effets spectaculaires (ce qui est bien, après tout, le but recherché), le "poème à jouer" donne alors à entendre la mélopée issue d'une toile de Braque :

> *"Depuis que tu es entrée dans ce tableau*
> *je te trouve belle*
> *très belle*
> *belle comme une pomme*
> *belle comme une pomme de terre*
> *belle comme une pomme de terre de feu*
> *belle comme une pomme de terre de feu de bois"*

ou à voir l'inquiétante pureté d'un "grand bleu" de Miro:

> *"un élément sans limite*
> *une sorte de ciel*
> *conçu par l'esprit*
> *plus pur que l'air*
> *sans écho sans ombre."*

Mais ce faisant, le procédé touche à la redondance, à la description du contenu objectif de la toile, et presque à son pastiche. Poussé à l'extrême, dans une visée délibérément burlesque, il aboutit aux devinettes du Professeur Froeppel, demandant à l'aide d'énoncés aussi platement descriptifs que possible, d'identifier quelques-unes des toiles les plus célèbres, telle la Joconde :

1- Écrit, il est vrai, en 1964, soit avant la plupart des expériences évoquées ci-dessus.

"Sur une toile de fond qui représente un paysage rocheux, une demoiselle de bonne famille, croisant les bras sur son ventre, sourit d'un air niais et satisfait, sans paraître autrement surprise de l'admiration universelle dont elle est l'objet."

C'est qu'aux défis les plus ambitieux, voire aux impasses les plus prévisibles, la palette formidablement diversifiée de l'écrivain lui permet de disposer, avec l'humour, d'un "passe-partout" encore plus universel.

Chapitre sept

La part du rire

L'univers poétique de Jean Tardieu, qu'on a vu jusqu'ici sous des dehors angoissés ou tragiques aussi bien que comiques, repose sur le questionnement de quelques évidences, interrogations de l'enfant jamais refermées par une réponse, et retrouvées sans cesse dans le cours de la vie, comme dans ce titre d'un tableau de Gauguin : "D'où venons nous? Qui sommes nous ? Où allons nous ?"[1]

Leur généralité, leur étendue, leur démesure donne une indication sur l'ampleur des moyens par lesquels on peut être tenté de chercher une réponse. Et parvient même à faire douter que ces questions soient graves, ou ne soient *que* graves. Universelles, elles touchent à la nature et à la condition humaines, et leur sert de mesure en posant le défi qui les fera se révéler à elles mêmes ou bien se dissoudre dans l'ignorance.

Dès lors toute tentative d'y répondre peut gagner à emprunter les voies les plus nombreuses et les plus diverses, comme autant de chemins différents censés aboutir au même improbable trésor. Le choix de l'un plutôt que l'autre peut être affaire de circonstances, de moyens disponibles, de besoin du moment ou, plus simplement, d'humeur.

1- Préface à *La comédie du langage*.

Et parler de l'humour de Tardieu, c'est d'abord garder à l'esprit ce lointain étymon, auquel nous ramène d' ailleurs l'auteur, préférant évoquer sa veine "humoreuse", ses fantaisies "humoresques" ou son penchant "burlesque" que de parler de "comique", effet un peu trop forcé, apanage des professionnels du rire, et porteur du malentendu cuisant qui l'y associe, à son corps défendant, depuis le succès d'*Un mot pour un autre.*

C'est qu'il s'agit bien, au travers des flux divers, de voir se diffuser les symptômes de la même "maladie", s'épancher les humeurs du même homme. Comme si elles devaient, pour le mieux soulager, s'écouler par des veines distinctes. Quand bien même elles se figeraient en larmes de rire, là où l'on eût pensé les voir précipiter en bile épaisse.

Parce que l'existence, quels qu'en soient la cause ou bien l'issue, est tout de même très supportable, et que les périodes de tragédies sont espacées de longs bonheurs, de satisfactions familiales, amoureuses, amicales, littéraires ou professionnelles, l'oeuvre les reflète à plus d'une occasion. L'écriture est , aussi , une expression heureuse.

On remarquera ainsi le goût répété pour ce suffixe "-rie" qui fait chanter la langue tout en l'enrichissant parfois d'heureux néologismes, et y dessine avec une amusée tendresse quelques uns des repères imaginés par l'auteur pour nous orienter vers cette indispensable "part du rire" : Formeries, Plaisantineries, Margeries, Causeries, Retrouveries.... sont, autant titres que sous-titres, quelques-unes des traces reconnaissables qu'a laissées Jean Tardieu dans le paysage lexical. A les suivre, celles-ci mais surtout d'autres plus discrètes, on pénètre avec profit dans la zone la plus ensoleillée de l'oeuvre.

De fait nul ne s'y trompe. L'intense séduction, la pédagogie naturelle, la réjouissante promesse de l'humour ne manquent pas d'attirer d'emblée une grande part des lecteurs vers ces textes réputés faciles ou plus gais : *Un mot pour un autre* ("recueil burlesque"), *Monsieur Monsieur* ("poèmes d'humour") ou *Le professeur Froeppel* ("Fantaisies burlesques")[1] figurent bien si l'on en croit le nombre de rééditions, parmi les titres les mieux appréciés des lecteurs, avec les quelques pièces de théâtre les plus ouvertement parodiques.

1- Ces appellations, d'après les indications autobiographiques fournies pour *L'Herne.*

On s'en voudrait de gâcher leur plaisir en insistant sur la duplicité, là encore, du rire. Ou en reprenant la pourtant belle et si juste expression forgée par Jean Onimus, "le rire inquiet". Car c'est bien un rire franc, éclatant, complice, que nous offrent par grappes les "petits problèmes et travaux pratiques" du cher Froeppel, les inventions sémantiques du couple Perleminouze et de leur amie, et de nombreux poèmes auxquels on va tout de suite s'intéresser. Un rire aussi violent que parfois sait en provoquer Beckett ; mais lui ne passe pas pour un fantaisiste, au contraire de Tardieu, et ce dernier s'en fâche comme y voyant une injure faite, par ignorance, à la gravité "sérieuse" de sa démarche : " ça me gêne d'être jugé beaucoup plus comme un poète humoristique ou humoreux qu'au regard de ce que j'ai pu écrire dans d'autres tonalités. On va vers le plus facile. Ou, du moins, ce qui l'est en apparence, à première vue, car ce qui et caché est d'autant plus difficile..."[1] Refus de la facilité, du sens immédiat, revendication d'un second "niveau" de lecture: le rire voulu comme le masque d'un discours autre ou une arme dans un combat aux plus graves objectifs. Malentendu, mauvaises réceptions. Avant d'ajouter, tout de même: "mais ce n'est pas la première fois qu'un auteur est vu autrement que selon ce qu'il croit être. Peut-être est-ce que les critiques et le public ont raison; peut être le plus important, le plus original est-il cette partie comique..."

*

Pour le plus grand bonheur du lecteur, la dimension ludique de l'oeuvre affleure souvent et l'illumine de couleurs vives où se reconnaissent, dans leurs simples et volatils contours, les signes du plaisir d'écrire .

Dans le fouillis organisé de ses notes et études, le professeur Froeppel nous invite à quelques heureuses découvertes, telle, dans le registre de ses études historiques, celle-ci attribuée aux "élèves de 3éme du Lycée Guizot-Thiers" qui relate la fin tragique de Louis XIV :

> *"C'est alors (il était près de minuit), c'est alors qu'en passant, à Saint-Cloud, sous le tunnel du chemin de fer, il est arrêté par une lanterne qu'il prend pour celle du gardien de phare. Fatale erreur ! Un moine fanatique, du nom de Ravaillac, en profite pour décharger par trois fois, sur l'infortuné monarque, le contenu de son poignard."*

1-Entretien in *Europe*, p.55.

Le jeu, c'est aussi la possibilité pour l'écrivain de se moquer de lui même et de ses homologues. Le registre de la parodie, si souvent exploité, se révèle alors aussi riche d'exercices formels que prétexte à une exploitation ludique. Le "Récit mangé de rouille"[1], texte ô combien lacunaire, réduit à quelques lignes, comportant plus de points de suspension que de mots, aux mots amputés de trois syllabes sur quatre et rendus à moitié inidentifiables, nous est présenté dans un préambule comme "remarquable, non seulement par l'observation des caractères et la précision des images, mais encore parce qu'il résume en quelque sorte, le contenu essentiel de maints romans contemporains." Et la page suivante nous présente un semblable essai de reductio ad absurdum, sous prétexte cette fois de résumer l'Histoire de France .... en deux pages.

Porteur comme les autres aspects de l'oeuvre, de la duplicité originelle, l'humour tardivin se déploie toujours à partir d'une fissure mal colmatée. Mais au lieu de déplorer la perte des harmonies, de s'effrayer devant les déséquilibres, cette part de l'oeuvre les traite par le jeu, et s'attache à domestiquer l'inconnu par la dérision. Encore faire "comme si", mais cette fois comme si le monstrueux était ordinaire, l'insaisissable à portée de la main, et l'indéchiffrable pas tellement dérangeant. Ce qui est un moyen sinon de s'en convaincre, du moins de le croire possible, et de s'en réjouir.

Loin de n'être qu'un prétexte, le jeu est une dimension de l'écriture . Les préfaces ou arguments respectifs du *Professeur Froeppel* et de *Monsieur monsieur* (qui sont presque contemporains, les premières éditions des deux recueils datant de 1951) s'en réclament sans rougir, nous invitant l'une à lire l'ouvrage selon le bon vieux principe du "manuscrit retrouvé" et des oeuvres complètes d'un personnage apocryphe, et l'autre à y trouver "plus de pantomimes et de grimaces que de mots." Mais le jeu n'est jamais anodin ou gratuit. Et comme pour mieux l'établir, pour lever les doutes et mettre le lecteur sur la bonne piste, le premier de ces textes s'assortit de l'exergue suivant, emprunté à Blanchot : "L'ambiguïté est partout : dans l'apparence futile, mais ce qu'il y a de plus frivole peut être le masque du sérieux." L'invitation est faite d'emblée: qu'on rie volontiers, mais qu'on ne se méprenne pas sur la force et le pouvoir du rire !

1- *Le Professeur Froeppel,* p. 102.

Il serait même inexact de prétendre que les marques de l'écriture heureuse et enjouée sont strictement confinées aux quelques volumes explicitement humoristiques. S'ils en concentrent effectivement la majorité, nous laissant penser que l'enthousiasme s'épanouit dans un pré carré, possède son espace attitré mais aussi ses limites, il les excède tout de même en diverses occasions, prétextant par exemple des réunions mondaines pour aussitôt souligner l'inconsistance des échanges, s'immisçant en "figurant"dans le milieu familial pour en dénoncer les rituels[1] ou les "infra-langages"[2].

Parfois, il faut attendre des années pour que le "sérieux" caché sous le "frivole" soit clairement mis en évidence. Un texte simplement plaisant, paru en 1951, se trouve ainsi repris plus tard, dans un contexte de recherche formelle qui transfigure sa signification. Dans un ouvrage d'allure fantaisiste "Le commissaire - priseur"[1], inséré entre le poème du chef de gare (chute sentencieuse : " un train peut en cacher un autre") et celui de la dame des toilettes ("C'est occupé? Alors, attendez! Il y a quelqu'un"), celui du commissaire priseur bénéficie grâce au contexte, d'un surcroît de fantaisie. Il y est attribué au fantasque Froeppel et classé parmi ses exercices de "Poésie usuelle". Notre attention est alors attirée sur la vacuité de l'énoncé, la rapidité du processus, la légèreté du "jugement" prononcé. Repris vingt-sept ans plus tard, le même texte, affublé d'une didascalie inquiétante ("péremptoire, solennel mais pressant. Finalement un coup de marteau irrévocable") devient un exercice sur les rythmes et la répétition, par lesquels l'insignifiance du sens des mots se mue en insidieux sous-entendu.

Le Commissaire-priseur

Ici. pas à gauche. Pas à droite ni au fond
Je dis je répète: ici
Ni là-bas, ni au dessus ni en dessous
Ici, c'est ici: je répète c'est ici, ni là, ni là-bas, ni plus loin

Pas à droite? Pas à gauche?
Monsieur? Madame? Ici, pas là, pas là-bas?

1- In *La première personne du singulier.*
2- Cf. la "langue-jaguar" du comportement amoureux, in *Le Professeur Froeppel.*
3- "Le commissaire - priseur, in *Le Professeur Froeppel* p.113 et *Formeries* p. 91.

Ni à gauche ni à droite ni au fond?
Je répète. Attention! Attention!
Je répète: ni à droite ni au fond. Je vais adjuger...

Alors? Alors? C'est bien vu, bien entendu, j'adjuge?
Allons allons dépêchons-nous! Monsieur, non? Madame, non?
Une fois, deux fois
Une fois deux fois trois fois, j'adjuge?..

Adjugé!

Le va-et-vient entre les deux valeurs convoyées par le même énoncé peut aussi bien s'opérer dans l'autre sens. Ainsi en entrant dans le recueil *Jours pétrifiés*, (1948) dont la couleur est aussi sombre que le titre est glaçant, le lecteur se trouve averti que: "certains mots sont tellement élimés, distendus, que l'on peut voir le jour au travers" et cela ne lui laisse rien présager de trop gai. Mais dans *Froeppel*, la même idée devient gag: "répétez un mot autant de fois qu'il faut pour le volatiliser et analysez le résidu" (p.159)

Par l'amusant procédé de la "redistribution des mots", Tardieu offre la clé de ces équivalences trompeuses, et donne par là même une vision emblématique de ses pratiques "burlesques" : il donne un exemple de "traduction" d'un poème selon les règles d'un cratylisme bon marché, grâce auquel les mots gagneraient en vérité s'ils se rapprochaient d'une perfection sonore aperçue dans l'onomatopée ou l'imitation sonore de la chose par le mot. Outre le jeu avec un vieux rêve poétique dont l'auteur n'est pas totalement détaché, le texte "réécrit" relève d'une spectaculaire inversion sémantique, car le prétendu "équivalent" ainsi produit se montre aussi délibérément farfelu que le poème original prétendait être grave.

Qu'on en compare les derniers vers :

Train de nuit	*Coffre de flaque*
....	....
Les rêves s'échappaient avec lourdeur	*Les mues dandinaient avec marge*
ils coulaient le long des jambes,	*ils plissaient le long des gommes,*
ne laissant que des formes vides	*ne ruinant que des sectes solognes*
poreuses et pétrifiées.	*dégluties et frappées.*

Du lyrique au burlesque, une sorte d'équivalence s'établit, (encore !)
qui n'accorde jamais définitivement la priorité à l'un ou l'autre des
registres. Ici, grâce au contexte, le bénéfice est au sourire. Mais ailleurs, le
premier texte pourrait se lire comme une vision noire et deséspérée. C'est
bien que le sourire offre davantage que du réconfort. Il ne se contente pas
de désamorcer la noirceur : il en marque la fragilité, l'éclaire d'un jour plus
cru qui en révèle la toute proche transparence.

Jeux encore, et aussi peu gratuits que le précédent, les dix "Variations
sur une ligne" qui légendent "L'oeuvre plastique du professeur Froeppel", à
savoir dix pages blanches simplement barrées d'une ligne horizontale, à une
hauteur variable.

Mais plus souvent, il faut bien en convenir, l'humour est un moyen
supplémentaire de revenir une fois de plus sur les mêmes terrains, d'aborder
les mêmes thèmes ou de poser les mêmes questions. Les plus chères, c'est à
dire les plus douloureuses et les plus vives. Et là où l'on pourrait y voir un
moyen de désamorcer leur gravité, elles en ressortent au contraire radicali-
sées, et comme renforcées par la nouvelle approche. Le rire n'est pas
"jaune" ou grinçant, mais son objet cependant gagne en étrangeté. La subtile progression établie entre les tout premiers articles du "dictionnaire des
infra-langages" de Froeppel nous mène ainsi, insensiblement, d'un humour
de potache vers un éclat de rire troublant :

> *Ah? : Marque l'étonnement, exige une explication ou signifie l'incrédulité.*
> *ex. "c'est Corneille, vous savez, qui a écrit les pièces de Molière!"*
> *réponse: "Ah?"*
> *Ah!: satisfaction de voir se produire un événement espéré, attendu avec*
> *impatience et inquiétude. ex. "Ah! Voilà le coureur de marathon!"*
> *Ah! Ah! (ton ascendant): Confirmation d'un fait que l'on*
> *soupçonnait. ex. " Le grand Pan est mort!" Réponse: "Ah!Ah!"*

La mort du cher Professeur offre également, dans le même ordre
d'idées, une mise en perspective (d'autant plus lucide qu'elle est plus burlesque et plus libre) de la propre démarche et du propre échec de l'auteur :
il disparaît, emporté par la force de son enthousiasme, au moment où il parvient à dialoguer avec un arbre, à déchiffrer la fameuse "rumeur du monde",
où il atteint le secret de la "signification universelle".[1] C'est avouer encore

---

1- Je rencontre, avec cette remarque, les thèses de Marie-Claude Schapira ; v. son article
"Fou rire/Fou dire" in J.Y. Debreuille (dir.) *Lire Tardieu.*

que l'approche "humoreuse" vise plus qu'une "dédramatisation" des enjeux principaux : à travers elle, on atteint un degré différent du dire, du même. Il permet d'évoquer l'échec et non plus l'objectif, mais aussi de le faire sans rupture, sans passer par le découragement ou la déception.

Moyen de dénoncer sans interrompre, de dire qu'on n'y croit pas tout en continuant à y croire. Ou d'aborder l'inabordable, d'aller au devant des hantises, comme en témoignent ces deux titres de proses qui, sans être drôles, accrochent l'esprit et rompent le rythme de la lecture par leur inhabituelle longueur : "Méditation à la recherche de ma voix la nuit dans la salle à manger déserte" et "Esquisse d'une psychologie du dialogue liminaire à travers une porte fermée"[1], dont la forme excuse en quelque sorte et "fait passer" le contenu.

Au moyen de l'humour, l'auteur fait alors céder quelques barrages, et le rire qui en jaillit est autant d'une plaisante trouvaille que d'une force intérieure trop longtemps retenue. Ici, l'humour est une ruse, un appât qui attire le lecteur par ses charmes propres, ses promesses de plaisantes réjouissances:

Comptine
(voix d'enfant, zézaiement recommandé)

J'avais une vache
elle est au salon

j'avais une rose
elle est en chemise
et en pantalon

...mais le piège aussitôt, l'enferre insidieusement vers plus d'obscurité:

j'avais un cheval
il cuit dans la soupe
dans le court bouillon

1- *La Part de l'ombre,* respectivement p. 177 et 180.

j'avais une lampe
le ciel me l'a prise
pour les nuits sans lune

et l'achève avec brutalité dans un constat désespéré d'impuissance:

j'avais un soleil
il n'a plus de feu
je n'y vois goutte
je cherche ma route
comme un malheureux

(*"Comptine" in* Le Fleuve caché, *p.175*)

Ce schéma progressif est mainte fois répété, notamment dans les poèmes de *Monsieur monsieur* dont les amusantes méprises aboutissent presque invariablement à une chute désenchantée. En voici quelques unes, telles qu'elles se succèdent dans le volume : "et partir ailleurs/parler d'autre chose !", "la mort pour la vie/et les autres pour moi", "moi je meurs pour de bon/dans un monde immortel","J'ai beaucoup voyagé/et n'ai rien retenu/que des objets perdus."

Le burlesque attire et capture, joue gracieusement de ses charmes naturels. Mais sans aucune innocence ou facilité. Sur le modèle, au contraire, de cette invisible femme de *La Serrure* qui, répondant à la naturelle curiosité du "client", lui dévoile les attraits et les secrets si longuement attendus. Mais le processus s'emballe, le délicieux spectacle devient exceptionnel, extraordinaire, outrepasse les limites du convenable, puis du satisfaisant, pour franchir ensuite celles du supportable, et s'achever en apothéose tragique dans la plus effroyable des épouvantes.

*

Mais il n'est pas dit que cet efficace mélange de gaieté et de désespoir tourne toujours au profit du second. Verre à moitié rempli de tristesse, à moitié vidé par le rire, on doit encore pour mieux l'appréhender, se fier au changement des humeurs. Qui parfois privilégient sans détour le rire au détriment du lugubre : là, c'est l'emphase d'une vision cosmique qui s'effondre soudain par l'intrusion inopinée d'une apostrophe au prosaïsme recherché:

Un soupir dans l'espace énorme
Puis une voix murmure:
        "Gontran, es-tu là?"
Pas de réponse

Des pas s'en vont comme les nuages
                    (Le Fleuve caché, *p.121)*

Le grotesque attaché à l'image du quotidien, ici à travers la nomination, ailleurs à travers la convention, l'usage ou l'insignifiance, n'est donc
pas systématiquement le point de départ d'une confidence désespérée. Et
l'image des "variations sur le même thème" ou mieux, celle employée à
propos du théâtre, le "clavecin bien tempéré", se montre encore adaptée à
cette dimension souriante de l'écriture. Autour d'un principe, d'une idée,
d'un thème, les formes et les modes d'expression se multiplient, sans qu'on
puisse absolument conclure à un avantage de la veine "sombre".

Ainsi, à la lente descente vers l'inquiétude que proposaient quelques
textes ci-dessus, on pourrait facilement opposer des exemples de la progression inverse : des textes qui s'éclairent et, partis de la noirceur, s'achèvent
en sourire :

le mort qui est en moi
s'impatiente
Il tape dans sa caisse
à bras raccourcis
Il voudrait qu'on le montre
une dernière fois
Quant au vivant
ça va pas mal merci
pour le moment
            (*"Le vivant prolongé", in* L'Accent grave..., *p.130)*

Ajoutons encore que très souvent[1], l'auteur, intervient jusque dans
l'intimité de la lecture, et cherche par tous les moyens à "rajouter" du sens,
à forcer l'humour par telle ou telle insinuation - quant à la diction par
exemple- ou à en contrôler l'épanouissement par des consignes de lecture. Il

1- In *Monsieur monsieur.*

joue à piéger le sérieux du texte par ces petites indications marginales censées guider la lecture mais en réalité totalement déstabilisantes. Ainsi cette "Etude de rythme à six temps forts" dont le long préambule exposant le très sérieux principe formel du texte s'achève sur cette note d'auto-ironie: "L'effet est ravissant, surtout si l'on est nombreux à pratiquer l'exercice." L'ambiguïté du rire tardivin est tout entière dans ces embarrassants petits décalages entre le sens supposé du texte et le ton proposé, délibérément en porte à faux, comme si la gravité des mots échappait à l'auteur et que celui-ci, les voyant s'enfuir, tâchait de les rattraper en disant " Non, non, là j'y suis allé un peu fort...."

Avec *Un lot de joyeuses affiches,* cette ambiguïté se développe hors les limites du langage verbal, puisque la contradiction profite du décalage entre l'aspect du texte : affiche de mobilisation, faire-part de deuil, petite annonce immobilière, et son contenu parodique, dont voici un exemple :

Si bien qu'entre forme et contenu, sens et ton, sujet et façon de l'aborder, l'humour enfonce un coin, surprend les évidences et déroute les certitudes. Tel un vicieux plaisir d'échapper aux convenances et d'apparaître là où on l'attend le moins.

*

Soit une dénotation, une idée simple, une bribe narrative (autobiographique ?), d'essence comique :

> *"Souvent j'oubliais le sens des actes les plus simples. Par exemple, devant l'employé du métro qui poinçonne les billets :"Bonjour! ça va?" disais-je en lui tendant la main et en soulevant mon chapeau. Mais l'autre hausse les épaules: "Vous fichez pas du monde! Vot'billet!"...*

c'est le début d'un court récit tiré de *La première personne du singulier* où apparaît l'idée d'une perte de contact avec la réalité, d'un décalage révélé par un brusque oubli des conventions sociales, de la signification des gestes quotidiens aussi anodins que le salut. Ici le texte s'avance vers la terreur :

> *"Affolé, étourdi par le vertige, je crie " Non! Non! Retenez-moi!"je supplie mes amis de me garder chez eux pour la nuit"*

et s'achève, tel un récit de cauchemar, par un accident:

> *"finalement je cède, perds l'équilibre, manque la première marche, tombe et me casse un jambe."*   (La part de l'ombre, p.206)

On peut s'amuser à retrouver la trace, dans d'autres ouvrages, du même thème, dont la multiplication des formes textuelles développe, à d'autres occasions et dans toutes les directions envisageables, le potentiel comique:
Ainsi sa version "poétique" :

> *Quand je veux saluer*
> *je me gratte le nez;*
> *je me jette à genoux*
> *quand je veux m'en aller;*
> *je me mouche pour rire,*
> *j'éternue pour pleurer;*
> *je vous pince l'oreille*
> *en signe d'allégresse*

> *(La chanson des usages,* Margeries *p. 116)*

-sa version théâtrale:

> - *César, annonçant : la baronne Lamproie!...Mademoiselle Cargaison...*
> *Monsieur Sureau, le jeune!...*
> - *Madame de Saint-ici-bas, disant un mot d'accueil aimable à chacun, en*
> *leur faisant un pied de nez:*
> *ma bonne amie...Mes chers voisins... Mon cher enfant!...Mes chers amis,*
> *veuillez vous couvrir!*
> *(Les dames vont s'asseoir sur des tables. Les messieurs leur baisent le pied*
> *droit, puis se saluent en se serrant mutuellement le bout du nez...)*
> (*L'archipel sans nom*, La comédie de la comédie, *p.41*)

- ou encore sa version narrative (burlesque):

> *"Lorsqu'il ne fut plus qu'à un mètre de distance, le jeune homme, de sa*
> *main gauche, souleva rapidement son chapeau, tandis qu'il avançait la*
> *main droite en direction de l'autre jeune homme. Celui-ci sans hésiter,*
> *accomplit presque au même instant le même mouvement, de sorte que les*
> *deux mains, bien qu'en sens opposé, se rencontrèrent et se refermèrent*
> *l'une sur l'autre. Pendant une fraction de seconde, elles restèrent dans*
> *cette position, puis les deux hommes secouèrent ensemble leur bras droit,*
> *ce qui eut pour résultat de faire remonter et redescendre trois ou quatre*
> *fois de suite les mains encore accrochées l'une à l'autre (...) Cette scène*
> *n'avait duré qu'un court instant, mais elle avait suffi à plonger le Profes-*
> *seur dans une profonde méditation....."*
> (*Le Professeur Froeppel, p.29-30*)

Loin de s'en prendre à une seule forme, un seul thème, une image ou même un genre, le traitement burlesque, parodique ou "humoreux" comme on voudra, se diffuse dans les multiples recoins de l'écriture, et en fait rebondir les objets, marquant une fois de plus, dans l'approche qui en est faite, la multiplicité de leurs significations et l'absolue incertitude à laquelle ils nous livrent. Le sourire tardivin se pose sur un visage incertain, ni clown triste ni croque-mort jovial, mais dubitatif, étonné d'être là et tout juste sorti d'un cauchemar comique qu'il confond encore avec l'absurde réalité :

> *"Voilà pourquoi en frottant mes rêves sur le réel rugueux j'ai su qu'il y a*
> *du clownesque dans l'inquiétant, une bêtise des monstres, une perfidie de*
> *l'obtus.*
> *Tout ce joli monde apparaît dans les interstices et me montre du doigt en*

pouffant quand je me réveille avec des sueurs froides dans la nuit la plus transparente

("*Déserts plissés*", *in* L'Accent grave..., *p. 137*)

*

Ni lunette permettant de regarder en face l'insoutenable réalité, ni masque servant frauduleusement à l'embellir, l'humour traduit la permanente hésitation de qui veut interpréter et comprendre le monde des autres et se trouve, tel cet enfant à l'extrémité d'un tube acoustique dont sourdent quelques indéchiffrables borborygmes, devant l'indécidable: faut-il en rire, car c'est bien incongru, en pleurer car on en est exclu, ou s'en effrayer, car ce sont les signaux d'un trouble et malin rituel ?

Le rire se laisse appréhender comme une variation supplémentaire sur le "Clavier bien tempéré" de l'écriture. Et cette métaphore jusqu'ici appliquée à l'oeuvre théâtrale en excède, finalement, les limites et prend l'allure d'un emblème pour l'oeuvre entière, tous genres confondus. Revendiquée dans un premier temps pour rendre compte d'une volonté formelle, elle outrepasse nécessairement celle-ci et s'applique aussi bien aux tons, aux "humeurs" qu'aux seules formes, nous laissant deviner qu'entre tous ces termes, par une constante volonté d'opérer des transpositions, de chercher des équivalences, les frontières s'estompent, que ces notions se diluent, et que le sens trop rigoureux des mots comme humour, rire, grave ou sérieux, en profite pour passer entre "les mailles du filet".

*

Annexes

I - Trois textes de Jean TARDIEU

      L'Étranger (vers 1923)
      Le Fleuve caché (vers 1933)
      Nouvelle lettre à pol Byru (1983)

II - Articles de presse

      Raymond Schwab (in *La N.R.F.*, 1° août 1933)
      Edmond Jaloux (in *Les Nouvelles Littéraires*, 16 mars 1940)
      Albert-Marie Schmidt (in *Comoedia*, Août 1942)
      Raymond Queneau (in *Front National*, 16 février 1945)
      Paul Eluard (in *Action*, Avril 1945)
      Jean Follain (in *Confluences*, n° 6, décembre 1945)
      Jules Supervielle (in *Preuves*, janvier 1954)

L'ÉTRANGER

À Jacques Heurgon

De moi à moi quelle est cette distance ? On crie ;
Réveil ! J'ai le souvenir d'un combat.

Quelqu'un parlait, agissait, lourd de vie
Et de comprendre. Et je ne comprends pas :

Était-ce moi qui me parlais rêvant ?
Est-ce bien moi maintenant qui m'éveille ?

Suis-je le même ? Ou bien double ? – L'instant
m'a divisé – je veille et je sommeille.

Mes yeux grandis tendent vers la lumière
Cet étranger rebelle qui parlait ;

Mais, soudain refermé, aveugle, pierre,
Il fuit le jour, se replie et se tait,

Nul ne saura ce qu'il veut, ce qu'il pense.
Je suis la girouette d'un rocher,

Je suis l'oreille à présent sans défense
Béante aux bruits que j'espérais chasser,

Bruits de la nuit, de mon cœur, de mes veines,
Tout se confond ; je tourne, je subis

Sans rien savoir, simple anneau d'une chaîne,
Lieu de passage et corde qui gémit. –

– Passez en moi, trombes, fausses paroles !
Je crois entendre et répondre. O muet !

Je ne serai jamais que l'ombre folle
D'un inconnu qui garde ses secrets.

à Jacques Heurgon
Jean Tardieu

L'étranger

De moi à moi quelle est cette distance ? On crie,
Réveil ! J'ai le souvenir d'un combat.
Quelqu'un parlait, agissait, lourd de vie
Et de comprendre. Et je ne comprends pas :
Était-ce moi qui me parlais rêvant ?
Est-ce bien moi maintenant qui m'éveille ?
Suis-je le même ? Ou bien double ? – L'instant
M'a divisé – je veille et je sommeille.
Mes yeux grandis tendent vers la lumière
Cet étranger rebelle qui parlait ;
Mais, soudain refermé, aveugle, pierre,
Il fuit le jour, se replie et se tait.
Nul ne saura ce qu'il veut, ce qu'il pense.
Je suis la girouette d'un rocher,
Je suis l'oreille à présent sans défense
Béante aux bruits que j'espérais chasser,
Bruits de la nuit, de mon cœur, de mes veines,
Tout se confond ; je tourne, je subis
Sans rien savoir, simple anneau d'une chaîne,
Lieu de passage et corde qui gémit. –
– Passez en moi, trombes, fausses paroles !
Je crois entendre et répondre. Ô muet !
Je ne serai jamais que l'ombre folle
D'un inconnu qui garde ses secrets.

LE FLEUVE CACHÉ

Jean Tardieu

Pièges de la lumière et de l'ombre sur l'âme,
Jeux et rivalités de tout ce qui paraît,

Regards de la douleur et de l'amour, ô flammes
Immenses que fait naître et mourir un reflet,

Tout un monde appuyé sur un souffle qui chante,
Tout le ciel qui s'écroule au fond d'une eau dormante,

Le désir qui défait les clôtures du temps,
Les désastres lancés au gré de la parole,

Partout le plus pesant soumis à ce qui vole,
Et l'immédiat, souverain maître des vivants !

Mais parfois notre esprit, fatigué de l'espace,
S'arrête et peut entendre, après plus d'un détour,

Un vaste grondement égal et bas, qui passe
A l'infini, roulant sous les jours UN seul jour.

Plus près que notre cœur mais plus loin que la terre,
Comme du fond d'un gouffre, à travers mille échos,

Au vent du souvenir nous parvient le tonnerre
D'un lourd fleuve en rumeur sous l'arbre et sous l'oiseau.

(1933)

NOUVELLE LETTRE A POL BYRU

En reluquaginant le rallamolissement de mon porteret par tes tsoins, j'osterve ma boutrouille avec une certaine struparéfaction.

Certes, oui-dà, oui-dada, je reconnuche ma trinche mais c'est comme si chacune de mes parties cularitées, chacun de mes caparactères s'y trouvolait déblavié et, en même temps, soulignotté.

Ce n'est pas seulement un miroir aux allumettes, c'est un miroir des formants, des haubans, des forbans, un laminoir plurifocalisé, pluricellulaire, pluri-disciplinaire (comme on dit en Bredouille d'aujourd'hui), c'est-à-dire plurinase, pluricrâne, plurimenton, pluribouche. J'équivoque ci-après quelques-uns de ces masques révélateurss, multigrades et plantigrades.

Il y a un Professeur Tardivus-Froeppel un peu solognel, un Jean Parpieu matois qui vous lorgne de traviole un Jean Largnieu bouche-cousue, un boxeur boxé couvert de cabosses, un Ponçeur merditatif et inspiroté, un Jean Tarapied citrouillard, un Jean Torpieu grinchuplissé, un coinçé, un coinché, un commci, un commça, etcépéra, et cép…

Il y en a tant que je ne sais plus où donner de la fête... Aussi, cher ami, c'est bien volontiers que je te donne ma tête à couper, à découper, à entre-couper de vrais sangs-blancs, de vrais faux-semblants, tous vraisemblables et ressemblants.

Paparis, 17 Fébrillé Quatre-vingt proies

Jean TARMILDIEU

II - **Articles**

1- (Tout premier article consacré à J.T. à l'occasion de la parution du *Fleuve caché.*)

> *...le tonnerre*
> *D'un lourd fleuve en rumeur sous l'arbre et sous l'oiseau,*

— le signe certain de ce mince recueil, où le rêve a filtré goutte à goutte, est que partout quelque chose y circule. Présence, sous chaque poème et de l'un à l'autre, entre les vers et les mots, d'une chose coulante, cachée, retentissante.

L'entreprise poétique, presque risible en son principe, d'enfermer, dans des expressions auxquelles la mémoire humaine interdira de bouger, l'inaccessible mobilité d'une vie et de toute vie, semble ici déjouée. A cause de quoi sans doute, ce qui vient d'y être dit par un seul et pour soi-même sera valable pour beaucoup : dans tel de ces distiques, qui ne reconnaîtra ce qu'il n'avait pu nommer derrière le battement de ses artères et la pulsation du monde ?

> *Un vaste grondement égal et bas qui passe*
> *A l'infini, roulant sous les jours UN seul jour.*

A mesure qu'interrogations et sondages se succèdent, on perçoit un dialogue entre deux façons de l'être, et qui raconte aussi la double aventure terrestre des poètes et le solitaire face-à-face de celui-ci, Jean Tardieu, cherchant en lui celui que sa vie lui cache :

> *De moi à moi quelle est cette distance ? On crie :*
> *Réveil. J'ai le souvenir d'un combat.*
>
> *Quelqu'un parlait, riait, miroir de vie*
> *Qui se comprend – et je ne comprends pas :*
>
> *Était-ce moi que j'écoutais rêvant ?*
> *Serait-ce lui maintenant qui s'éveille ?*

Toute la pièce intitulée *Étranger* est hantée, tissée plutôt, d'un secret auquel, des mystiques de l'Asie à ceux de l'Europe, de Novalis et de Nerval à Rilke, il n'est fait que de difficiles allusions. Pour eux et pour nous, au terme de leurs circuits, le mystère recommence :

> *Et tu revis, fermé sur tes étoiles,*
> *Porteur d'un ciel qui commence à tes pas.*

Peut-être tient-il aussi à une certaine inexpérience que le poète veut garder de son propre répertoire du monde : il n'y touche, ici et là, qu'un petit nombre d'images affleurantes, désigne, non sans hésiter, ses deux séries d'apparitions, les unes trop compactes, les autres toutes en fuite,

Où, sur l'objet qu'il efface, bondit
L'appel sans voix qui confond tous nos songes.

Le mouvement intérieur échappe toujours aux comparaisons ; les mots et les formes qui lui servent de références semblent parfois usagés ou prématurés : cela encore tient à la nature du rêve, où d'étranges nouveautés fusionnent avec des apports venus on sait d'où et qui pourraient n'être pas là. Et c'est le rêve même qui, par endroits, sous une poussée plus aiguë, détord et déhanche un vers, insinuant son impérieux disparate dans le rythme normal des veilles.

Raymond SCHWAB
in *La NRF* 1ᵉʳ août 1933

* *
*

2 -

M. Jean Tardieu souffre de sentir autour de lui la matière énorme, hostile, inassimilable, ou bien il imagine « à l'écart de la raison », « un espace en dehors de l'espace». Cette double hantise forme l'élément spirituel d'une poésie saccadée, cahotée, souvent voisine de la prose et d'une philosophie abréviative, parfois scandée par des longues et des brèves, à l'image de la poésie latine ou allemande ; moyen de perception du rythme d'ailleurs peu appréciable aux oreilles françaises. Des hallucinations fréquentes permettent à l'individu de s'exprimer en profondeur, comme si l'intérieur de l'être se révélait sous l'action d'un élément chimique. Mais toujours renaît l'espoir de regarder cet « espace sans espace » où l'esprit vaincrait l'accumulation des matériaux qui encombrent le champ de la pensée et la place du corps :

> *« Quelle nuit tout à coup, mais quel espace...*
> *je reconnus la voix de toujours*
> *Qui pour moi-même demeure et par moi passe...*
> *Et quelle puissance loin de l'amour !*
>
> *Je laissais mourir et renaître*
> *Et mourir encore la clarté*
> *Moi qui creusais mon obscurité*
> *Et j'apprenais à ne plus être*
> *Cependant on murmurait : « L'ombre*
> *Va t'engloutir ! » Ah ! J'entends le vent*
> *Répondre par les feuilles sans nombre :*
> *« Cet homme a franchi les portes du Temps ! »*

Mais je préfère peut-être encore aux vers d'*Accents* deux poèmes en prose, aprement et durement travaillés, et une belle traduction, dans une langue très musicale, d'un fragment d'*Archipel* d'Hölderlin. J'aimerais lire bientôt d'autres « Grilles et balcons », d'autres « Tintoret dans la cour de l'immeuble ».

Edmond JALOUX, de l'Académie Française in *Les nouvelles Littéraires* n° 909, 16 mars 1940

* *
*

3-   LA VIE POÉTIQUE

Jean TARDIEU

Tardieu pourra-t-il jamais, comme disait Ronsard, forcer son Saturne ennemi ? Il naît d'un peintre et d'une musicienne. Il est comblé de dons. Il épouse une exquise fée des fleurs. Et pourtant il se sent persécuté par l'homme, par les constructions de l'homme. Ses poèmes (*Accents,* Gallimard, édit.), décrivent tantôt le malaise d'être captif des cités et des métiers, tantôt la joie de plonger dans le *Fleuve caché* vers un libre espace intérieur. La bile noire ne lui enfume d'ailleurs pas l'esprit. Rien de mieux calculé que sa poétique. Son goût de la littérature allemande l'induit à des recherches sur les rythmes toniques du vers français. On voudrait le voir composer une métrique. Ce travail raisonnable lui purifierait l'âme. Mais ainsi libéré de ses démons, écrirait-il encore ?

Albert-Marie SCHMIDT
in *Comoedia*, Août 42

*   *
*

4-   LA VIE DES LIVRES

Jean TARDIEU

L'homme qui travaille violente la nature, son action est crime vis-à-vis de celle-ci : on coupe les arbres, on abat les animaux, on casse les pierres, on fond les minéraux pour se procurer outils, vêtements, armes. Puis ces armes, vêtements, outils sont à leur tour détruits ou jetés pour d'autres vêtements, d'autres armes, d'autres outils. Ainsi va l'action humaine selon la dialectique de Hegel.

Il s'est toujours trouvé des esprits délicats pour s'attrister de ce progrès qui va de destruction en destruction nécessaire. On ne les écoute pas. Les marteaux, les scies, les foreuses, les hauts fourneaux continuent leur besogne transformante. Il s'est trouvé un esprit particulièrement délicat pour se demander si, à sa façon, le jeu poétique ne participait pas à cette tâche atroce.

Dans sa recherche de la pureté, le poète détruit les choses, lui aussi, à travers les mots. L'image est pour ainsi dire un bris de vocables. Le poète s'élève vers une ignorance quasi sacrée, son verbe, vers un quasi total effacement. Mais ce propre néant n'est pas vide, ce chaos menace, le poète s'est créé un ennemi qu'il ne peut essayer de dissoudre qu'en retournant, éperdu de vertige et confondu par sa culpabilité, vers les choses et les mots. Mais ce ne sont plus tout à fait les mêmes choses, les mêmes mots qu'au début. Le poète, transformé par sa plongée aux confins de l'être, ne les aborde plus qu'avec des précautions infinies, pour ne pas les briser à nouveau.

Cette dialectique de la poésie est le fond même de la poésie de Jean Tardieu, car c'est éminemment une poésie de la poésie. Tout ce qu'il y a d'incertain dans la démarche du poète, tout ce qu'il y a de peu assuré dans les rapports entre le poète et le monde, tout ce qui provoque l'exténuation des mots et la mouture extrême des rythmes, c'est là, me semble-t-il, l'objet même de la plupart des poèmes contenus dans les deux recueils de Jean Tardieu : *Accents* (1939) et *Le Témoin invisible* (1943), et c'est là l'ensemble des préoccupations qui font de lui un poète métaphysicien (au sens que le Dr Johnson a donné ces deux mots).

Dans son nouveau livre, *Figures* (Gallimard, éd.), sa poésie (des poèmes en prose) vise cette fois la Musique et la Peinture, ou plutôt des musiciens et des peintres qu'il a choisis français. Il explique dans sa préface son propos avec une extrême clarté : revenant aux « obscures puissances de la destruction », il rappelle que l'homme doit « rebâtir sa propre image à partir des dernières marches du néant », reprendre à son compte « toutes choses existantes », sauver l'univers de « sa cruelle et touchante maladresse » et de sa « solitude tragique ».

Et l'homme qui *fait* cela, Tardieu n'hésite pas à le nommer un *héros,* un héros de l'art. Dans cette série de textes en prose, il tente donc très exactement de *résumer* en termes de valeurs poétiques l'œuvre de Poussin, Cézanne, Debussy, Manet, Corot, Satie, Rodin, Georges de la Tour, Ravel, Meryon, Seurat, Rameau, Daumier et Henri Rousseau.

Parfois, le texte se résume lui-même en une formule « essentielle » et magistrale. Ainsi la fin du *La Tour* (le mystère de « la naissance auguste des Volumes dans la pénombre redoutable du Chaos ») ou du *Rousseau* (« je resterai(s) debout très grand dans le ciel départemental, j'arrêterai(s) pour vous les heures d'aujourd'hui ».

La poésie de Tardieu, qui se plaît aux demi-teintes et aux murmures, rappelle quelquefois celle de Reverdy, parfois celle d'Eluard. Strictement personnelle, indépendante des modes, elle demeure quelque peu méconnue. Certains seraient sans doute tentés de reprocher à Tardieu de ne pas hausser le ton, d'écarter avec tant de soins l'«irritante mouche des mots» et l'on peut regretter que sa personnalité ne s'affirme qu'au prix de tant de renoncements. Pour moi je me permettrai de lui suggérer cette légère concession : assumer son crime et supprimer le témoin.

Raymond QUENEAU
in *Front National* 16 février 45

* *
*

5-　　　　　　　　　　　FIGURES

par Jean TARDIEU

Ce petit livre est une grande assurance : celle de la joie et qui dit joie dit beauté, bonté, intelligence, amour partagé, création. En ces temps de famine, de massacre ou de désillusion, où la dérision est raison et la démesure mesure, Jean Tardieu, le meilleur traducteur d'Hölderlin, s'applique à vous démontrer que la France a, pour s'en servir, une tête et un cœur. Une tête sensible, un cœur juste. Pour la France, *c'est le commencement, le monde est à repeindre.* A repeindre, aussi bien avec les couleurs de Rameau, de Cézanne, de Seurat ou de Satie qu'avec celles de Vermeer, de Mozart, de Picasso ou de Strawinsky. Un monde constant à sauver du déshonneur sous la brillante enluminure des hommes qui ont cru à la grandeur et au bonheur de l'homme, des hommes qui ont vu clair dans le noir.

Ce petit livre est inépuisable : rien n'y est inutile, rien n'y est incompréhensible. Le monde y commence pour ne pas finir.

Paul ELUARD
in *Action,* Avril 45

* *
*

6-   FIGURES

L'exaltation lyrique de Jean Tardieu trouve pourtant son point de départ dans une philosophie pessimiste : il nous montre l'homme prenant conscience de la « déraison et de la démesure du monde », mais ordonnant et clarifiant par la puissance de l'art ce monde qu'il fait sien, délivrant des épaisseurs du chaos les formes, les couleurs et les sons harmoniques.

Les courts poèmes en prose de *Figures* sont consacrés à des musiciens et à des peintres et nous font mieux pénétrer au cœur de leur génie que tant de critiques desséchantes ; pourtant ces mêmes poèmes enferment par surcroît des données critiques pleines de jeunesse.

En usant de précautions, mais aussi d'audaces, à travers les cheminements à la fois recueillis et passionnés, Tardieu réussit à cerner l'œuvre des artistes qu'il aime, il s'en fortifie et s'en enchante. Souvent il nous synthétise, en une grande vision surprenante les divers tableaux d'un même peintre, les différentes compositions d'un grand musicien. Ainsi fait-il se rejoindre lumineusement le Satie des guinguettes de Montmartre avec celui de la Mort de Socrate, et à travers les toiles de Manet fait-il apparaître une unique et magistrale glorification de l'été.

Tardieu connaît l'usage et le poids des mots. Il sait même retrouver avec certitude l'emploi de l'adjectif de la vieille langue noble. Celui-ci tombe de sa plume avec une vérité qu'on est tout heureux d'éprouver. Ainsi l'évocation des tableaux familiers de Charles de la Tour se termine-t-elle harmonieusement par celle de « la naissance auguste des volumes dans la pénombre redoutable du chaos ». Par ailleurs, la connaissance du poète sait découvrir les plus belles images terrestres : c'est entre autres à propos de Seurat, celle du clown « qui sur son visage de ministre porte à la fois les deux grimaces », grimaces du rire et des pleurs ; à propos de Rodin, celle de l'homme nu « encore luisant de la boue du déluge » ; et encore à propos de Meryon, celle des « épaisses fumées de funérailles » que dégorgent les « cheminées ménagères » des cités.

L'homme n'étant plus, si l'on en croit Tardieu, « bercé par la voix des dieux », sa persistance à refaire le monde toujours près de s'anéantir, lui apparaît d'autant plus poignante ; aussi bien nous révèle-t-il la sublimation des choses par l'artiste dans un raccourci fervent quand, à la fin de pages qui s'avèrent parmi les plus réussies, consacrées à Cézanne, il proclame : « Terre, mer et ciel, le monde vient de basculer dans l'esprit. » Pareil cri – on imagine tout l'acquiescement qu'eût pu lui donner un Mallarmé – vient justifier l'art le plus haut.

Jean FOLLAIN
in *Confluences*, n° 6, déc. 45

* *
*

7-   UNE VOIX SANS PERSONNE

C'est ici le poème à l'état naissant *«dans l'atelier de la douleur où demandes et réponses sont mêlées».* On surprend Tardieu en flagrant délit de poésie. Comme dans le théâtre de Pirandello (Les Six Personnages, Henri IV) l'œuvre se fait sous nos yeux et on assiste à sa présentation.

Et d'innombrables images aussi limpides qu'inattendues : *«Ma vie s'en va par le téléphone et les portes ouvertes».* « *La tête heureuse et distendue vaste comme l'oreille du ciel».* Oui, l'atelier est sans limites et le poème à l'aise dans l'universel. Tardieu est souvent discontinu, mais jamais incohérent. Et dans la continuité il n'abdique rien de ce qui lui est essentiel.

Poète très divers et toujours suggestif, il a plusieurs tons qui viennent d'une même voix. Et comme il arrive pour les meilleurs, nul ne le désigne mieux que lui-même, quand il nous dit, par exemple : *«qu'il aime toutes les couleurs parce que son âme est obscure».*

Tardieu a un pathétique, un halètement bien à lui (Péguy en avait un aussi) que l'on reconnaît dans *Une voix sans personne* comme dans *Monsieur monsieur* ou dans son théâtre. Et quel art, quel raccourci dans l'apparente simplicité : « *Je suis né sous de grands nuages et toi aussi. Et nous voilà* ». Et comme il s'ouvre avec naturel au cosmos pour nous faire entendre *«le hennissement d'un autre monde».*

Encore une citation, direz-vous. C'est qu'un vrai poète comme Tardieu se nomme et se définit tout seul. Et même son silence le cerne et le fixe.

Jules SUPERVIELLE
paru dans «Preuves» – Janvier 1954

* *
*

Bibliographie

A- OUVRAGES DE JEAN TARDIEU

(n.b.: pour des raisons de maniabilité, la présente bibliographie tient compte de tous les ouvrages publiés, à l'exclusion des pré-publications en revue et des textes hors-commerce ou à tirage confidentiel, repris en quasi totalite dans les volumes mentionnés.

Pour une bibliographie plus exhaustive, on se rapportera à celle de *L'Herne* n° 59, 1991)

1933   **Le Fleuve Caché**, in 8°, 26 p. non numérotées, 210 ex. hors commerce. La Pléiade, J. Schiffrin éd.

(9 poèmes repris in *Accents,* où ils forment le début de la partie intitulée "D'un fleuve caché")

1939   **Accents,** poèmes (suivi d'une traduction de "L'Archipel" de Hölderlin). Gallimard (coll. blanche) 118x185 , 96 p.

(recueil de poèmes comprenant : Argument, D'une ville : 10 poèmes et 2 proses : "Grilles et balcons "et " Le Tintoret dans la cour de l'immeuble", D'un fleuve caché (14 poèmes), D'un amour ancien (4 poèmes), Transposition en rythmes français de "l'Archipel" de Hölderlin, précédé de " De la traduction du rythme".)

1943   **Le Témoin invisible**, poèmes. Gallimard, coll Métamorphoses, XV,145 x195, 79p.

(contient : I-Le Témoin Invisible, 10 poèmes, II-Suite mineure, en 20 fragments, III-Dialogues à voix basse, 3 poèmes, IV-Les épaves reconnues, 4 poèmes, V-Nuit, 4 poèmes)

1944   **Figures** Gallimard (coll. blanche), 118 x 185,123 p., 1.138 ex.

(14 proses sur des peintres et des musiciens, précédées d'un argument)

Poèmes, avec un burin de Roger Vieillard . Editions du Seuil - 185 x 235, 61 p. 210 ex.

(20 poèmes tirés de *Accents* et de *Le Témoin Invisible* plus 5 textes parus en revue et repris ensuite dans des recueils postérieurs)

1945   "Lapicque" in *Bazaine, Estève, Lapicque* par André Frénaud, Jean Lescure, Jean Tardieu.
Louis Carré éd. ,195 x 265, 84 p. , ill., pp. 59-66., tiré à 700 ex.

1946   **Le Démon de l'irréalité.** Ides et Calendes éd., Neuchâtel et Paris185 x 245, 87p., tiré à 1.056 ex.

(contient : I- Le Démon de l'Irréalité, 5 poèmes; II- Deux poèmes concertants, III- Les Dieux Inutiles, poème dramatique)

Les Dieux étouffés, poèmes . Seghers, 135 x 175, 43 p.
tiré à 650 ex.sur vélin du Marais et 35 ex. sur Johannot
(recueil de 20 poèmes dont 10 déjà parus dans les publications clandestines de la résistance, 4 issus de *Le Témoin Invisible,* 5 parus après la libération et 2 inédits : " Insomnies" et " Ballades 1944".
L'ensemble, partiellement repris in *Jours pétrifiés,* 1947)

1947   **Il était une fois, deux fois, trois fois,** ou la table de multiplication en vers. Illustré par Elie Lascaux. Gallimard, 250 x 320,44p.

(ce texte à destination des enfants a connu de nombreuses réeditions, notamment en 1978, avec des illustrations différentes, dans la collection "Enfantimages".)

Jours Pétrifiés, (1943-1944) poèmes avec six gravures au burin de Roger Vieillard . Paris, Gallimard -115 x 185,108p. , tiré à146 ex.
(recueil composé de six parties : "Six mots rayés nuls", " Fenêtre", "Trois chansons", "Jours pétrifiés", Dialogues pathétiques", "Les dieux étouffés". Elle sont reprises, sauf la dernière, dans *Le Fleuve caché,* 1968)

Choix de rondeaux de Charles d'Orléans, (établi et préfacé par J. Tardieu)
Egloff, Librairie universitaire de Fribourg."Le cri de la France".

1948   **Jours Pétrifiés(1942-1944),** poèmes .
Gallimard (coll. blanche)-118 x185, 120 p. (édition courante de l'ouvrage ci-dessus)

1951   **Monsieur Monsieur,** poèmes. Gallimard -145 x190,124 p.
éd. hors-série (sous couverture jaune), 3206 ex. numérotés.
(Repris, à l'exception des deux poèmes "Le grand Tout Tout et " J'ai une idée" dans *Le Fleuve caché,* 1968. rééd. 1987, coll. blanche)

Un Mot pour un Autre. Gallimard -145 x 190,152 p.
éd. hors-série (sous couverture verte), 3216 ex. numérotés.
(Ensemble des textes ayant trait au Professeur Froeppel. Repris et augmenté sous le titre *Le Professeur Froeppel,* 1978)

1952   **La première personne du singulier.** Gallimard 145 x 190, 128p.
ed.hors-série (sous couverture prune), 2720 ex. numérotés.
(Ensemble de proses reprises intégralement dans *La Part de l'Ombre,* 1972)

1954   Une voix sans personne. Poèmes. Gallimard (coll.blanche) 140 x 185, 128 p.

(contient : I- Comme si : - Medium anonyme, 4 textes,- Clairières, 5 textes.
        II- Une voix sans personne III- Formes et figures : Remarque, Objets incommensurables, 6 textes; Légendes sans images : seize masques de mort et quatre miroirs de peintres.
Tous ces textes, à l'exception du poème " Verbes" sont repris, vers et proses, dans les ouvrages de la collection Poésie/Gallimard)

Farouche à quatre feuilles par A. Breton, L.Deharme, J. Gracq, J. Tardieu. Grasset, in 16°, 146 p. , pp.119-140, tiré à 147 ex.

(Ouvrage réédité au format de poche dans la collection "Les cahiers rouges", Grasset, 1985.
La contribution de J. Tardieu consiste en un texte "Madrépores ou l'architecte imaginaire", par ailleurs repris dans *Pages d'écriture*, 1967 et encore dans *La part de l'ombre*, 1972)

1955   Théatre de Chambre. Gallimard (coll. blanche) -118x185, 270 p.

(Contient 16 courtes pièces : Qui est là ?, La politesse inutile, Le sacre de la nuit, Le Meuble, La Serrure, Le Guichet, Monsieur Moi, Faust et Yorick, La sonate et les trois messieurs ou Comment parler musique, La société Apollon ou Comment parler des arts, Oswald et Zénaïde ou Les Apartés, Ce que parler veut dire ou le patois des familles, Il y avait foule au manoir ou Les monologues, Eux seuls le savent, Un geste pour un autre, Conversation-sinfonietta.
Toutes ces pièces reprise dans les volumes parus en collection Folio)

1958   L'espace et la flûte, Variations sur douze dessins de Picasso
Gallimard- 140 x 205, 64 p. 1. 700 ex. illustrés de reproductions de dessins de Picasso

(texte repris in *Les portes de toile*, 1969)

1960   Poèmes à jouer, Théatre II. Gallimard (coll.blanche), 140 X 205

(Contient 6 pièces : Les amants du métro, L'A.B.C. de notre vie, Une voix sans personne, Les temps du verbe, Tonnerre sans orage, Rythme à trois temps.
Toutes sauf *Les amants du métro*, *Tonnerre sans orage,* reprises dans les volumes parus en collection Folio)

De la peinture que l'on dit abstraite. Mermod, 185 x245 ,101p.

(proses accompagnées de dessins et aquarelles de De Staël, Vieira da Silva, Klee, Wols, Hartung, Bazaine, Kandinsky, Villon.
Ces textes, dont la première partie réduite, constituent la seconde partie de *Les Portes de Toile,* sous le titre " Figures et non figures")

1961   **Choix de poèmes** (1924 -1954) . Gallimard, coll.blanche-118 x 180, 272p.
(ne contient aucun texte inédit)

Histoires obscures. Poèmes Gallimard, 118 x185, 48 p. 2.185 ex.numérotés.

(19 poèmes 1955-1960 repris sauf le premier et le dernier dans *Le fleuve caché*-1968)

1962   **Hollande,** texte de Jean Tardieu., aquarelles de J. Bazaine.
A. Maeght éd., 375 X 305,100 ex. avec lithographie originale signée. n.p.

(texte repris in *Les Portes de toile*, sous le titre " Pluies et Lumières de Hollande")

1966   **Conversation sinfonietta,** essai d'orchestration typographique par Massin.
coll. La lettre et l'esprit, Gallimard, 210 x 175, 83 p.

(édition, dans une mise en page savante, du texte précédemment publié dans *Théâtre de chambre*)

Théatre de chambre, nouvelle édition revue et augmentée. Gallimard (coll. blanche) -140 x 205, 264 p.

(Contient un avant-propos inédit, ainsi que la comédie "Un mot pour un autre" précédemment publiée dans le volume paru sous le même titre)

1967   **Pages d'écriture.** Gallimard (coll. blanche) -118 x 185,160 p.

(Recueil de proses et d'essais contenant : I- La part de l'ombre (16 courtes proses) II- Deux récits de l'En-deça (Madrépores ou l'architecte imaginaire, Mon double) III- Pages critiques (8 essais sur la littérature, dont certains déjà parus en revue.
Les parties I et II sont reprises dans *La part de l'ombre,* 1972)

1968   **Le Fleuve caché,** poésies : 1938-1961.
Préface de G.E. Clancier, courte postface : "La vie et l'oeuvre de Jean Tardieu".
 coll. Poésie-Gallimard - 105 X 175, 256 p.

(première édition dans une collection de poche.
Comporte un choix de textes tirés de *Accents, Le témoin invisible, Jours Pétrifiés* - dont il manque sept poèmes ainsi que la dernière partie du recueil, "Les dieux étouffés"-, *Monsieur Monsieur* -intégral sauf "Le grand Tout-tout" et "J'ai une idée"-, *Une voix sans personne* -textes de la première partie du recueil, intitulée "comme si..." sauf " Verbes" - et *Histoires obscures* -intégral sauf texte d'introduction sans titre- Contrairement à ce que laisse supposer le titre, volume ne comprend pas les poèmes parus sous ce même titre en 1933, et repris dans *Accents*, mais exclus de la sélection ici présentée)

1969 **Les portes de toile.** Gallimard (coll. blanche) 140 x 205, 168 p.

(regroupe les principales proses sur des peintres et musiciens, dont ceux de *Figures, De la peinture qu'on dit abstraite* et de nombreux autres textes parus isolément à l'occasion d'une exposition ou d'un livre illustré. Un avant-propos inédit. Repris en totalité dans le *Miroir ébloui*)

Poèmes à jouer, Théâtre II nouvelle édition revue et augmentée. Gallimard, coll. blanche, 140 x 205 , 328 p.

(édition enrichie de :" Malédictions d'une furie", "Des arbres et des hommes", " Trois personnes entrées dans des tableaux").

1972 **La part de l'ombre,** proses 1937-1967. avec une préface de Y. Belaval. et "La vie et l'oeuvre de J. Tardieu". coll. Poésie-Gallimard 105 x 175, 224 p.

(Second volume dans la collection de poche.
Comporte un choix de textes en proses tirés de *Accents, Jours pétrifiés, Une voix sans personne, Pages d'écriture* ainsi que l'intégralité des textes de *La première personne du singulier* -sauf "Le Château de Senneçay"- et, sous le titre "Retour sans fin ", des proses inédites - dont certaines composées à partir de 1931 ou parues en revues.)

1973 **C'est-à-dire,** poème avec huit aquarelles originales de Fernand Dubuis. Georges Richar éd., 355x475, 8 f., tiré à 80 ex. signés

(texte repris dans *Formeries*, 1978)

Le parquet se soulève, poème avec six lithographies originales de Max Ernst. Brunidor-Apeiros éd, Vaduz. diff. Robert Altmann, 295x350, 24 p., tiré à 105ex.

(Texte repris dans *Comme ceci comme cela,* 1979)

1974 **Obscurité du jour,** ill. de 30 photos et reproductions. 23ème vol. de la coll " Les sentiers de la création" Skira éd. 165 x 205, 128 p.

(Texte en prose, en seize sections, comportant également des poèmes, des fac-similé de manuscrits, et de nombreuses reproductions. Le texte seul, augmenté, constitue la seconde partie du volume *On vient chercher Monsieur Jean,* 1990)

Un monde ignoré, 76 photos de Hans Hartung. Poèmes et légendes de J. Tardieu.
Skira éd., 76 p. 360x360.

(textes partiellement repris dans *Comme ceci comme cela,*1979, sous le titre " A propos de cailloux")

1975   **Une soirée en provence** ou le mot et le cri. Théâtre III.
Gallimard, coll. blanche . 140 x 205, 280p.

(contient : une note liminaire et deux groupes de pièces: I-Sept "pièces
radiophoniques": Une soirée en Provence, ou le mot et le cri, Une consulta-
tion, Les mots inutiles, L'île des lents et l'île des vifs ou Le ralenti et l'accé-
léré, Le style enfantin ou La mort et le médecin, Les oreilles de Midas,
Candide-et II: Trois "livrets d'opéras de chambre":Un clavier pour un autre,
Joyeux retour, Le club Archimède.
L'ensemble, réparti entre les différents volumes, est repris en collection
Folio)

1976   **Formeries,** poèmes.
Gallimard (coll. blanche) 104 p.,140 x 205, 1.970 ex. numérotés

(contient les sections suivantes: "Poèmes pour la main droite", "Frontispice
et tryptique du mortel été", "Dialogues typographiques", "Mortel battement", " Trois tombeaux", " Chants perdus", "Plaisantineries", " Les beaux
métiers".
Le recueil est intégralement repris in *L'accent grave et l'accent aigu,* 1986)

Dix variations sur une ligne.- L'oeuvre plastique du Prof. Froeppel,
accompagné de *Infra critique de l'oeuvre plastique du prof. Froeppel,* par
Pol Bury.
Daily-Bul, La Louvière, Belgique ed. (vol. 56 et 57 de la coll "Les
poquettes volantes") 13 cm., 22 p., tirage limité à mille exemplaires.

(contenu de la plaquette composée par Tardieu est repris in *Le Professeur
Froeppel,*1978)

1977   **L'ombre la branche** avec 15 lithographies en couleur de Jean Bazaine.
Paris, Maeght. 325 x 435 , 22 p. Tiré à 170 ex. signés plus 20 h.c.

(le texte de Tardieu figure in *Comme ceci comme cela,* 1979)

1978   **Le professeur Froeppel,** nouvelle édition revue et augmentée de
Un mot pour un autre. Gallimard (coll. blanche)- 140 x 205, 200 p.

(réédition considérablement étoffée du volume de 1951. Sont inédits :
Une préface, trois petites pièces qui s'ajoutent à "Un mot pour un autre"
pour former l'ensemble " La comédie du langage", "poésie usuelle", les
douze textes formant " Au chiffre des grands hommes", deux "petits problèmes et travaux pratiques".)

1979   **Comme ceci comme cela,** poèmes. Gallimard (coll. blanche) -in 8°, 88p.

(Ce recueil reprend en particulier les textes accompagnant certains ouvrages
conçus avec des artistes: Hartung, Ernst, Bazaine, auxquels s'ajoutent de
nombreux poèmes récents. Il est intégralement repris dans *L'accent grave et
l'accent aigu,* 1986)

1981   Jean Tardieu, un poète. Présenté par J.M. Le Sidaner avec un "Avant - propos sous forme de dialogue", "La vie et l'oeuvre de Jean Tardieu", portraits, photos.
Gallimard (coll. "Folio junior") - 105 x 275,160 p.

(choix de textes 1939-1978, présenté par J.M. Le Sidaner avec un entretien et de nombreuses illustrations, photos, fac-simile et portraits photographiques.)

1984   La cité sans sommeil et autres pièces, Théâtre IV.
Gallimard (coll. blanche)-140 x 205, 262 p.

(contient : La cité sans sommeil, Le rite du premier soir ou le petit voleur, Pénombre et chuchotements, L'épouvantail, De quoi s'agit-il ou la méprise, La galerie ou comment parler peinture, Un film d'art ou l'art à la portée de tous.
Textes repris dans les trois volumes de la collection Folio.)

Les Tours de Trébizonde. et autres textes.
Gallimard105 x 195, 72 p.

(contient : Les tours de Trébizonde, Mon théâtre secret, La vérité sur les monstres, Le voyage sans retour .
Intégralement repris dans *L'accent grave et l'accent aigu,* 1986)

Des idées et des ombres, prose avec 14 compositions originales en couleurs de Pol Bury, 550x450.
33 ff., tiré à 142 ex. signés, éd. R.L.D.

1986   Margeries, poèmes inédits 1910-1985.
Gallimard (coll.blanche) 140 x 205,320 p.

(précédés de trois portraits d'un avant propos, et de fac similés.
Ce volume, le plus fourni de tous les recueils poétiques de l'auteur, regroupe de très nombreux textes inédits de toutes époques, réunis selon huit rubriques dont chacune est précédée d'un important argument "plus ou moins biographique".)

L'accent grave et l'accent aigu, poèmes 1976-1983.
Préface de G.Macé et suivi de " La vie et l'Oeuvre de J. Tardieu"
coll. "Poésie/ Gallimard", 189 p.

(réédition intégrale, au format de poche, des recueils *Formeries, Comme ceci comme cela* et *Les tours de Trébizonde -*)

1987   La comédie du langage suivi de La triple mort du client.
Gallimard, coll. Folio n° 1861, 105 x 175, 344 p.

(Hormis une préface inédite, ce volume est la reprise au format de poche des différentes pièces traitant du langage contenues dans *Un mot pour un*

autre (1951 et 1978) et les trois volumes de théatre, ainsi que de la trilogie du "Client" parue dans le premier de ces trois volumes.
La pièce radiophonique "Une soirée en Provence" y est présentée sous une nouvelle forme "scénique".)

Les Figures du Mouvement 12 poèmes sur 12 dessins de Hans Hartung, suivi de "Mes rencontres avec Hans" 48 f., 165 x240.n.p. Editions de Grenelle.

Un lot de joyeuses affiches suivi de cinq petites annonces avec 9 eaux-fortes et un frontispice de Max Pappart, 58O x 44O. Ed R.L.D., 195 ex. signés.

Poèmes à voir, poèmes autographes gravés, avec 14 eaux fortes originales de Pierre Alechinsky, 390 x 500 , R.L.D. éd., tiré à130 ex. sur Moulin de Larroque.

(Douze poèmes calligraphiés, dont quatre ont déjà paru dans *Comme ceci comme cela* sous les titres suivants: "Diurne", "Nocturne","Reflets sur le lac de Garde"et "Le chevalier à l'armure étincelante". Ce volume sera reproduit dans une édition courante par Gallimard, même titre, 1990)

Carta Canta, 10 eaux fortes de Pierre Alechinsky, texte de J. Tardieu: "Portrait à la diable" 330 x 430,. R.L.D. ed., tiré à 130 ex.

1988 **Les Phénomènes de la Nature,** en collaboration avec Jean Cortot.
Avec une lithographie en couleurs de J. Cortot . 215 x 120 .
A. Maeght ed. , tiré à 150 ex. signés.

Causeries devant la fenêtre, entretiens avec J.P. Vallotton,
P. A. Pingoud éd, Lausanne, 197 p.

(Se compose de quatre entretiens retranscrits, réalisés entre 1985 et 1987, et portant sur la biographie, la méthode, les influences, etc... S'y ajoutent deux études par J.P. Vallotton et deux proses de J. Tardieu : "l'Ascenseur" et "La table tournante", lesquelles sont reprises dans *On vient chercher Monsieur Jean,* 1990)

1990 **La Comédie de la Comédie,** suivi de " La Comédie des Arts" et de "Poèmes à Jouer", Avant- propos de l'auteur. Gallimard, éd. Folio, 352 p.

(ce volume est le second de la reprise en format de poche des pièces de théâtre. Il se compose d'un avant-propos inédit et de 22 pièces tirées des quatre volumes précédemment parus dans la collection blanche .
A noter que la section ici intitulée "Poèmes à jouer" ne contient pas la totalité des pièces publiées sous ce titre en1969. En sont exclues les trois pièces: " Tonnerre sans orage ou les dieux inutiles", "Des arbres et des

hommes",,"Les amants du métro" , alors que "Les temps du verbe" et
"L'ABC de notre vie" figurent cette fois dans le volume " *La Comédie du Langage.*)

On vient chercher Monsieur Jean, coll " Le chemin", 152 p. , Gallimard

(La première partie de ce volume en prose, "Lumières dans la nuit", est
constituée de douze courts chapitres de souvenirs et d'anecdotes autobiographiques. La seconde, "Obscurité du jour", reprend les textes d'analyse et
explication de la démarche littéraire publiés sous ce titre en 1974 en y ajou-
tant deux chapitres , les n° 1 et 8)

Poèmes à voir, 160x220, Gallimard

(cet ouvrage reprend, dans un tirage de semi-luxe, les textes parus sous le
même titre en 1987 .
Les textes, calligraphiés, y sont cette fois doublés d'une version typographique)

1991   **Petit bestiaire de la dévoration,** avec Jean Cortot.500x350, 32 p.
         A. Maeght éd.

(Quatre poèmes inédits illustrés par Jean Cortot)

1992   **Je m'amuse en rimant,** vol. 1 et 2, illustrés par Joëlle Boucher, 58 et 60 p.
         Coll Folio cadet/ Gallimard

(Le premier volume est une reprise de *Il était une fois, deux fois, trois fois,*
de 1947, suivi d'un court entretien et de quelques pages de jeux (qui ne sont
pas de J.T.) Le second est la reprise de " Au chiffre des grands hommes"-
paru initialement dans *Le professeur Froeppel,*augmenté d'un texte inédit
en vers, et publié selon le même principe, avec le même entretien et
quelques "jeux"

1993   **La comédie du drame,** coll. Folio

(dernier des trois volumes de reprise, au format de poche, des pièces de
théâtre. On y trouve 5 pièces : *La Cité sans sommeil, Le petit voleur,
Pénombre et chuchotement, L'Epouvantail, La jeune fille et le haut-parleur.*
A noter que le dernier cité était paru sous le titre "Le Haut-Parleur" dans
l'Herne ; que *L'Epouvantail* figure déjà dans le précédent *folio,* alors que
Les amants du métro, Tonnerre sans orage, Des arbres et des hommes semblent définitivement (?) privés de réédition.)

Elégies de Marienbad et autres poèmes de Goethe, transposition et présentation de Jean Tardieu.
coll. Folio/ Gallimard, 122p.

(publication, pour la première fois, et en édition bilingue,des traductions de Goethe commencées dans les années 30 et très généreusement augmentées. L'ensemble précédé d'une présentation.)

Le Miroir Ebloui, coll. blanche, Gallimard, 240 p.

(sous-titré "poèmes traduits des arts", ce volume est une réédition fortement augmentée de *Les Portes de Toile,* (lui-même reprenant *Figures*) auquel sont ajoutés :

– un avant-propos
– une première partie : " Une vie ponctuée d'images (1927-1938) : trois textes dont la prose de jeunesse sur Wang-Wei et deux autres déjà parues dans *La Part de l'ombre*
– une dernière partie : "La Création sans fin (1970-1992)" : 25 textes inédits ou repris d'éditions de luxe ou hors commerce pour des articles contemporains.)

B - ETUDES ET CRITIQUES

1 - Ouvrages consacrés à J. Tardieu

NOULET, Emilie : *Jean Tardieu* coll. Poètes d'aujourd'hui, Seghers, 1954. Nouvelle édition mise à jour 1978. 192 p.

KINDS, Edmond : *Jean Tardieu ou l'énigme d'exister.* Ed. de l'Université libre de Bruxelles, 1973, 143 p.

VERNOIS, Paul : *La dramaturgie poétique de Jean Tardieu.* coll " Théâtre d'aujourd'hui". Klincksieck, 1981, 297 p.

SCHWARZ, Monika : *Musikanaloge Idee und Struktur im französischen Theater. Untersuchungen zu Jean Tardieu und Eugene Ionesco* München, Fink. 1981, 204 p.

ONIMUS, Jean : *Jean Tardieu : Un rire Inquiet* coll. " Champ poétique", Champ Vallon éd. , Seyssel, 1985, 176 p.

DEBREUILLE, Jean-Yves (présenté par) *Lire Tardieu* coll " Lire", Presses Universitaires de Lyon, 1988, 232 p.

2- Numéros spéciaux de revues

La N.R.F. "Présence de Jean Tardieu" , n° 291- Mars 1977 pp.55-99

Articles de Bazaine J., Belaval Y., Bens J., Borgeaud G., Brown R.S., Clancier G.E., Gateau J. Ch., Jaujard F. X., Marceau F., Mauriac C., Obaldia R. de, Onimus J.
Témoignages et articles recueillis par J. Brenner.

Sud "Frénaud -Tardieu" , n°50/51,1984

Actes du colloque de Cerisy-la-Salle du 15 au 25 aôut 1981- ss.dir. D. Leuwers.
Contient un texte de J. Tardieu : " L'épouvantail - Monologue de plein-air
(impromptu pour Cerisy)" et des communications de Belaval Y.,
Clancier, G.E., Duckworth C., Macé G., Martin J.C., Onimus J., Vernois P.

Europe "Jean Tardieu" , n°688/689, août-sept.1986- ss.dir. D. Leuwers.

Contient notamment les textes : "Le bureau de renseignements", "Deux ser-
pents cachés dans le jour", "Variations sur le verbe aller", "Nouvelle lettre à
Pol Byru" , les prépublicationS de "Un lot de joyeuses affiches " et de " Des
idées et des ombres" ainsi qu'un entretien et des "éléments de bibliographie".
Contributions de Bury P., Belaval Y., Borgeaud G., Clancier A.,
Clancier G.E., Cortot J., Dax F., Flieder L., Kabakdjian P., Leuwers D.,
Martin J.C., Obey A., Onimus J., Réda J., Spies W., Vallotton J.P., Vernois P.,
Viossat N., Zoppi S.

Quaderni del Novecento Francese/11 "Jean Tardieu", Università di Torino,
Bulzoni, Roma, 1990

Actes du colloque de l'Université de Turin, 1988. Contributions de :
J. Esselinck, C.Debon, J.Y. Debreuille, M.Décaudin, P. Vernois, J. Burgos,
S.Zoppi, M. Pruner, G.Boni, L. Castejon, L. Spadaro, A. Artoni, et des
réponses aux diverses interventions par J. Tardieu.

L'Herne "Jean Tardieu", n° 59, 1991

Contient divers textes inédits regroupés sous le titre " retrouveries", une "
Esquise de chronologie autobiographique, diverses lettres adressées à l'auteur,
une bibliographie et une iconographie.
Contributions de C. Roy, J. Busse, N. Viossat et F.Y. Bril, F. Lesure,
M. Bisiaux, D. Leuwers, Vercors, J. Heurgon, A. Clancier, L. Scheler,
Ph. Jacottet, P. Dumayet, G. Macé, J. Réda, P. Alechinsky, J.C. Martin,
F. Dax-Boyer, J.M. Le Sidaner, C. Jajolet, A. Chedid, C. Dobzynski,
A. Zanzotto, C. Mauriac, M.L. Goffin, J. Onimus, M. Décaudin, S. Zoppi,
L. Gaspar, L. Flieder, D. Oster, M.C. Schapira, A. Deligne, J. Starobinski,
G.E. Clancier, J. Burgos, J.Y. Debreuille, M. Picchi, M.L. Lentengre,
J.B. Para, J.B. Vray, M. Etienne, M. Pétillon, R. Abirached, Arrabal,
C. Duckworth, P. Vernois, R. Lamont, J. Boncompain, J. Lavelli, F. Kourilsky,
G. Guillot, G. Lorin, S. Gaubert, J. Bazaine, P. Boulez, D. Kelley, R. Vieillard,
E. Okafor, C. Séjourné.

La Sape, "Jean Tardieu poète", n° 32, janvier 1993. Dossier coordonné par
L. Flieder

contient des études de J.P. Vallotton, J.Réda, J. Onimus, M. Décaudin,
F.Martin-Scherrer, M.Simon, J.Ch. Chabanne, de nombreux textes de Tardieu
dont:" Hercule et le serpent" (1918)," Etranger", " Couple en marche",
"Poursuite"(1927),   " Comment un jeune parisien découvrit à la fois la vie,
Paris, les livres, (1934). Un entretien inédit.

3-Principaux articles et entretiens.

ANDREAS Hélena : "Jean Tardieu le porte-parole" in *Libération,* 14 mars 1984, p. 39. Interview, Portrait

"En effeuillant les Margeries." (Propos recueillis par...) in *L'autre Journal,* 2 avril 1986. Portrait

ASSALI, N. Donald :"Une voix sans personne. L'architecture dramatique tardivienne" in *Romance Notes* (Chapel Hill), XXIV, 1983-84, pp.29-35

ARLAND, Marcel : "Un poète : Jean Tardieu" in *Comoedia,* fév. 1943 (à propos de Le témoin invisible)

"Accents et langages" in *Nouvelles Lettres de France,* Albin Michel, 1954, pp.43-52

BALMAS, Ennea : "Jean Tardieu" in *Note sull'avanguardia teatrale degli anni settanta* Editrice Viscontea, Milano 1970, pp.119-148

BELAVAL, Yvon : "Tardieu" in *Poèmes d'aujourd'hui,* essais critiques, Gallimard - 1964 pp .

BENS, Jacques : " Des poèmes à jouer à quatre mains", in *La NRF,* n° 291, 1977 pp. 85-87

BISIAUX, Marcel et JALOLET, Catherine : "Jean Tardieu" in *Les chats, soixante écrivains parlent de leur chat* P. Horay éd., 1986, pp. 273-277

"Jean Tardieu" in *A ma mère.soixante écrivains parlent de leur mère.* P. Horay éd. , 1988, pp. 343-348

BLANCHOT, Maurice : A propos de " Le témoin Invisible" in *Les Débats,* Lyon, 17 Mars 1943

BOSQUET, Alain : "Jean Tardieu ou la constante interrogation", in *La Table Ronde* n°8, 1954, pp. 133-136

"L'itinéraire poétique de Jean Tardieu" in *Le Monde,* 8/11/1974

BRENNER, Jacques : "Jean Tardieu" in *Histoire de la littérature française contemporaine,* Grasset éd. , 1987, 320 p., pp. 163-167

CHAMPIGNY Robert : "Satire and poetry in two plays of Jean Tardieu", (sur "Les amants du métro" et " L'ABC de notre vie.") in *American Society Legion of Honor Magazine* . (New-York), n °35, pp.87-95, 1964

Clancier, Georges-Emmanuel : "Une voix et des personnes" in *La poésie et ses environs*, Gallimard,1973)

"Angoisse et ironie chez Jean Tardieu et André Frénaud" in *Dans l'aventure du langage*, PUF, 1987)

Cluny, Claude Michel :"Tardieu" in *La rage de lire*, Essais. Denöel éd 1978, pp.271-275

Costaz, Gilles : "Et Jean Tardieu recréa le théâtre" (propos recueillis par) in *Le Matin de Paris*, 11 novembre 1983

"Quatre vingts ans d'absurdité "(entretiens) in *Acteurs*, 1984

Delas, Daniel : "Vrai, faux, absurde: pour une approche pragmatique de la métaphore poétique" in *Modern Philology*, Chicago, LXXXIII, 1985, p.266-274

Duckworth, Colin : Préface à *The underground lovers and others experimental plays*. Traductions. Allen and Unwin, London, 1968- pp. V-VIII

Esslin Martin : "Jean Tardieu" in *Le théâtre de l'absurde*, Buchet Chastel éd., 1963.

Fouchet, Max-Pol : "Figures" in *Lettres Françaises,* n°31, 1945

Genette, Gérard : *Palimpsestes, la littérature au second degré*, pp.57-61, Seuil, 1982

Goffin, Marie-Louise "Jean Tardieu, un écrivain majeur de notre temps." in *Revue générale*, Bruxelles, janv. 1987, pp. 3-20

Gouhier, Henri : "Un théâtre contre le théâtre" in *La Table Ronde*, n °141, sept. 1959, pp. 172-174

Gros, Léon Gabriel : "Jean Tardieu ou l'angoisse du devenir" in *Poètes contemporains*, deuxième série, Editions des cahiers du Sud, Paris, 1951, pp. 138-151

Jaccottet, Philippe : "Jean Tardieu: Sans cesse je bâtis, je bâtis" in *L'entretien des muses*, Gallimard 1968, pp.141-146

"Jean Tardieu et la peinture" in *Nouvelle Revue de Lausanne,* 25 avril 1970

Jean, Georges : "Le poète Tardieu" suivi de" Que peut-on faire avec Tardieu ?" in *Le Français dans le monde*, n° 119 fév. 1976, pp.14-21

Kelley, David : Introduction à The river Underground, traduction de poèmes de J.T., ed. bilingue.
Bloodaxe books ed., Newcastle upon Tyne, 1990,192 p.

LAGRAVE, Henri : "Tardieu et l'insolite" in *L'onirisme et le théâtre français contemporain,*
Actes du colloque de Strasbourg, avril 1972. Klincksieck, 1974, pp. 181-197

MAGNY, Claude - Edmonde : "Naissance d'une critique poétique : A propos du livre "Figures". in *Esprit*, mai 1945.

MAULNIER, Thierry : "(A propos de Figures)" in *Mondial*, Paris, fév. 1945

"Littérature et résistance", in *Heures nouvelles*, avril 1946

MAURIAC, Claude : Approche de Jean Tardieu, *Le Figaro*, 13 mai 1964

"Un défricheur de l'indistinct : Jean Tardieu", *Le Figaro,* 3 nov1969

"Jean Tardieu, l'incomparable" in *Le Figaro Littéraire*, 25 août 1973

MIGNON, Paul-Louis : "Jean Tardieu" in *Le théâtre au XX° siècle*, coll. Folio/essais Gallimard, 1978-1986, p. 184-185

NOULET Emilie : " Jean Tardieu" in *Bulletin de l'Académie Royale de Langue et de Littérature Françaises* (Bruxelles), LIII, 1975, pp. 87-100

ONIMUS, Jean : "Jean Tardieu : D'un certain malaise" in *Expérience de la poésie* Desclée de Brouwer éd., 1973, pp160-180.

PARROT, Louis : "A propos de "Les dieux inutiles", *Les Lettres Françaises,* 30 Août 1946

PETILLON, Monique : "Les variations de Jean Tardieu" (sur *Formeries*) suivi d'un entretien in *Le Monde*, 29 fév. 1980

POIROT-DELPECH, Bertrand : "Pinget, Simon, Tardieu ; Bonheurs du bref" in *Le Monde,* 10 fév. 1984

PICON, Gaëtan : "Jean Tardieu" in *Panorama de la littérature française contemporaine,* Gallimard 1962, pp. 214-215

POLIERI, Jacques : "Notes sur le texte, le décor et le geste dans le théâtre de Jean Tardieu" in *Cahiers de la compagnie Renaud-Barrault*, 22-23, pp. 208-210, mai 1958

RAETHER Martin : "Jean Tardieu" in *Französische Litteratur der Gegenwart in Einzeldarstellungen*, Kröner, Stuttgart, 1971, pp. 606-622

REDA, Jacques : "Jean Tardieu", in *La NRF* n° 190, oct. 1968, pp.494-501

"Les Portes de Toile" in *Les cahiers du Chemin*, n° 12, 1971, pp.99-105

SABATIER, Robert : "Jean Tardieu" in *La poésie du vingtième siècle*, 3.
Métamorphoses et modernité. Albin Michel éd, 1988, pp. 17-23,

SEGHERS, Pierre : "Jean Tardieu Le Témoin Invisible" in *Poésie* 43 , n° 13, mars-
avril 1943

SPIES, Werner : "Nachwort" in Jean Tardieu *Mein Imaginären Museum*, Frankfurt,
1965, p. 81-86

THOMAS, Henri : " Figures" in *Poésie 45*, avril-mai 1945

VERNOIS, Paul : "Sacre et sacralisation dans l'oeuvre de Jean Tardieu", in *Actes du
colloque de Metz: Poésie et spiritualité*, 1988

VICARI, Gianbattista : "L'Arpa di Tardieu" in "Pieces inedite e altri testi" in *Il
Caffe*,(Roma) n°4,1965, p. 50-55

WAHL, Jean : "(Accents)" in *La NRF* , n° 315, décembre 1939

WELLWARTH, Georges E. "Jean Tardieu : The art of the one act play." in *The theater
of protest and paradox*. New York University Press, 1964, p. 84-97

ZOPPI Sergio : Introduzione a *L'inesprimibile silencio*, Bulzoni, Roma, 1980, pp 7-
29

Table des matières

Photocomposé en Times de 10
et achevé d'imprimer en Avril 1993
par l'Imprimerie de la Manutention à Mayenne
N° 136-93